KB142241

죽음준비교육 20강

죽음준비교육 20강

삶이 행복해지는 죽음이해, 돌봄에 대한 가르침

초판 1쇄 인쇄 | 2021년 3월 2일
초판 1쇄 발행 | 2021년 3월 8일

지은이 | 김옥라, 정진홍, 김경재, 김미라, 최준식, 류경숙, 강선보,
　　　　이민선, 이기숙, 정극규, 이윤성, 신현호, 박영택, 정현채,
　　　　구미정, 김문실, 윤득형, 박　순, 장진원, 전병식
발행인 | 강영란
편집 | 강혜미, 권지연
디자인 | 트리니티
마케팅 및 경영지원 | 이진호

펴낸곳 | 샘솟는기쁨
주소 | 서울시 충무로 3가 59-9 예림빌딩 402호
전화 | 대표 (02)517-2045
팩스 | (02)517-5125(주문)
이메일 | atfeel@hanmail.net
홈페이지 | https//blog.naver.com/feelwithcom
페이스북 | https//www.facebook.com/publisherjoy
출판등록 | 2006년 7월 8일

ISBN 979-11-89303-57-0(03190)

※책값은 뒤표지에 있습니다.
※잘못 만들어진 책은 바꿔 드립니다.

죽음준비교육 ——— 20강

삶이 행복해지는 죽음이해,
돌봄에 대한 가르침

김옥라 김문실
정진홍 윤득형
김경재 박 순
김미라 장진원
최준식 전병식
류경숙 지음
강선보
이민선
이기숙
정극규
이윤성
신현호
박영택
정현채
구미정

샘솟는기쁨

죽음준비교육의 표준을 세우다

알폰스 디켄 박사의 열다섯 가지 목표를 바탕으로

라제건 | 각당복지재단 이사장

각당복지재단 삶과죽음을생각하는회 창립 30주년을 맞이하는 2021년에 죽음준비교육 표준강의안을 제작하게 된 것을 기쁘게 생각합니다. 삶과죽음을생각하는회는 김옥라 박사의 사별 경험이 계기가 되어 죽음 연구와 성찰을 위해 1991년 4월 2일 창립되었습니다. 인간의 삶과 죽음의 의미를 생각하면서 '죽음교육은 곧 삶의 교육'이라는 인식 아래, 지난 20년 동안 죽음학 학술 강연회 및 세미나, 죽음준비교육 지도자 과정, 웰다잉교육 전문강사양성 과정, 공동추모제, 슬픔치유와 애도상담을 실시하며 한국 사회에 바른 죽음 문화 정착과 죽음교육 확산에 노력해 왔습니다.

1991년, 그때만 해도 사회문화적으로 죽음에 대해 말한다는 것이 쉽지 않았습니다. 그렇지만 죽음교육의 필요성 인식을 위한 첫 공개 강연은 일반 시민들에게 큰 반향을 불러일으켰습니다. 1991년 6월 공개 강연

이후, 같은 해에 알폰스 디켄(Alfons Deeken) 박사를 초청하여 강연과 세미나를 열었으며, 1992년 제이콥 왓슨 심리치료사의 슬픔치유 세미나를 개최했고, 1994년에는 1년 동안 정진홍 교수가 5회에 걸쳐 강연회를 진행하였습니다. 2005년부터는 치매, 암, 청소년, 장례, 존엄사 등 사회적으로 문제가 되는 특별 주제로 강연을 열었습니다. 나아가, 2010년 창립 10주년에는 세종문화회관에서 알폰스 디켄 박사를 10년 만에 다시 초청하여 강연을 듣는 뜻깊은 시간을 가졌습니다.

이렇듯 삶과죽음을생각하는회는 창립 초기부터 죽음학의 학문적 연구와 발전을 위해 해외 석학과 전문가를 초청하기도 했으며, 국내 학자들에게 죽음을 연구하고 발표할 기회를 제공하였습니다. 또한 공개 강연과 세미나를 통한 죽음준비교육의 확산은 전국으로 이어져 1998부터 2000년까지 광주광역시에서 세 번, 대구광역시에서 두 번의 죽음학 강연회를 개최하였습니다.

2002년에는 죽음교육지도자 양성을 위한 과정이 시작되었습니다. 이는 지도자 양성을 통해 죽음준비교육의 확장성을 높이기 위한 노력이었습니다. 2002년 '월요강좌'라는 이름으로 시작한 지도자 과정은 상담 전문가, 종교 교육기관 지도자, 일반인을 대상으로 하여 2년 4학기제로 운영되다가 2014년부터 1년 2학기로 학제를 변경하였습니다. 죽음준비교육의 주요 내용은 죽음의 의미에 대한 학문적 성찰, 죽음과 종교, 법률, 슬픔치유 상담과 돌봄, 임종과 호스피스, 존엄한 죽음, 장례문화, 죽음준비교육의 이론과 실제 등을 종합적으로 탐구하는 아카데미 과정이었습니다.

2007년 〈서울시 사회복지기금 지원 사업〉으로 '노인에게 죽음을 어떻게 교육할 것인가'를 지도하기 위한 웰다잉전문강사 양성과정(수요강좌)을 시작하여, 2013년까지 1~7기 총 499명의 웰다잉 전문강사를 배출하였습니다. 이렇게 월요강좌와 수요강좌로 진행되던 두 개의 과정은 2014년부터 통합되어 봄학기 기본교육 14주와 가을학기 심화교육 14주의 1년 과정으로 매주 월요일에 진행하게 되었습니다. 지금까지 죽음준비교육 과정 이수자는 모두 2,456명이며, 이수한 이들이 전국에서 웰다잉 강사로 활동하고 있습니다.

삶과죽음을생각하는회가 이렇게 죽음준비교육 확산과 지도자 양성을 위한 다각적인 노력을 기울이는 동안 전국에서는 다양한 죽음연구 및 교육기관들이 늘어났습니다. 이는 죽음준비교육 확산이라는 긍정적 측면이 있지만, 부실한 커리큘럼으로 강의를 제공하는 단체들의 난립이라는 비판의 여지도 있습니다. 나아가, 죽음준비교육지도자 과정을 수료한 회원들 가운데 지방에서 교육과정을 운영하고자 하는 경우도 있어, 어떤 커리큘럼으로 가르치면 좋겠냐는 문의를 받기도 합니다. 일반인들 가운데에서도 죽음에 관심 있는 분들은 죽음준비교육 전 과정이 나와 있는 책의 구입을 문의하기도 합니다. 이에 삶과죽음을생각하는회는 죽음준비교육을 위한 표준강의안 출판을 생각해 왔습니다.

이 책은 알폰스 디켄 박사의 열다섯 가지 죽음준비교육의 목표를 바탕으로, 현대 사회에 필요한 다양한 주제를 포함하여 스무 가지 강의안에 담았습니다. 집필에 참여하신 분들은 지금까지 죽음준비교육지도자 과정에서 길게는 20년, 짧게라도 여러 해 동안 강의한 분들이며, 자신의 학문 분야에서 죽음을 연구한 학자이거나 관련 영역에서 활동하는 활동가입니다. 이분들의 원고를 한자리에 모아 출판하게 되었습니다.

지난 30년 동안 죽음에 대한 우리 사회의 인식은 엄청난 변화를 겪어왔습니다. 각당복지재단은 미래 시대를 내다보며, 삶과 죽음에 관해 보다 폭넓고 깊이 있는 담론을 펼쳐가기 위한 다양한 시도를 계속할 것입니다. 『죽음준비교육 20강』은 삶과죽음을생각하는회가 30년 동안 이루어낸 결과이자 하나의 매듭일 것입니다. 앞으로 새로운 시대를 열어갈 초석이 되는 기초 자료로서 그 역할을 충실히 담당해 내리라고 믿습니다.

차례

발간사 죽음준비교육의 표준을 세우다 | 라제건 ·············· 4

PART 1

삶과 죽음, 어떻게 바라볼 것인가?

의미·철학·종교

Lecture 01 삶과 죽음을 함께 생각하다 | 김옥라 ·············· 13

Lecture 02 죽음, 철학으로 다가가기 | 정진홍 ·············· 25

Lecture 03 무교, 유교, 불교, 그리스도교의 죽음이해 | 김경재 ·············· 43

Lecture 04 죽음은 가장 값진 삶의 선물·로고테라피적 관점에서 | 김미라 ·············· 59

Lecture 05 한국인의 삶과 죽음에 관한 세계관 | 최준식 ·············· 75

PART 2

상실의 지혜, 생애 주기별 죽음교육

어린이·청소년·성인·노년·생애 말

Lecture 06 어린이 죽음이해와 돌봄 | 류경숙 ·············· 111

Lecture 07 청소년기 죽음교육 | 강선보 ·············· 129

Lecture 08 중년의 죽음이해와 새 판 짜기 | 이민선 ·············· 147

Lecture 09 노년기 죽음준비교육 | 이기숙 ·············· 164

Lecture 10 죽음 과정에서 호스피스 필요성 | 정극규 ·············· 183

PART 3

웰다잉, 죽음을 준비하는 다양한 통로

제도·법률·문화·예술

Lecture 11 존엄한 죽음과 연명의료결정 제도 | 이윤성 ······················ 201

Lecture 12 유언과 상속의 법률 효과 | 신현호 ······························· 218

Lecture 13 한국 현대미술에 나타난 죽음 이미지 | 박영택 ············· 230

Lecture 14 죽음은 문인가, 벽인가? | 정현채 ···························· 245

Lecture 15 죽지 않으면 행복할까? · 영화와 죽음 | 구미정 ··············· 262

PART 4

죽음은 삶에 대한 학습, 돌봄의 기록

상실·애도·용서·자살·의례

Lecture 16 죽음의 신체적 증상과 돌봄 | 김문실 ····················· 279

Lecture 17 상실과 애도상담 | 윤득형 ······························· 299

Lecture 18 죽음 이후 용서와 회복 | 박순 ························· 322

Lecture 19 생명의 소중함과 자살예방 | 장진원 ····················· 342

Lecture 20 누구를 향한 의례인가? · 장례와 추모 | 전병식 ············· 364

삶과 죽음,

어떻게
바라볼 것인가?

의미 * 철학 * 종교

01 강의· 삶과 죽음을 함께 생각하다 - 김옥라

02 강의· 죽음, 철학으로 다가가기 - 정진홍

03 강의· 무교, 유교, 불교, 그리스도교의 죽음이해 - 김경재

04 강의· 죽음은 가장 값진 삶의 선물·로고테라피적 관점에서 - 김미라

05 강의· 한국인의 삶과 죽음에 관한 세계관 - 최준식

함께 생각하다

김옥라 각당복지재단 명예 이사장

삶과 죽음을

죽음준비와 슬픔 치유

〈삶과죽음을생각하는회〉의 창립에 대해 소개하는 것은 단순히 호기심을 채워 주기 위함만은 아니다. 삶과죽음을생각하는회가 이 세상에 존재하게 된 동기와 그 내력, 발전 사항을 공부하면서 죽음에 대한 공포심과 기피심을 제거하고 죽음을 삶의 일부분으로 삼아 친숙하게 만드는 것이 목적이다. 또한, 죽음준비의 필요성을 깨닫고 나의 생사관과 삶의 가치를 확립하자는 것이 목적이다.

1990년 8월 23일 사랑하는 남편을 천국으로 보냈다. 그가 코마 상태에 있는데 의사들은 심폐소생술을 하느라 땀을 흘리고 있었다. 죽음의 과정은 고통스러운 것이다. 그가 간경화로 고생을 하던 중 일본에 치료받으러 갔으나 도쿄여자대학교 부속병원에서 영면하고 말았다. 그의 시신을 모시고 도쿄에서 서울로 돌아오게 되었는데, 나는 큰 아들 내외와 여객기에 타야 했고, 남편은 화물기에 실려 오게 되었다.

그 충격이 컸다. 죽음이 무엇이기에 우리를 이렇게 갈라놓는 것인가? 나는 허다한 날을 미궁에 빠져들어 갔다. 밤마다 가슴이 아파 잠을 잘 수 없었다. 하루가 몇 달이고 몇 년 같았다. 서럽고 두려웠다. 심신은 그저 땅속 깊은 곳으로 꺼져 가는 것 같았다. 사랑하는 사람을 잃은 상실감이 육체를 얼마나 고통스럽게 하는지 알게 되었다.

남편을 저 세상으로 보내고 8개월이 지나면서 시간을 거슬러 가게 되었고, 삶과 죽음을 되뇌는 날들이 계속해서 이어졌다. 나는 점점 기도와 묵상에 빠져 들었다.

그러던 어느 날 나의 심장을 울리는 영혼의 소리가 들렸다. '죽음을 탁

상 위에 올려놓고 공론에 부치라!' 수없는 밤낮을 눈물로 기도한 나의 질문에 답하는 하나님의 음성 같았다. 너도 죽고 나도 죽는다. 세상 사람은 예외 없이 다 죽는다. 죽음을 공론에 부치라는 말씀에 갑자기 정신이 번쩍 드는 것을 느꼈다.

내가 할 일이 무엇인가? 상실을 당한 이들과 죽음을 공론하는 거였다. 먼저 생각난 사람은 공덕귀 여사였다. 윤보선 대통령은 남편보다 두 달 먼저 타계하였다. 일본에서 치료하던 남편이 잠시 귀국하였을 때, 윤 대통령 빈소에 조문을 하기도 했다. 그러나 남편은 두 달 후에 자기가 죽을 줄 몰랐던 것이다. 남편을 잃은 우리 두 여성은 때때로 만나 서로를 위로하곤 했었다.

공덕귀 여사에게 전화를 했다. "사모님, 우리 죽음에 대해서 함께 의논하실까요?" 공덕귀 여사는 나의 전화를 기다리고 있기라도 한 것처럼 반가워하며 "그럽시다, 그럽시다"를 연발하는 것이었다.

나는 힘을 얻었다. 같은 해 11월, 천사 같은 사모님을 앞서 보낸 박대선 연세대학교 총장에게 전화하였다. "총장님, 죽음에 대해서 함께 의논하시렵니까?" 조심스럽게 여쭈었다. 박대선 총장도 즉시 그러자고 반갑게 대답하였다. 천군만마를 얻은 기분이었다. 새 기운으로 배우자를 잃은 선후배에게 전화를 걸었다.

이태영 박사, 김자경 선생, 이정숙 여사, 한영숙 여사, 그리고 김옥길 총장을 앞서 보낸 김동길 교수, 할머니를 천국으로 보낸 김인자 교수 등 상실의 슬픔을 겪고 있던 분들에게 부지런히 전화를 하였다.

그러다 보니 배우자를 잃거나 친부모와 친척을 보낸 이들이 생각보다 많다는 사실에 놀랐다. 전화를 받은 분들은 누구라도 예외 없이 대찬성이었다. 나는 교통이 편리한 우리 집에 점심을 차리고 그분들을 모셨다. 공덕귀 여사를 비롯하여 나의 전화를 받은 분들이 모두 신문로 우리 집에 모였다.

점심을 함께 하면서 슬픔은 저 멀리로 보내고, 오랜만에 만난 반가움에 즐거운 담화를 나누었다. 나는 죽음을 주제로 토론할 수 있는 조직을 만들자고 제안하였고, 알폰스 디켄(Alfons Deeken) 박사의 저서를 소개하였다. 그는 일본에 귀화하여 동경 상지대학에서 인류학 강의를 하면서 죽음학을 가르치고 있었다.

모인 분들은 다 찬성하셨고, 김인자 교수는 조직의 규약을 먼저 만들어야 한다고 제안하였다. 이 날이 1991년 3월 19일이었다. 규약을 작성하는 숙제를 안고, 다음 모임은 4월 2일로 정하였다. 이후 다시 모였을 때, 내가 초안을 만들어 내놓은 규약을 심의하고 통과시켰다.

조직의 이름을 〈삶과죽음을생각하는회〉라고 하였고, 목적은 '죽음준비와 슬픔 치유'였다. 그리고 여러 분의 강권으로 내가 회장을 맡았고, 한영숙 여사를 부회장으로 임명하였다. 공덕귀 여사와 박대선 총장을 고문으로 모셨다. 우리는 매주 1회 조찬기도회로 모여 앞일을 의논하기로 하였다. 공덕귀 여사는 새로 탄생한 삶과죽음을생각하는회 창립기념회를 열자고 제언하였다.

회장의 임무를 맡은 나는 창립기념 강연회 장소를 물색하다가 연세대학교 백주년기념관에 들어갔다. 강당 대관 예약을 살펴보니, 더운 여름이 오기 전에는 6월 13일 하루만 비어 있었다. 다른 사람이 예약하기 전에 우리가 사용해야겠다고 생각하고 우선 예약을 하였다.

백주년기념관은 9백 석이었다. 김동길 박사에게 '죽음의 의미, 죽음의 철학'이란 제목으로 강의를 부탁하였다. 김인자 교수는 '죽음준비의 필요성'을 강의하기로 하였다. 그런데 누가 죽음에 대해 들으려 이 자리를 채울 것인가? 걱정이 태산 같았다.

하지만 기우였다. 6월 13일 연세대학교 정문은 사람들의 물결로 가득 찼다. 백주년기념관 강당의 9백 석이 다 차고 모자라서 보조 의자를 놓아야 했다. 청중은 두 분 강사의 강연을 경청하였다.

6월 13일은 우리나라에 또 하나의 새로운 역사가 창조되던 날이었다. 많은 사람이 죽음에 대해 알고 싶어 했다는 사실에 눈을 뜨게 되었다. 1990년대만 해도 우리 사회는 죽음을 터부시 하였다. 죽음이란 단어조차 싫어했다. 그런데 현실은 달랐다. 천여 명의 인파가 죽음에 대해 들으려고 모였다. 삶과죽음을생각하는회의 책임이 더욱 무거워졌다.

국내 4대 종교지도자에게 배우다

김동길 교수의 강연은 죽음에 대해 생각할 사고를 심어 주었다. 나는 죽음이 무엇인가를 공론에 부치기 위해 더욱 배워야 했다. 누구에게 배울 것인가 생각하다가 종교지도자들에게 묻기로 하였다. 가톨릭교회 김수환 추기경님, 개신교 강원룡 목사님, 불교의 이능가 스님, 유교의 이병주 박사님 등 우리나라 4대 종교의 어른들에게 설문을 하였다

"죽음이 무엇이라고 생각하십니까?"

"자신의 죽음준비에 대해 어떻게 생각하십니까?"

네 분께 똑같은 질문지를 우편으로 보냈다. 모두가 성실하게 답변을 써서 보내 주셨다.

가톨릭의 김수환 추기경

주신 말씀을 간추리자면 다음과 같다.

- 죽음은 누구도 피할 수 없이 마셔야 할 쓴 잔이다. 그리스도교를 비롯하여 대부분의 종교는 죽음은 현세의 삶의 끝일지언정 그것이 만사를 무로 돌리는 종말이라고 보지 않는다.
- 죽음은 무엇인가? 죽음의 관문이란 표현이 있듯 하나의 과정이다.
- 어떤 이는 '죽음은 아직 펴 보지 않은 책과 같다'고 하였다. 그리고 그 책은 우리를 위한 하나님의 기쁨과 행복, 사랑과 평화, 빛과 생명을 가득 담고 있다.

개신교 강원룡 목사

나는 죽음 후에 구체적으로 어떻게 되는지에 관해서 확실히 말할 수 없다. 그렇다고 죽음으로 모든 것이 다 영원히 끝나 버린다고 할 수는 없다. 그러기에 나는 '죽음이란 왜 슬픈가?' 하는 문제를 생각해 본다.

죽음이 반드시 슬픈 것은 아니다. 미워하는 원수의 죽음은 슬픈 것이 아니라 기쁜 것이다. 사랑하지도 미워하지도 않는 사람의 죽음은 슬프지도 기쁘지도 않다. 다만, 사랑하는 사람의 죽음만이 슬프다. 어떤 장례식이든 그곳에 모인 사람들의 공통점은 직·간접적인 사랑의 관계를 가졌다는 점이다. 그러기에 공통적으로 슬픈 것이다.

그중에서 그를 사랑하는 농도에 따라 그 슬픔은 조금씩 다르다. 그를 가장 사랑하는 사람이 가장 슬프다. 그러기에 죽음은 사람의 관계 속에서 이해해야 한다. 그러면 결국 사랑과 죽음 둘 중에 어느 쪽이 궁극적이겠는가? 사랑이 궁극적이고 사랑은 죽음보다 더 강해야 이치에 맞는데, 우리는 사랑이 죽음에 패배당하는 부조리를 체험하며 산다.

나는 죽음 저쪽의 세계는 신비의 베일 속에 가려져 있고 그 베일을 구태여 벗기려 할 필요는 없다고 본다. 죽음보다 더 강한 그리스도의 사랑에 나타난 하나님의 사랑을 지금 여기서 살고 있으니 이 빛 같은 사랑에 응답하는 반사체가 되어 사랑을 실천하며 살아가고 싶다.

불교 이능가 스님

'실로 인간이란 시간적으로 전생(前生)-금생(今生)-내생(來生)으로 이어지는 한 토막의 상황'이라고 아니할 수 없다. 고로 인간의 물질적 요소인 육체는 물리적 법칙에 의하여 생로병사(生老病死)로 변화해서 공화해 가지만, 비물질적 요소인 생명체란 과거, 현재, 미래의 시간적 제약을 초월한 영원한 영속체라 하는 것이다. 이 기간을 공간적 측면에서 살펴보건대 불교에서는 인체 구성을 땅(地), 물(水), 불(火), 바람(風)의 사대질료(四大質料)로 조성된다고 본다.

땅이란 고체성(固體性)을 뜻하고 물이란 수분(水分)을 뜻하고, 불이란 온열성(溫熱性) 에너지를 뜻하며, 바람은 유통성(流通性)과 동태성(動態性)을 뜻하는 것인데 이 사대질료를 일괄해서 색(色)이라 칭한다. 이 색에다가 정신적인 것 수상행식(受想行識)이 가미되어 물질적 요소(色)와 정신적 요소(受想行識)가 임시로 결합되어 하나의 개체를 조성하고, 주체인 생명의 힘으로 인체가 영위된다고 보는 것이다.

불타(佛陀)께서는 중생(重生)이란 고해침륜(苦海沈淪), 생사무궁(生死無窮)이라 하셨고, 중생 고(苦)란 한없이 유전하여 휴식함이 없다고도 하시며 일단 인간세계를 일차적으로 고(苦)의 세계로 진단하고 이차적으로 고(苦)의 대책으로 발고여락(拔苦與樂)의 방법을 설파했던 것이니 발고여락의 다각적방법론이 불교의 전부라고 해도 과언이 아니다.

유교 성균관대학교 이사장 이병주 박사

인생은 무엇인가? 사람이 살아가는 일생을 말함이니, 사람은 대자연 속에서 조물주가 만든 한 생물이다. 인생은 죽으면 종교적으로는 천당에 가서 하나님 앞에 있게 되느니, 또는 극락세계에 가서 호화스러운 생애를 보내느니 하지만 누구 하나 천당에 가 본 사람도 없고 극락세계에 가 본 사람도 없다고 생각한다.

그러기에 나는 긍정도 부정도 하지 않는다. 다만 금세에 있어서는 우리가 모든 일을 성실하게 열심히 하여서 자기 앞을 가리고, 남은 힘이 있으면 남을 도와주는 일을 할 것이라고 생각한다. 우리나라 전통 사상에 의하면 부모와 조상에 대한 보은이 '효(孝)'니 효가 '천하지대본(天下之大本)'이라 하겠다.

해외 지도자들에게 배우다

알폰스 디켄 박사

디켄(Alfons Deeken) 박사는 '죽음은 삶의 한 과정(Death Education is Life Education)'이라고 하였다. 그는 죽음준비교육의 열다섯 가지 목표를 제시하였다.

1. 의사가 더 이상 도움을 줄 수 없는 단계에 있는 환자에게 가장 필요한 것은 의료적인 치료보다도 인간이 가까이 있으며 따뜻함을 주는 것이다. 죽어 가는 환자를 도와줄 수 있는 것은 삶의 여정을 함께해 주는 것이다. 죽어 가는 사람에게 영적인 지원을 하는 것이 얼마나 중요한 일인지 모른다.

2. 엘리자베스 퀴블러 로스(Elizabeth Kübler Ross) 박사가 발견한 말기 암 환자의 심리 변화 다섯 가지 '부정, 분노, 타협, 우울, 수용'에 디켄 박사가 추가한 '기대와 희망'을 이해하고 실천한다.

3. 죽음을 좀 더 깊이 생각하게 한다.

4. 슬픔치유교육

5. 교육을 통해 지나친 죽음 공포심을 극복하도록 한다.

6. 죽음에 대해 금기시 하는 것을 제거한다.

7. 죽음교육을 통해 자살을 생각하는 사람을 돕는 방법을 배운다.

8. 암에 걸린 사람에게 사실을 알려 준다.

9. 죽음에 관련된 윤리적 문제(생명 연장, 안락사 문제)를 배우고, 호스피스에서는 생명의 질을 높이는데 힘쓴다(음악치료, 미술치료).

10. 의학법적인 문제에 익숙할 것, 죽음을 결정하는 정의, 뇌사를 결정하는 정의, 장기 이식, 신장 기증, 안구은행, 유서를 남기는 것.

11. 장례식의 역할, 자기 자신의 장례식을 준비.

12. 인간의 창의적 가치를 생각하고 새로운 방향의 정립을 돕는다.

13. 죽음의 예술, 즉 노인의 노령화에 대한 연구 및 노인화의 중요한 측면을 연구한다.

14. 개인적인 죽음의 철학을 추구한다. 개인적으로 자기의 죽음과 죽어 가는 과정을 스스로 이해하면서 자유롭게 선택할 수 있도록 적극적으로 노력한다.

15. 죽음과 죽어 가는 것에 대한 종교적인 해석을 배우고, 죽음 이후의 생명에 대해 배운다.

엘리자베스 퀴블러 로스

현대 죽음 분야의 최고 전문가인 퀴블러 로스 박사의 저서를 읽으며 많은 것을 배웠다.

우리나라에도 소개된 『죽음과 죽어감(On Death & Dying)』은 1969년에 출간되어 25개국의 언어로 번역되어 전 세계 사람들이 읽고 있다. 그녀의 많은 저서 중 초기 저서 『어린이와 죽음(On Children and Death)』이 있으며, 말기에 출간한 『인생 수업』과 『상실 수업』은 베스트셀러가 되었다.

퀴블러 로스는 스위스 취리히에서 세 쌍둥이의 맏이로 태어났다. 자기와 똑같은 모습의 두 자매를 바라보면서 일찍부터 자기의 정체성에 대해 고민하였다. 진정한 '나는 누구인가?', '나는 어디에서 와서 어디로 가는 존재인가?'라는 질문을 평생 놓지 않았다고 한다.

그녀가 정신과 의사로 시카고대학병원에 근무하고 있을 때, 시카고신학대학원의 학생 4명이 찾아왔다. 그들은 '인생의 위기(Crises of Life)'라는 제목의 리포트를 써야 하는데 도움이 필요하다고 퀴블러 로스를 찾아온 것이다. 퀴블러 로스는 신학생들과 함께 고민한 끝에 인간의 위기인 죽음을 실제 죽음을 앞둔 말기 암 환자들에게서 배우자고 하였다.

이것이 퀴블러 로스가 일생 동안 말기 암 환자를 5백여 명이나 인터뷰하게 된 출발점이었다. 말기 암 환자들이 죽음을 맞이할 때 일어나는 심리적 변화 5단계가 이때에 시작되었다. 심리적 변화 5단계는 제1단계 부정, 제2단계는 분노, 제3단계는 타협, 제4단계는 우울, 제5단계는 수용이다.

퀴블러 로스는 인간 삶의 궁극적인 목적은 사랑이라고 했다. 그리고 인간이 죽을 때는 나비가 누에를 벗고 날아오르는 것처럼 우리의 영혼은 육체로부터 해방되는 것이라고 말했다. 퀴블러 로스는 삶과 죽음의 의미에 대해 새로운 눈을 뜨게 되었다. 그녀가 나비를 사랑했으므로 그의 장레 때 나비를 날리는 퍼포먼스를 했다고 한다.

일본인 의사 야마자끼 후미오

그는 외과 의사로 17년간을 근무하였다. 그는 남극으로 가는 일본 배에 올라 항해를 경험한 적이 있다. 배에 오를 때 한 아름 안고 들어간 책들 중에 『On Death and Dying』이란 책을 읽다가 그의 인생관이 달라졌다고 한다.

그를 변하게 한 이야기는 퀴블러 로스가 어렸을 때 경험한 한 농부의 죽음에 대한 이야기였다. 야마자끼는 병원에서 죽는 사람들, 특히 중환자실에서 비인간적으로 죽어 가는 죽음을 당연하게 여겼다고 한다. 그러던 그를 변화시킨 이야기는 한 스위스 농부가 병원에서 더 이상 치료가 되지 않을 것을 알고 집에 와서 부엌에서 끓이는 수프 냄새로 식욕이 돋아나 자기가 농사지어 놓은 포도즙을 즐겨 마시고, 딸들에게 유언도 하고 이웃 사람들을 불러 고맙다는 인사도 하고 집에서 가족과 친척들이 지켜보는 가운데 평안히 죽었다는 이야기였다.

4단계 나의 죽음 묵상

1단계 변화의 과정

깊은 학문 연구에 몰두하던 한 젊은 학자가 불치의 병에 걸렸다. 그는 자기 자신이 죽어 가는 것을 알았다. 그는 대학 교수 중에서 강의를 해 준 중국인 노교수를 모셨다. "죽음이 무엇입니까? 사람은 왜 죽어야 합니까?"라고 물었다. 노교수는 무거운 표정을 하고 있다가 대답하길, "변화의 과정"이라 했다. "이 세상 만물, 온갖 물질 중에 변화하지 않는 것이 있느냐? 인간의 마음도 자연 변칙대로 변화하는 하나의 과정이 아니겠느냐?"라고 대답하였다.

2단계 나비도 애벌레의 변화된 모습이다

인간도 일생 동안 수없는 변화를 겪는다. 마지막 변화가 죽음이다. 나는 강원도 시골에서 자라면서 누에를 길러 본 경험이 있다. 누에가 네 번 자고 성충이 된 다음에 스스로 자기 입에서 나오는 실로 고치를 만든 후 그 속에 번데기가 되어 죽는다. 그리고 어느 날 나비로 변화하여 고치를 열고 날아 나온다. 생명의 변화와 신비를 배운다.

3단계 천국을 미리 사는 것

"여호와여 주의 장막에 머무를 자 누구오며 주의 성산에 사는 자 누구오니이까 정직하게 행하며 공의를 실천하며 그의 마음에 진실을 말하며 그의 혀로 남을 허물하지 아니하고 그의 이웃에게 악을 행하지 아니하며 그의 이웃을 비방하지 아니하며 그의 눈은 망령된 자를 멸시하며 여호와를 두려워하는 자들을 존대하며 그의 마음에 서원한 것은 해로울지라도 변하지 아니하며 이자를 받으려고 돈을 꾸어 주지 아니하며 뇌물을 받고 무죄한 자를 해하지 아니하는 자이니 이런 일을 행하는 자는 영원히 흔들리지 아니하리이다"(시 15:1-5)

4단계 땅에 떨어져 죽는 밀알

"내가 진실로 진실로 너희에게 이르노니 한 알의 밀이 땅에 떨어져 죽지 아니하면 한 알 그대로 있고 죽으면 많은 열매를 맺느니라"(요 12:24) *

죽음,

철학으로 다가가기

정진홍 서울대학교 인문대학 종교학과 명예교수, 대한민국 학술원 회원

죽음에 대해 철학적 접근이란?

사람의 삶은 순탄하지가 않다. 늘 이런저런 일에 부딪히고 치이고, 그래서 헤매고 지친다. 사람은 두루 모자란다. 그런데 그렇게만 살지 않는다. 사람은 자기의 모자람을 스스로 묻는다. 왜 이런저런 일에 부닥치는지, 어떻게 하면 그것을 넘어설 수 있는지 묻는다.

사람은 그러한 물음을 물을 수 있는 능력을 지니고 있다. 그 능력을 발휘하면서 사람은 자신의 모자람을 채워 우뚝 선다. 그 능력의 가장 지극한 것을 우리는 '생각'이라 일컫는다. 생각은 사람을 사람답게 하는 가장 깊고 귀한 '사람만이 지닌 특성'이다. 생각하지 않고 본능적인 충동에 반응하면서 살아가는 삶도 없지 않다.

그런데 그러한 모습을 우리는 사람다운 것이라고 말하지 않는다. 사람다움이란 생각하는 삶의 모습에서 비로소 드러나는 것이기 때문이다. 그러한 삶의 모습을 잘 다듬은 것이 다름 아닌 '철학'이다.

이러한 자리에서 보면 철학이란 다른 것이 아니다. '삶이란 무엇인가?'를 물어 그 해답을 찾아보려는 일련의 사고 과정(思考過程)이다. 그 물음을 좀 더 세분화하여 '나는 왜 사는가? 나는 어떻게 살아야 하는가? 무엇이 참다운 삶인가?'로 나누어 볼 수도 있다.

예부터 사람들은 이러한 물음을 '진리를 찾는 일'이라든가 '근원적인 삶의 원리를 터득하는 일'이라는 말로 표현하기도 했다. 아예 '왜 있는 것은 있고, 없는 것은 없을까'를 묻는 일이 곧 철학이라고 요약한 분도 있다. 물론 이러한 물음에 대한 해답이 뚜렷하고 환하게 드러나기는 힘들다. 그러한 물음을 묻게 된 계기가 한결같지 않기 때문이다. 그렇지만 이러한 물음을 피해 가기는 쉽지 않다. 누가 시키지 않아도 그러한 생각을 하게 마련이다. 사람은 생각하는 존재이기 때문이다.

그러므로 우리가 살면서 겪는 피할 수 없는, 그런데도 피하고 싶은, 우리가 알 수 없는 일 중에서도 가장 알 수 없는, 죽음에 대한 사색, 곧 죽음에 대한 '철학함'을 사람이 놓칠 까닭이 없다. 사람은 죽음에 대한 온갖 생각들을 다 쏟아 내고 있다. 아득한 때부터 사람들은 죽음에 대한 생각을 말(설화나 신화)로, 글(문학이나 경전)로, 몸짓(장례를 비롯한 제의 등)으로, 예술(그림, 조각, 음악, 춤, 건축 등)로 드러냈다. 아예 종교는 죽음 때문에 생겨난 것이라고 해도 좋을 만큼 죽음이 주제가 되어 그 신념의 여울을 흐른다.

철학이 끊임없이 해답의 공간을 열어 놓는 것과 달리 종교는 단정적으로 해답을 제시하면서 그것을 불변하는 것으로 닫아 놓는 차이는 있어도 그렇게 말할 수 있다. 이러한 사실 때문에 죽음에 대하여 철학이 어떤 내용을 담고 있는지를 다듬는 일은 거의 불가능하다. 왜냐하면 죽음을 축으로 한 여러 주제들에 따라, 시대와 문화권에 따라, 지천으로 쌓여 있는 방대하기 그지없는 것이 죽음의 철학이기 때문이다.

그렇다면 우리는 그러한 쌓여 있는 죽음철학을 두루 살펴 다듬는 일도 중요하지만 오히려 나 자신이 죽음에 대한 사색을 펼쳐보는 일, 곧 나 스스로 죽음의 철학을 마련해 보는 일, 그래서 그렇게 이루어지는 내 죽음철학이 이미 전해져 오는 죽음철학과 만나면서 어떻게 더 온전해질 수 있을까를 그야말로 '생각'해 보는 것이 더 현실적인 과제일 수 있지 않을까 생각하게 된다.

그래서 이 글에서는 죽음을 생각하는 일, 곧 죽음철학을 위한 생각의 낌새가 될 만한 것들을 짚어 보면서 우리의 죽음에 대한 생각을 차근차근 다듬어 가는 데 도움이 되리라고 판단되는 내용들을 적어 보고자 한다.

왜 죽어야 하나?

우리는 지금 여기에서 이 글을 읽으며 '살고 있다.' 그러나 우리는 그렇다고 하는 사실을 일상 속에서는 거의 묻지 않는다. 당연하기 때문이다. 그러나 삶에 대한 이러한 태도, 곧 삶을 감지하지 못하는 일상이 늘 이어지지는 않는다. 삶의 단절, 생명의 소멸, 존재의 사라짐을 겪기 때문이다. 혈연이, 지인(知人)이, 아니면 알지 못하는 무수한 사람이 죽어 가는 것을 보고 듣는다.

그 순간 갑자기 나는 내가 살아 있다는 사실이 낯설어진다. 삶이 새삼 올연(兀然)해지는 것이다. 사람만이 아니다. 꽃이 시들고 나뭇잎이 진다. 보이는 것이 그 모습을 이어 가지 않는다. 시들고 낡아 가고 사라진다. 마침내 사람들은 생명이란 생명일 수 없는 한계를 자기 안에 지니고 있고, 사물은 그 나름으로 자신을 지탱하지 못하는 어떤 질서에 묶여 있다는 사실을 짐작하기 시작한다. 그러한 인식을 우리는 '존재는 비존재의 운명을 자신 안에 담고 있다'는 사실에 대한 터득이라고 해도 좋다.

그런데 생명은 스스로 '살아감'을 자신의 존재 원리로 지닌다. 그래서 생명은 살기를 바라지 결코 죽기를 바라지 않는다. 끊어지지 않는 이어짐, 사라지지 않는 현존(現存), 없어지지 않는 있음이기를 바란다. 그것으로 똘똘 뭉쳐진 것이 생명이고 존재다. 그러므로 우리는 우리가 '살아 있는 존재'라는 사실 때문에 우리를 비롯한 모든 존재가 사라지지 않기를 희구(希求)한다.

그러나 생명을 이렇게 인식하는 것은 생명이란 무릇 이러해야 한다는 '당위'를 이야기하는 것일 뿐 실제로 그렇지 않다. 바로 그러한 '살아 있다는 사실' 때문에 우리는 언제나 단절되고 소멸되며 사라지는 길에서 벗어날 수 없다. 살아 있기 때문에 죽을 수밖에 없는 것이다.

그렇다면 죽음은 삶과 상반하는 현상이라기보다 아예 생명 현상이라고 해야 옳다. 소멸은 생존의 모습이며, 사라짐은 존재의 존재다움이라고 이야기하는 것이 오히려 현실적이다. 사람은 살아가면서 이러한 역설(逆說)을 저리게 느낀다. 그래서 우리는 살아 있다는 사실을 통해 삶을 확인하는 것이 아니라 오히려 너의 죽음, 그것의 소멸, 모든 것의 비존재화(非存在化)를 겪으면서 살아 있다는 것을 터득한다.

그러므로 삶은 죽는다는 것을 생각하지 않을 수 없다. 이 역설의 설명할 수 없는 현실성 안에서 사람들은 '왜 죽어야 하나?'라는 물음을 묻는다. 죽음에 대한 철학함은 이러한 삶의 경험에서 비롯한다.

죽음은 자연이다

자기 자신 안에서부터 솟아오른 이러한 죽음에 대한 물음을 물으면서 어떤 사람들은 마침내 그것이 '자연'이라는 귀결에 이른다. 생명의 죽음 현상이란 '저절로 그렇게 된 일'이라고 이해하는 것이다. 어쩌면 이러한 해답은 물음의 회피라고 지탄될 수도 있다. '살아 있으니 죽는 거지! 아예 살아 있지 않았다면 죽는 일도 없었을 것 아냐?' 하는 선언을 아무런 설명 없이 당연한 것으로 발언하는 태도이기 때문이다.

하지만 이러한 설명이 그리 가볍게 이루어진 것은 아니다. 존재의 모습이 어떤 것인지를 두루 살펴 마침내 그 개연성(蓋然性)을 그렇게 서술하고 있는 것이기 때문이다. 그러므로 이러한 생각의 펼침이나 태도를 '살다 죽는 것'은 물을 까닭이 없는 당연한 것이라고 허옇게 웃어 버리는 가벼운 태도라고 할 수는 없다. 오히려 자연스러움의 질서에 저항하거나 그로부터 일탈하려는 미성숙한 태도가 아니라, 이를 겸허하게 받아들이는 성숙한 태도라고 해야 할지도 모른다.

이러한 죽음이해는 죽음을 두려워하는 일의 유치함, 오래 길게 살고 싶은 꿈의 무의미함, 죽음을 슬퍼하고 위로하거나 분노하고 경멸하는 따위의 부자연스러움을 범하지 않으려는 의연한 자기 다스림이 푹 익은 모습이기도 하기 때문이다. '왜 죽어야 하나?' 하는 물음에 대한 이러한 자리에서의 사색은 삶과 죽음을 굳이 둘로 나누어 이해하려 하지 않는다. 삶은 그 시작에서부터 죽음을 안고 있다고 이해하기 때문이다.

뿐만 아니라 이러한 생각에 근거해서 당연히 그 죽음이 또한 생명을 안고 있다고 여긴다. 생성과 소멸은 단절된 것이 아니라 이어져 있고, 그 이어짐은 두 다른 실재의 접속(接續)이 아니라 하나의 실재가 드러내는 표상에 지나지 않은 것이라고 생각하는 것이다. 이러한 사색의 맥락에서 마침내 무릇 존재란 그렇게 생멸(生滅)의 과정 안에 있는 것이라고 여긴다.

그러므로 이러한 자리에 서면 '죽음은 삶의 현실'이다. 따라서 '왜 죽어야 하나?' 하는 물음은 더 이상 절박하지 않다. 참으로 절실한 것은 그 물음을 넘어 '죽음을 어떻게 살아야 하나?' 하는 물음을 묻는 일이다. 그리고 이 물음을 좇아 지금 여기에서 살아가는 내 삶을 다듬는다. 죽음에의 철학적 접근은 이렇게 진전하며 나아간다.

죽음은 저주이며 놓여남이다

죽음을 자연 현상이라고 이해하는 것과는 다른 모습을 보여 주는 사색도 있다. 살아감의 환희를 근원적으로 파괴하는 죽음이라는 불가항력적인 현상은 예사로운 일이 아니라는 인식에 근거하여 이를 초월적인 존재의 저주가 아니고는 있을 수 없는 일이라고 생각하는 경우가 그러하다.

그런데 주목할 것은 그 저주의 원인을 제공한 것은 초월적인 존재의 뜻을 거슬러 살아온 인간에게 있다는 주장이다. 인간의 결함에서 비롯한 비정상적인 사태가 곧 죽음이라고 이해하는 것이다. 유일신 종교의 문화권에서 지배적인 이러한 주장은 서구 문명사를 거의 지배했다고 해도 지나치지 않는다. 철학도, 문학도, 예술도 그곳에서 죽음을 사색하는 정서는 이 테두리를 벗어나지 않는다. 이에 대한 저항 또는 반론이 없지 않다. 그러나 그러한 '일탈적인 사색'조차 죽음은 인간이 자초(自招)한 신의 저주로부터 비롯했다는 틀 안에서 이루어진다. 그러므로 이 경우, 죽음은 우울한 현실일 뿐만 아니라 암울하게 채색된다. 인간은 죽음을 향한 존재이고, 삶은 불안과 공포, 절망과 소멸의 궤도를 따라가는 비참하고 무의미한 것일 수밖에 없다.

그러나 인간은 죽기까지는 여전히 살아가는 주체이다. 그러므로 살아있는 이 현실 속에서 어떻게 해서든 죽음의 저주에서 벗어나는 삶을 살아가고자 한다. 저주에서 벗어나지 못한 삶, 곧 죽음을 향해 나아가는 삶의 무의미를 견딜 수 없기 때문이다.

그런데 이러한 사색은 만약 절대자로부터 자신의 과오를 용서받는다면 저주에서, 곧 죽음에서 벗어나리라 생각하는 데 이른다. 그리하여 초월자를 대신하여 이를 수행할 이른바 '구세주'가 출현할 것이며, 그를 믿으면 이러한 회구가 이루어질 것이라는 것을 해답의 내용으로 담는다. 그런데 구세주는 인간이 죽음의 저주에서 벗어나기 위해서는 지금 여기의 삶을 청산하고 불완전한 몸의 현실에서 벗어나는 일을 실행해야 한다는 것을 가르친다. 용서로부터 비롯하는 죽음으로부터의 해방은 '죽어야 산다'는 역설의 신비에서 완성되는 것이라고 주장하는 것이다. 따라서 이 자리에서의 '왜 죽어야 하나?' 하는 물음은 극적(劇的)으로 굴절한다. '죽어되살아나야' 비로소 진정한 삶이 현실화되기 때문이다.

그러므로 죽음은 마침내 절망스러운 두려움이 아니라 영원히 살기 위한, 곧 죽음 없는 삶을 살기 위한 계기가 된다. 죽음은 저주가 아니라 살기 위한 죽음, 곧 삶을 삶답게 하기 위하여 삶이 스스로 요청하는 불가피한 과정이 되는 것이다. 이렇듯 '죽어 되사는 신비'를 통해 죽음의 비롯함의 까닭을 저주에서 축복으로 바꿔 나아가는 것이다. '왜 죽어야 하나?' 하는 물음은 이러한 생각도 낳는다.

죽음은 다시 태어남의 계기이다

이와는 또 다른 사색의 흐름이 있다. 사람들은 일그러진 삶, 고통으로 점철된 현실에서 벗어나고 싶은 꿈을 지닌다. 죽음도 그 고통의 한 모습이다. 그런데 그러한 고통스러운 삶이란 만약 내가 태어나지 않았다면 없을 일이다.

이러한 생각은 내가 존재이기를 그만두면 죽음도 없으리라는 데 이른다. 하지만 자기 생명을 스스로 버리는 것은 어리석은 일이다. 그보다는 자기가 삶이든 죽음이든 어떤 고통에 의해서도 휘둘리지 않는 '그 너머'에 이르면 된다. 곧 생사(生死)를 넘어서는, 시공(時空)도 없는, 그래서 존재 자체가 무화(無化)되는 경지에 이르면 되는 것이다.

삶이란 본디 텅 빈 것이라는 터득을 지니면 거칠 것이 없게 된다. 삶이 고통스럽지도 않고 죽음이 두렵지도 않다. 그렇다면 인간이 추구해야 할 것은 생사를 갈등하는 어리석음을 훌쩍 넘어서는 자유이다. 사람의 온전함이란 이러한 의식(意識)을 지니게 될 때 이루어진다. 죽음을 포함한 삶의 고통을 이렇게 건딘다면 죽음도 삶도 없는데 '왜 죽어야 하나?'라는 물음에 시달릴 까닭도 없어진다. 그러한 물음 자체가 솟지 않을 것이기 때문이다.

그러나 삶의 현실은 인간을 그러한 깊은 사색 안에만 머물게 하지 않는다. 죽음은 여전히 아프고 무섭고 슬프고 절망적인 '사실'이다. 뿐만 아니라 삶이 지닌 그 나름의 흐뭇한 보람과 즐거움이 없는 것도 아니다. 다만 충분히 그러한 삶을 누리지 못하는 내 한계가 문제다. 그렇다면 넘어서고자 하는 의식만이 아니라 다시 더 온전한 모습으로 태어나고자 하는 간절한 희구를 놓칠 수 없다. 그러면서 내 삶이 아예 다시 시작되면 좋겠다는 생각을 한다.

그런데 모든 존재는 역류(逆流)할 수 없는 시간 안에 있다. 그리고 시간은 그 안에 있는 모든 존재를 퇴색시킨다. 시간 안에 있는 인간을 비롯한 모든 생명은 소멸의 운명을 지닌다. 죽음은 바로 그 소멸의 계기다. 그런데 신비스럽게도 소멸은 생성의 원천이기도 하다. 끝 시간은 언제나 처음 시간에 이어진다. 그렇다면 죽음은 삶의 끝이면서 새로운 삶의 처음이다. 죽음은 되삶을 이룰 수 있는 계기인 것이다. 죽음에 의해서 나는 '다른 존재'가 된다. 거듭남, 점점 온전해지는 거듭남의 과정이 죽음에 의해서 비롯한다. 그렇게 태어나는 새 삶은 이제까지와는 다른 의미와 가치로 채워질 것이고, 나는 온갖 고난으로 점철된 지금 여기에서의 모자람을 되풀이하지 않는 새 실존의 주체가 될 것이다.

죽음은 이렇듯 변화된 존재 양태가 전개되는 삶의 극점(極點)으로 수용된다. 그러므로 '왜 죽어야 하나?'라는 물음에 대한 답변은 분명하다. 새로운 존재로 태어나기 위해서다.

죽음에의 철학이 갖는 우선하는 물음, 곧 '왜 죽어야 하나?'에 대한 사색은 이렇듯 다양한 귀결에 이른다. 하지만 이러한 나눔은 서술하기 위한 편의일 뿐, 실제 삶에서는 이 여러 생각들이 한데 어울려 있다. 죽음을 생각하는 때에 따라, 경우에 따라, 우리는 이 생각에서 저 생각으로 옮겨 가기도 하고, 그 셋을 뒤섞으며 내 죽음 생각을 수놓기도 한다. 문화적인 일반성을 논의할 수도 있다. 하지만 옳고 그름을 판단하거나 자기의 생각을 강요하는 일은 조심스럽다. 삶에 대한 생각, 삶을 온통 지워 버린다고 느껴지는 죽음에 대한 생각은 다른 사람이 간섭할 수 없는 개개인의 실존적인 깊이에서 솟는 것이기 때문이다.

그런데 '우리는 왜 죽어야 하나?' 하는 물음은 죽음에 대한 사색의 처음일 뿐이다. 우리는 이보다 더 현실적인 죽음에 대한 생각을 삶 속에서 부닥친다. '우리는 어떻게 죽어야 하나?' 하는 물음이 그것이다.

어떻게 죽어야 하나?

이제까지 우리는 죽음이 어떻게 비롯했는가에 대한 생각을 '우리는 왜 죽어야 하나?' 하는 물음 틀에 넣어 생각해 보았다. 그러나 죽음의 기원, 또는 죽음의 까닭을 묻는 일은 어쩌면 한가한 일일지도 모른다. 우리가 살면서 실제로 부닥치는 것은 죽음에 대한 두려움이다. 죽기 싫은데도 죽어야 하는 절망감, 죽음에 이르기까지 겪어야 하는 몸의 처절한 아픔, 이루지 못한 꿈에 대한 회한, 다시 만날 수 없는 사랑하는 사람들과 헤어져야 하는 저리고 저린 슬픔. 죽음은 마치 우리가 묘사할 수 있는 온갖 부정적인 것의 총체인 듯 우리에게 다가온다. 그것이 죽음의 현실이다.

이때 우리는 죽음에의 철학적 접근을 앞의 경우와 달리 새롭게 시도하지 않을 수 없다. 어차피 죽음은 회피할 수 없는 현실인데 그 순간을 어떻게 맞아야 할까를 진지하고 그윽하게 '생각'해 볼 필요가 있는 것이다. 우리는 살아가면서 이런저런 일을 겪는다. 그때마다 그 일을 미리 살펴 준비를 했더라면 더 좋은 결과를 얻었을 거라는 생각을 하곤 한다. 그렇다면 '죽음맞이'도 다를 까닭이 없다. 아무리 그것이 존재 자체를 비존재화 하는 절대적인 절망이나 허무라 해도 그것이 내가 맞을 '삶의 현실'이라면 진지하게 이를 준비할 필요가 있는 것이다.

더구나 예상하지 못한 사고사의 확률은 점점 높아 가고 있다. 생활이 복잡해졌기 때문이다. 게다가 기대수명이 길어지고, 의학의 발전이 놀라워 죽음맞이도 이제는 옛날과 같지 않다. 죽음을 어떻게 판정하는가 하는 문제조차 심각하다. '죽었는데 살아 있다'고도 하고 '살아 있는데 죽었다'고 판정되기도 하는 뇌사의 문제가 그 하나의 예다.

스스로 자기 목숨을 끊는 사례를 둘러싸고 이른바 죽음의 자기결정권에 대한 논의도 한창이다. 자살의 문제가 아니더라도 타자가 죽음결정권을 행사하는 안락사, 자기가 그 결정권을 행사하는 존엄사도 일정한 법의 틀 안에서 이미 자리 잡고 있다.

장례와 제례도 시대의 변천에 따라 크게 변하고 있다. 특정한 종교나 불행하기 그지없는 경우에나 행한다고 여겼던 화장이 전통적인 매장을 압도하고 있다. 종교적인 것으로 채색되던 온갖 제례조차 편의성을 기준으로 변모되거나 간소화되고 있다.

바야흐로 우리는 내 죽음을 '어떻게 죽어야 할까?' 하는 문제를 깊이 생각하지 않을 수 없는 처지에 이르렀다. 죽음의 형식에서 의미에 이르기까지 격한 혼란이 일고 있기 때문이다. 그렇다고 해서 죽음을 내가 마치 어떤 사업을 하듯이 기획하고 설계할 수 있는 것은 아니다. 그렇기 때문에 우리는 내가 어떤 경우에 어떻게 죽음을 맞더라도 사람다움의 존엄을 잃지 않은 존재이기를 바라면서 죽음에 대해 깊이 사색하고 이를 준비해야 한다. 그것이 죽음에의 철학적 접근이 우리에게 제공해 주는 지혜이다. 이를 우리는 '삶의 자리에서 죽음을 바라보며 죽음을 맞는 삶'과 '죽음의 자리에서 삶을 바라보며 죽음을 맞는 삶'으로 나누어 살펴볼 수 있다.

삶의 자리에서 죽음을 향해 가는 삶

늘 죽음을 염두에 두며 살 수는 없다. 그렇지만 분명한 것은 '나도 언젠가 죽는다'는 사실이다. 가까운 혈연의 죽음, 친지의 죽음은 내 죽음도 불가피한 현실임을 뚜렷하게 느끼게 해 준다. 몸이 아프면 죽음은 바짝 다가온 검은 그림자처럼 나를 을씨년스럽게 한다. 나이를 먹어 심신이 쇠약해지면 구체적으로 죽음 그늘에서 벗어나지 못한다. 그렇다는 사실이 문득 떠오를 때마다 우리는 대체로 침울해진다. 지금 여기에서 하는 일이 갑자기 무의미해지기 때문이다.

산다는 것이 이처럼 우울한 것만은 아니다. 우리는 살아가면서 여러 모습의 즐거움과 환희를 누린다. 의미와 보람을 쌓기도 한다. 작고 사소한 성취에 만족할 때도 있고, 크고 중요한 업적에 뿌듯할 때도 있다.

그러나 그럴수록 우리는 그 의미와 보람을 발전적으로 지속하고 싶은 꿈을 지닌다. 행복이 영속되기를 바라는 것이다. 그러나 아직은 멀리 있다고 느껴 지금은 아니라고 스스로 다지지만 죽음과의 직면이 불가피하다는 것을 부정할 수 없는 한 스멀거리며 내 삶 안에 스미는 허무를 막지 못한다. 지금 여기에서의 보람과 의미가 새삼 처연하게 헛헛해진다. 자기의 실존이 결국 '죽음을 향한 존재'라는 이러한 자각은 거칠지만 두 다른 모습으로 정리된다.

하나는 살아가는 과정이 모두 무의미해지는 삶을 살아가는 태도다. '어떻게 살든 죽어 끝나고 사라질 건데!' 하는 태도가 일상이 된다. 무기력해지고, 어떤 것도 신뢰할 수 없고, 긍정할 만한 것이 하나도 없게 된다. 때로 그러한 태도는 온갖 욕심에서 벗어난 초연한 모습처럼 드러나기도

하지만 그렇기 때문에 삶을 책임지려 하지 않는 허무주의자의 모습으로 보이기도 한다. 이들은 '어떻게 죽어야 하나?'라는 물음을 아예 묻지 않는다. 묻는다 하더라도 '그저 죽으면 죽는 거지 죽음을 사색한다는 것 자체가 무의미한 짓'이라고 여긴다. 그렇다고 해서 죽음의 문제를 이미 넘어섰거나 나름대로의 사색을 통해 달관한 것도 아니다. 여전한 두려움과 절망감을 안고 죽음을 향해 속임 없이 다가가는 자신의 삶을 그런 듯 가리고 있는 것이다.

그런데 또 하나의 태도는 전혀 다른 모습을 보인다. 죽음에서 끝날 삶이라는 자의식은 지금 여기를 향유하고자 하는 욕망을 더 없이 충동한다. 절망이나 허무를 극복하기 위해서는 이를 욕망의 성취와 만족의 극대화로 대치하면 되리라고 판단하는 것이다. 죽음을 향한 존재라는 사실 때문에 '미리 죽을 필요'는 없다고 주장하는 이러한 삶의 태도는 때로 건강한 삶의 전형처럼 보인다. 삶의 과정에서 자신의 모자람이 노출되고, 부정적인 조건들이 자리를 둘러싸고 있다 할지라도 정열적으로 삶을 누리기 때문이다. 게다가 한껏 죽음을 지연시키려는 꿈을 지닌다. 급기야 장수(長壽)만이 삶의 목적으로 뚜렷해진다. 이러한 태도가 지닌 비극은 삶의 과정이 결과적으로 자기기만으로 점철된다는 사실이다.

그러나 이 둘의 어떤 모습이든 그것은 자신이 죽음을 향한 존재라는 자의식에서 비롯한다. 따라서 이러한 태도는 '어떻게 죽어야 하나?'라는 물음 앞에서 죽음과의 의연한 만남을 놓친다. 죽음에 의해 짓눌려 굴종하거나 아니면 비현실적인 오만한 태도로 죽음을 거부하기 때문이다. 결국 이러한 태도는 비굴하게 죽거나 오만하게 죽는 데 이른다. 이러한 일련의 사색도 우리는 죽음에의 철학함에 담을 수 있다. 하지만 다음에 살펴볼 또 다른 태도와 견주어 보면 이를 우리가 선택해도 좋을 철학다운 것인지 다시 생각해 보게 된다.

죽음의 자리에서 삶을 조망하는 삶

소박한 농부의 삶을 그려 보자. 해가 뜨자마자 그는 들로 나간다. 철 따라 파종을 하거나 김을 매거나 수확을 한다. 그는 오늘 해가 지고 어둠이 내릴 것을 안다. 그래서 그는 더 부지런히 해가 지기 전에 할 일을 서둔다. 꿈을 심고, 가꾸고, 마침내 거두어들인다. 지금 여기 아직 해가 있을 때 그는 최선을 다한다. 곧 저녁이 오고 어두워지면 일을 할 수 없기 때문이다.

그러나 밤이 모든 것의 끝은 아니다. 밤은 새로운 활력을 지니게 하는 휴식을 마련해 줄 것이기 때문이다. 끝은 소멸이나 절망의 계기가 아니라 오히려 처음에서 비롯하여 끝에 이르는 긴 세월을 그윽하게 바라보면서 그 세월이 알차게 영글기를 바라는 조용한 감사와 새 희망의 계기가 된다. 해가 지면 그렇게 삶을 추스르며 농부는 잠자리에 든다.

이러한 태도는 '죽음을 향해 나아가는' 삶과 전혀 다르다. 오히려 '죽음 자리에 미리 이르러' 삶을 살피는 태도, 곧 끝을 예상하고 삶을 다듬어 가는 태도이기 때문이다. 드러나는 모습에는 전자나 후자나 다름이 없다. 삶이 죽음에 이른다는 '현상 자체'는 조금도 다르지 않다. 하지만 삶을 죽음을 향해 가는 과정으로 여기는 태도와 아예 죽음의 자리에 이른 듯 그곳에서 삶의 과정을 조망하며 이를 다독거리는 태도는 삶의 의미와 보람을 전혀 다르게 지니게 한다. 전자는 죽음을 절망과 허무가 응집된 종점(終點)으로 여기지만 후자는 죽음을 의미와 보람이 이루어지는 정점(頂点)으로 여기기 때문이다.

그러므로 뒤의 태도는 죽음 앞에서 무릎을 꿇는 굴종의 태도도 아니고 죽음과 대결하면서 짐짓 오만해지는 자기기만적인 태도도 아니다. 죽음을 삶과 다르지 않게 귀하게 여기면서 죽음과 더불어 내 삶을 가꾸어 나아가는 태도이다. 그러므로 죽음을 낯설어하거나 두려워하거나 그로부터 도망치려 하지 않는다. 죽음과의 따듯하고 환한 만남을 이루면서 죽음도 사랑하며 살아야 한다고 다짐한다. 죽음도 삶의 현실이기 때문이다.

죽음을 준비하는 태도는 이러한 삶이 보여 주는 가장 두드러지는 현상이다. 내일의 삶을 미리 마련하듯이 죽음맞이를 준비한다. 자기가 생전에 감당할 수 없는 일 욕심은 진작 부리지 않는다. 회복할 수 없는 관계의 단절을 범하지 않으려 평소에 애쓰고, 혹 그런 일이 생기면 살아 있는 동안 맺힌 것들을 올올이 모두 풀어 상처를 씻고자 한다. 임박한 자기의 죽음 때문에 폐를 끼칠 일이 생길까 저어하여 자신이 아직 몽롱한 의식에 빠지기 전에 유서도 남기고, 재산도 정리하고, 병원에 사전의향서도 제출한다. 살아 있는 모든 사람에게 고맙다는 인사도 한다. 자기 자신에게조차 태어나 죽음에 이르기까지 잘 살아 주어 고맙다는 인사도 빼놓지 않는다.

문득 이미 죽은 뭇 사람들과의 만남, 자신이 죽으면서 별리(別離)가 이리도 아픈 뭇 사람들과의 재회가 궁금해지기도 한다. 죽음 이후에 대한 다양한 이야기들이 넘친다. 그러나 실증된 사실이라고 단정할 만한 어떤 이야기도 실은 없다. 하지만 죽음 이후는 죽음과의 직면에서 일게 되는 절망과 허무, 보상에의 희구와 재회에의 기대에서 말미암은 꿈의 정경(情景)이다. 그러니 이에 대한 담론이 없을 수 없다. 그렇다면 천당도, 극락도, 저승도 좋다. 살아오면서 자기가 느끼고 생각한 대로 그렇게 죽음 이후를 스스로 그리며 그것이 현실화하도록 지금 여기의 삶을 정갈하고 따듯하게 하면서 그 꿈이 주는 그윽한 위로를 받으면 된다.

'어떻게 죽어야 하나?' 하는 물음에 대한 사색은 이렇게 커다랗게 두 모습으로 나누어 볼 수 있다. 분명한 것은 죽음을 향한 존재로서의 삶을 죽음에 이르러 마감하는 것이 아니라 죽음의 자리에서 삶을 조망하면서 살다 죽는 것이 사람다운 모습이라는 사실이다. 그러나 뜻밖에도 우리는 죽음을 향한 삶의 태도로 죽음과 직면한다. 그래서 죽음은 두렵고, 삶은 허무하다고 느낀다.

하지만 죽음과 삶에 대한 진지한 생각, 그러니까 철학함의 자세는 우리로 하여금 준비된 죽음을 죽을 수 있도록 하는 '죽음의 자리에서 삶을 조망하는 자리'에 이르는데 도움을 준다. 우리는 다행히 어느 특정한 자리에 묶여 있는 존재가 아니다. 우리는 자신의 생각을 좇아 얼마든지 더 깊고 높은 차원에서 내 삶을 사색할 수 있는 '생각하는 창조적 주체'이기 때문이다.

실존적 고백에서 비롯되고 귀결된다

철학은 현상을 되묻는 물음, 곧 성찰(省察)에서 비롯한다. 그래서 어떤 사물의 현존(現存)에 대한 '왜'를 묻고 '어떻게'를 묻는 사유(思惟)를 펼친다. 그래야 현존의 의미가 드러나고, 그것과 더불어 사는 내 삶이 또한 의미와 보람을 지니게 되기 때문이다. 우리는 이제까지 철학에 대한 그러한 이해를 가지고 죽음이라는 현상에 대한 '왜'와 '어떻게'를 살펴보았다.

그런데 우리가 죽음에의 철학적 접근을 시도하는 처음 사람은 아니다. 아득한 때부터 사람들은 그러한 생각들을 끊임없이 해 왔다. 하지만 이를 우리의 논의에 조목조목 담지 않았다. 그저 두루뭉수리로 훑어보았을 뿐이다. 지면의 제한도 있고, 필자의 무지 때문에 그 일을 감당하지 못하는 제약 때문이기도 하다.

그러나 필자의 의도는 다른 데 있다. 철학함은 지식을 배워 축적하는 것이 아니라 스스로 주체되어 자신의 생각을 펼치는 일이기 때문이다. 무엇보다 죽음은 더욱 그러하다. '왜 죽어야 하나?' 하는 물음에 대한 기존의 여러 해답의 어느 것에 내가 전폭적으로 공감하면서 그것을 나의 해답으로 선택할 수는 있다. '어떻게 죽어야 하나?' 하는 물음도 마찬가지다.

그러나 그러한 앎은 결국 내 속에서 비롯한 내 발언일 때 비로소 내게 의미 있는 현실이 된다. 나의 것이 되는 것이다. 더구나 죽음은 앞에서도 언급한 바와 같이 그것이 어떻게 서술되고 설명되든 '실증적인 인식'으로 다듬어질 수 있는 현상이 아니다. 사유나 논리나 상상만으로도 모자라고 실험이나 실증이나 그로부터 비롯하는 이론만으로도 모자란다. 이 모든 것을 합쳐 넘어서는 어떤 차원에서 마침내 내게 의미 있는 인식의 내용이 되는 그런 것이다.

이를 우리는 나를 증언하기 위해 하는 발언과 연결하여 다시 다듬어 볼 수 있다. 우리는 두 다른 발언을 하며 살아간다. 하나는 '인식의 언어'이다. 실증성과 보편성으로 특징지어지는 우리의 일상용어가 그러하다. 그러나 또 다른 언어를 사용한다. 그것은 실증되지도 않고 보편성을 지니지도 않으나 삶의 과정에서 심각한 계기에 직면할 때면 그러한 언어를 발언한다. 그것은 인식의 언어가 아닌 '고백의 언어'이다. '나는 너를 사랑한다'는 발언은 결코 인식의 언어가 아니다. 그것은 실증되지도 않고 보편성도 지니지 못한다. 그러나 그 발언 주체가 자신의 정직성에 근거하여 발언하는 가장 진실한 언어이다. 그 정직성만이 그 언어의 진실성 여부를 판단한다. 철학함의 기본적인 발언의 정서는 이러한 실존적 고백에서 비롯하고, 긴 논리적 우회를 거쳐 마침내 거기에서 귀결한다.

그렇다면 죽음도 다르지 않다. 죽음에의 철학은 배워 지니는 것이 아니라 스스로 자신에게 가장 정직한 사색의 결과로 저절로 고백되는 언어에 담기는 것이다. 죽음에의 철학적 접근은 '이것이 죽어야 하는 이유'라고 고백하는 그 내용에서, '이렇게 죽어야 한다'라고 고백하는 그 내용에서 완성되는 것이다.

이 일이 쉽지는 않다. 사랑을 고백하는 일이 그렇듯이. 그러나 그래서 우리는 죽음에의 철학적 접근을 쉬지 말아야 한다고 말해야 한다. *

[참고문헌]

김열규·김석수·박선경·허용호. 『한국인의 죽음과 삶』 철학과 현실사, 2001.
바우커 존. 『세계 종교로 보는 죽음의 의미』 청년사, 2005.
박찬욱. 『죽음, 삶의 끝인가 새로운 시작인가』 운주사, 2011.
오진탁. 『죽음, 삶이 존재하는 방식』 청림출판, 2004.
유호종. 『떠남 혹은 없어짐-죽음의 철학적 의미』 책세상, 2001.
정진홍. 『만남, 죽음과의 만남』 궁리, 2003.
정현채 외. 『삶과 죽음의 인문학』 석탑출판, 2012.
한국종교학회/ 박규태·유기쁨 역, 『죽음이란 무엇인가』 도서출판 창, 1990.
한림대학교 생사학연구소. 『타나토스 총서』(총 10권). 모시는 사람들, 2015.
한림대학교 생사학연구소. 『생사학 총서』(총 5권). 청년사, 2015.

무고, 유교, 불교, 그리스도교의

죽음이해

김경재 한신대학교 명예교수, 문화신학과 종교신학 강의

종교와 죽음이해

우리의 주제는 '한국에서 죽음에 대한 각 종교의 이해'이다. 한국인의
사생관(死生觀)을 지배하는 네 가지 대표적 종교들 곧 대표적 한국 종교로
서 무교, 유교, 불교, 그리스도교에서 죽음을 어떻게 이해하는지 살펴보
고자 한다. 일상용어의 사용에서 '사생관'이란 어휘는 '생사관(生死觀)'이라
고도 표현한다. 언어학적 한문 글자 순서를 뒤바꿔 표현하는 이유만은 아
니다. 삶과 죽음, 이승과 저승, 시간과 영원은 손등과 손바닥 관계처럼 불
가분리적이기 때문이다. 죽음이해는 삶의 이해에 영향을 미친다.

죽음 현상이 현대 사회에서 자주 발생하는 일상적 사건들이 되고 죽
음 과정과 사후 시신 처리가 지극히 사무적이고 기계적으로 소홀하게 다
루어지면, 그 사람이나 가족과 문회 사회의 삶도 그렇게 된다. 죽음을 소
외시키면 삶도 소외된다. 죽음을 순수한 생물학적이고 물질적 과정으로
만 생각하면 삶도 그렇게 생각하게 되어 사회 전반이 약육강식의 동물왕
국으로 변하게 된다. 한마디로 죽음에 대한 외면과 소외는 비인간화 현상
으로 나타나게 된다. '죽음과 종교'라는 주제어를 가지고 이 글에서 살피
려는 이유가 거기에 있다.

무교와 유교의 죽음이해

이승과 저승의 이원론적 구조

무교(巫教)에 비하여 고도의 성리학적 철학 이론과 공맹의 윤리 체계
를 지닌 유교(儒教)에서의 죽음이해를 무교와 함께 제2장에서 다루는 것

을 부당하거나 기이하게 생각할 수도 있다.

그러나 무교는 한국인의 죽음이해의 뿌리를 구성하는 원형적 구조를 갖고 있다. 무교적 죽음이해의 근본 구조는 이승과 저승이라는 두 단계의 시공간 구조를 존재론적으로 전제하고, 죽음이란 이승의 삶을 다한 사람 생명체가 삶의 임계점을 넘어서 저승이라는 또 다른 시공간적 세계에 안착하여 영생하는 것으로 이해되고 있다.

유교는 무교에 비하여 이미 말한 대로 그 철학적 형이상학과 윤리관에서 고도로 발달한 동아시아의 고등 종교이지만 사생관에서는 특기할 만한 점이 없다. 유교식 조상 제사를 지낸 가정에서는 크게 보면 이 땅의 삶을 마친 후 '조상들의 혼백이 계신 어떤 곳'으로 돌아간다고 생각하는 것이 현실이다.

자연히 생명이 죽으면, 이승의 흙으로 환원되는 육신이라는 신체와 혼이라고 부르는 신령한 불멸적 존재가 육신을 떠나, 일정한 정화 단계를 거쳐, 저승이라는 혼령계로 이주해 가는 것으로 파악하고 있다. 이승과 저승은 현세와 내세라는 시간적 우선순위 관례라고 생각하기보다는 공간적 다른 세계라고 파악한다는 점이 무교나 유교의 공통된 특징이다. 무교의 이승과 저승의 특성은 다음과 같다.

첫째, 저승 혹은 조상들의 영혼이 계신 곳은 유비적·은유적 이해에도 불구하고 이승의 삶을 유추해서 저승을 이해하기 때문에 '질적으로 전혀 다른 초자연 세계'라기보다는 이승을 닮은 곳이라는 점이다.

둘째, 그럼에도 불구하고 저승은 이승의 속되고 부정 탄 삶의 공간이라기보다는 맑고 깨끗하고 평안한 세계이고, 이승에서 겪었던 질병의 고통·이별의 슬픔·억압과 차별이 그친 곳이다.

셋째, 모든 죽은 혼령은 반드시 정화 단계를 거쳐 저승으로 가야 한다. 사실 무교는 육체를 떠난 혼령을 무사히 저승으로 올려 보내는 종교적 의례라고 말할 수 있다. 아주 엄격한 성리학적 유가 가정을 제외하면 대부분 유교식 조상 제사를 지내는 일반인들도 종교 면에서는 무교적 패러다임을 갖고 있다.

지옥심판의 개념과 혼령 개념

무교적 죽음이해는 사람이 죽은 뒤엔 반드시 저승에서 영원히 새로운 삶을 지속해야 한다고 본다. 그런데 저승에로의 재탄생은 기계적으로 자동 발생적이지 않고, 이승의 삶의 여정 기간 동안 그가 쌓은 도덕적, 영적 자질과 업보에 따라 등차가 생기고 조건부 정화 과정이 주어진다고 본다는 점에서 매우 윤리적 종교이기도 하다. 그러므로 무교적 종교관에 의하면 사람이 죽으면, 죽은 혼령들은 다음과 같은 네 가지 범주로 대별된다.

첫째, 복 받은 혼령으로서 저승세계로 곧바로 들어가는 것이다. 복된 죽음이다.

둘째, 저승에 들어가기 전, 저승의 부속 공간이라고 볼 수 있는 지옥에서 더럽혀진 혼령이 고통을 받음으로써 죗값을 치르는 기간을 거쳐 정화된 다음 저승으로 들어가는 예비 단계적 혼령이 있다.

셋째, 비명횡사하거나, 너무나 억울하게 죽은 한(恨) 맺힌 영혼이 이승을 떠나지 못하고 중간적 존재로서 방황하는 혼령이 있다. 이런 혼령은 죽은 혼령 당사자에게 불행일 뿐만 아니라, 그와 관계된 가족과 지인 관계에도 부정적이고도 파괴적인 액운이나 살기로 작용한다고 본다. 무굿은 이러한 원혼(冤魂)의 한(恨)을 풀어 저승으로 평안하게 보내 주려는 종교의례이다.

넷째, 저승에 직통으로 들어갈 만한 깨끗한 혼령도 못되고, 지옥의 고통 감내를 통해 정화된 후 저승세계로 들어가지도 못하는 극악무도한 혼령 중에는 지옥에서 마저도 내처져서 이승의 우마, 축생, 버러지 등으로 환생하여 혼령의 정화 단계를 거쳐야 하는 최악의 혼령도 있다고 본다.

이상에서 본 대로 무교적 죽음관은 이승·저승의 분명한 이중 구조를 가진다. 따라서 별다른 고등 종교의 사생관을 가지고 있지 않은 일반인들은 죽음에 직면하여 심리적, 존재론적 두려움과 공포감을 가질 수 있다. 이들을 돕는 가장 중요한 문제는 운명하기 전 마음에 품은 모든 원한·여한·보복심·죄책감 등을 다 털어 버리고 한(恨)을 푼 후에 운명하도록 하는 것이다.

유교에서의 죽음이해

유교는 삼국 시대부터 이미 삼강오륜 등 윤리도덕적 가치 규범으로 영향을 미치기 시작하고, 조선조 500년을 지내는 동안 유교는 철학적 세계관으로서, 그리고 불교와 쌍벽을 이루는 '생활 종교'로서 한민족에게 깊은 영향을 끼쳐 왔다. 유교는 천명사상·주역사상·음양오행론·제사 제도·상제례 의례 면에서 중요한 종교로서의 기능을 감당해 왔다.

유교적 실재관은 우주 만물을 죽어 있는 기계적 물질덩어리로 보지 않고, 매우 생명론적으로 보았다는 점이 중요하다. 모든 것은 변하고 움직이고 생성되고 소멸되는 역동적 운동 안에 있다고 이해한다. 우주 만물의 근원이자 종착점은 허령 창창한 일기(一氣)인데, 이 근원적 일기가 어떤 방식과 농도와 구조로서 응결되고 해소되는가에 따라서 정(精)·기(氣)·신(神)이라는 세 가지 형상으로 나타난다고 본다.

유교에서는 인간 생명도 바로 일기의 세 가지 변용 형태인 정·기·신의 정묘한 발현체(發顯體)라고 본다. 유교의 죽음이해와 죽음 이후 생명

연장성에 대한 이해도 이러한 기본적 실재관의 테두리 안에서 이해되고 있다. 유교에서 말하는 인간 생명은 천지 생명력의 정교한 합성체인데, 하늘 기운의 정묘한 형태를 혼(魂)이라 칭하고, 땅 기운의 정묘한 형태를 백(魄)이라고 칭한다. 혼백(魂魄)은 다름 아닌 '귀신(鬼神)'이다. 인간이란 사람다운 영물로서 영글어진 정묘한 원기(元氣)의 한 가지 존재 방식이라고 본다.

유교가 단순한 도덕 체계가 아니고 종교로서 기능하느냐 못하느냐의 관건은 바로 이 혼백이 이 세상에서 삶을 누린 다음 사후에 그 영원성과 자기동일성을 어떻게 보장하며, 이 세상의 후손들과 관계를 어떻게 지속하느냐의 문제로 귀착된다고 말할 수 있다.

흔히 계로(季路)라는 제자가 귀신 섬기는 법도를 물어볼 때 공자의 말씀(論語,先進篇)이라고 전해 오는 유명한 말씀이 있다. "사람을 바르게 섬기지 못하고서 어찌 귀신을 섬기겠느냐. 삶을 알지 못하면서 어찌 죽음을 알겠느냐?(未能事人 焉能事鬼, 未知生 焉知死)"라는 말이다. 귀신과 죽음에 대한 불가지론적인 현실주의자로서의 태도 표명이라기보다는 호기심만을 갖는 경박하고 진지하지 못한 태도를 경계한 말이다.

그런데 사람이 죽으면 혼백이 결국 어디로 돌아가느냐에 대해 유교는 혼은 형기(形氣)로서 하늘로 돌아가고 형백(形魄)은 땅으로 돌아간다고 말한다(禮運篇). 결국 '하늘과 땅'이라는 포괄적 상징 언어는 우주 만물의 궁극적 실재인 일기(一氣)로 되돌아간다는 것을 의미한다.

유교가 종교로서 지탱되는 가장 중요한 매개가 제사 제도인 것을 부정할 수 없다. 공자는 제사지내는 태도에 대하여 가장 고전적 태도와 말씀을 남겼다. 논어 팔일편(論語, 八佾篇)에 이르기를 "제사를 지내심에 조상이 앞에 계시듯이 하셨고, 신을 제사함에 신이 앞에 임재한 듯하셨다. 공자 말씀하기를 제사에 참석하지 않으면 안 지냄과 같다고 하셨다(祭如在 祭神如神在. 子曰 吾不與祭 如不祭)."

유교의 제사 제도에서 가장 중요한 개념은 혼백 개념이다. 혼(魂)은 하늘 기운의 가장 영묘한 형태가 영글어져 사람 생명을 구성하는 요소가 된 것이고, 백(魄)은 땅 기운의 가장 영묘한 형태가 영글어져 사람 생명의 구성소가 된 것이다. 혼백은 두 가지가 모두 단순한 육체는 아니고 정신 활동과 육체적 활동을 가능하게 하는 영묘한 정신적 실재이다.

제사 행위가 이뤄질 때 조령(祖靈)들은 이 땅에 아직 남아 살고 있는 후손들의 지극한 정성과 기도에 감응한다는 것이다. 어떻게 시공 차이를 극복하며, 개별 제사의 장소를 확증하는가의 문제는 정성과 공경을 지극히 다하는 후손과 조령 사이에 시공을 초월하는 이지적(理知的) 초능력이 가능하므로 양자 사이에 감응 소통이 일어난다고 보는 것이다.

결국 유교의 죽음이해는 죽음 이후 원기, 즉 일기에로 환원하고 말 것이지만, 일정 기간 동안은 개체 조령의 불멸성을 믿을 수밖에 없었다. 그러기에 임종에 직면한 유교적 사람들은 죽은 뒤 조령들을 뵐 면목을 갖추는 것이 중요하고, 자신의 혼백이 단순한 귀신세계에 머무는 것이 아니라, 조령들의 세계로 진입해 가기를 염원하고, 그것이 중요한 일이라 생각되었다.

불교의 죽음이해

인연생기설

불교라는 종교에서, 죽음과 삶을 이해하는 근본 원리는 불교를 불교답게 하는 근본 교의인 '인연생기설(因緣生起說)'에 모든 것이 달려 있다. 인연생기설은 말하자면 불교적 실재관이며, 고타마 싯다르타가 고대 브라만교로부터 나와 새로운 종교 운동을 일으킨 근본 원리이기도 하다.

연기설은 잘 알다시피 삼라만물과 만유는 그 스스로 자존하거나 상존(常存)하는 실체(實體)로서 존재하는 것은 하나도 없고 인연(因緣)에 의해 발생하고 살아진다는 가르침이다. 줄여서 제행무상(諸行無常)이요 제법무아(諸法無我)라고 갈파한다.

여기에서 인연이란 만유를 존재하게 하는 직간접적 인과 관계의 요소들(因)과 관계 구조 및 관계 형식(緣)을 의미한다. 흔히 연기론을 간략하게 설명하기 위해 '이것이 있으므로 저것이 있고, 이것이 살아지므로 저것이 살아진다'라고 표현하지만 인연은 한두 가지가 아니고 복잡다단한 원인과 관계망으로 구성되어 만유를 발생시킨다.

불교는 이러한 인연생기설에 기초하기 때문에 '연기(緣起)를 본 자는 법(法)을 본 자요, 법을 본 자는 연기를 본 자이다'라고 갈파한다. 마찬가지 관법을 삶과 죽음의 이해에 적용해서 말할 수 있다. 불교적 죽음이해와 죽음의 극복도 알고 보면 인간의 생명 현상 자체를 '인연생기설'의 관점에서 확철할 때 가능하다. 다시 말하면 '죽음'이란 커다란 생명의 연기적 존재 양태이며, 큰 생명 흐름의 과정 속에 있는 한 단계 고리일 뿐이기 때문에 독립적인 '죽음이라는 실체'는 없다고 보는 것이다. 그것을 깨달음이 해탈이요 불생불멸이다.

업에 근거한 극락왕생 신앙

불교적 실재관 곧 생사관의 근본 원리가 인연생기설이라는 것을 위에서 살펴보았다. 인연생기설은 자연히 업(業) 이론을 낳는다. 업(karma)

이란 존재하는 생명체들이 특히 사람이라는 생명체가 생유(生有) 기간 동안 집착과 망집으로 인해 남기는 정신적·물질적 영향력이라고 말할 수 있다.

불교의 교학에 의하면 수명은 업에 의해 유지되고, 업력(業力)이 존속하는 한 그 업력의 변화에 따라 삶과 죽음도 전변의 과정 속에 있게 된다. 연기설적 관점에서 불교는 사람 생명의 존재 양식을 4종으로 설명한다.

생명이 수태를 통해 결성되는 찰나를 생유, 생명이 삶을 누리다가 죽음 직전까지의 생인 본유(本有), 최후에 임종을 맞는 생명을 사유(死有), 그리고 다시 인연생기법칙에 의해 새로운 생명이 결성되는 중간 단계의 중유(中有)가 그것이다. 그러므로 죽음은 사유요, 죽음 이후 49일 동안은 중유인데, 이 기간 동안 인간 생명의 존재를 중음신(中陰身)이라 부른다.

대중불교에서 소위 망자가 극락왕생하기를 발원하는 천도재나 망자를 위해 불사를 드리는 사십구재(四十九齋, 7×7=49일)는 중음신이 서방정토 또는 극락에 왕생하기를 염원하는 종교의례이다. 심층 심리학자 칼 구스타프 융 박사가 인류의 고전이라고 극찬하는 티벳불교의 작품『死者의 書』원제목은『바르도 퇴돌』인데, 바르도는 바로 중유 단계 중음신을 말하는 것이고, 퇴돌은 '듣는 것만으로도 영원한 자유에 이른다'라는 뜻이다.

의학적으로 사망이 선고된 사람일지라도, 불교적 생사관에 의하면 감각적 의식을 초월하는 의식의 더 복잡다단한 여운이 남게 되어 듣기도 하고 보기도 한다는 것이다. 망자가 삶의 기간 동안 형성한 정신적 실재로서의 업력이 중음신을 만들어 지속시키기 때문이다.

일반 대중 불자들의 중생심은 고승들이 말하는 무심(無心) 해탈, 평정한 입적(入寂)은 너무나 고답적인 교학적 가르침이기 때문에, 서방정토나 극락을 상정하고 거기에 태어남으로서 육도윤회를 벗어나기를 바라는 것이다. 이때 불교 신자는 아미타부처나 관세음보살, 지장보살 등의 업력에 귀의한다는 불심을 일으켜 공덕 없는 인생이 안심입명하기를 기원한다.

그러나 알고 보면 고승들의 죽음이해는 생사의 현상에 집착을 극복하고, 생사가 곧 열반이요, 진공(眞空)은 묘공(妙空)이요, 진여계가 곧 생멸계임을 깨닫는 데 있다. 그리하여 연기적 고리를 초탈한 절대자유 불생불멸의 대생명을 확철득증함으로써 '죽음이란 없는 것이다'라는 것을 깨달아 죽음을 극복하려는 종교가 불교의 진면목이라고 보아야 할 것이다.

그리스도교의 죽음이해

죽음이해 네 가지

그리스도교의 죽음이해는 간단한 것 같지만 긴 역사의 과정 속에서 네 가지 다양한 물줄기가 합류되어 형성된 것이다. 그러므로 같은 성경 안에서도 어느 한 가지 전통만을 들추어내 그리스도교의 죽음이해라고 말하면 '장님이 코끼리 만지는 격'이라는 편파적 이해가 되고 만다. 또한, 그 네 가지 주류 형성의 요소들은 서로 대립적이면서도 서서히 그리스도교 교인들의 신앙과 교회 전통 속에서 하나로 융합되어 갔다. 그 네 가지 요소를 점검하면 아래와 같다.

- 고대 이스라엘 헤브라이즘의 죽음이해
- 고대 중동 지방에서 형성된 선악이원론과 종말사상
- 헬라철학 전통 특히 플라톤 및 신플라톤주의 영육이원론과 영혼불멸론
- 예수 그리스도의 십자가 죽음과 부활 체험

고대 이스라엘의 스올 신앙

고대 이스라엘신앙 흔히 아브라함·이삭·야곱으로 대표되는 고대 셈 종족 조상들의 죽음이해는 그리스도교 죽음이해의 첫 출발점이요 그 기초가 되어야 한다. 그들의 후손들로 이뤄진 고대 이스라엘 백성들의 죽음이해는 사람이 죽으면, 그 생명의 입김은 창조주 하나님께로 거두어 가고, 사람은 그가 본래 지음 받은 근원의 땅과 먼지로 돌아간다고 본 것이다. 시편 기자는 말하기를 "가련한 죽을 인생들아 티끌로 돌아갈 지어다"(시 90:1-4)라고 노래한다. 창세기 3장 타락설화의 결론 부분에서 이렇게 말한다. "너는 땅(아다마)에서 나왔으니 땅으로 돌아갈 때까지 네 얼굴에 땀을 흘려야 먹을 것을 먹게 될 것이다. 너는 먼지(아팔)니 먼지로 돌아갈 것이다."(창 3:13-14)

고대 히브리인들의 죽음이해는 철저히 인간을 흙과 먼지로부터 만들어진 유한하고 사멸적인 존재라고 이해했다. 이 사실을 뚜렷이 자각할 때마다, 이스라엘 히브리 사람들은 생명의 빛이 비취는 동안의 삶이 축복이고 창조주의 선물이라고 생각했다. 고대 히브리 인간관에는 영육이원론도 없고 영혼불멸론도 없다. 그들은 수명이 다하여 자연사하는 것이 축복이고, 살아 있는 동안 창조주 앞에서 혈족 및 이웃 사람들과 더불어 즐겁게 지내고, 노동의 대가로서 풍성한 먹거리를 향유하다가 죽으면 '열조에게로 돌아갔다'라고 표현했다.

인간을 철저히 유한한 피조물로 이해한 고대 히브리 신앙에서도, '죽으면 사람이 열조에게 돌아가되, 스올이라고 부르는 어떤 특정 시공간에로 간다'고 보았다. 스올은 하나님의 주권 아래에 있고 하늘과 땅이라고 부르는 신비한 창조세계 안의 특정한 시공간이지만, 그곳은 생명력이 없는 세계요, 하나님의 얼굴을 뵐 수 없으며, 그림자들이 머무는 집합소 같은 곳이다. 그러나 스올은 무서운 심판 장소로서의 저승 같은 곳이 아니다. 그저 생명력이 떠난 인간 생명의 잔영(殘影)이 가 있는 곳이다.

헬라철학적 영혼불멸 신앙과의 융합

그리스도교의 발생은 이스라엘 신앙의 토양에서 발생한 새로운 생명의 싹이었지만, 그리스도교라는 종교의 생명나무가 자라나는 토양은 좁은 팔레스타인이 아니라 지정학적으로는 로마 제국이 통치하는 지중해 세계요, 문화 토양으로서는 헬레니즘 문화권이었다. 그리스도교가 전파되어 가는 동안 헬라인으로서 그리스도교로 개종한 사람이 많이 생기게 되었다.

헬라인들의 사생관은 다양하지만, 소크라테스와 플라톤을 이어 가는 영육이원론적 인간이해와 영혼불멸론이 대중 속에 널리 받아들여지고 있는 터였다. 그리하여 그리스도교 초대 교부들과 어거스틴 등 사상가에 의해, 그리스도교 신앙 뿌리인 헤브라이즘 전통과 헬라철학적 인간관 사이에 지평융합이 이뤄지게 되었다. 고대 히브리인들의 소극적 스올 신앙은 적극적인 천국 신앙으로 변하고, 의롭게 죽은 자들의 보상과 영생 보장이 '시간의 종말' 이전에 이미 천국에서 앞당겨진다는 신앙이 나타나게 되었다.

유한한 인간 생명은 죽음으로서 끝나고 하나님의 은총을 부활의 때까지 기다린다는 신앙이 변화되어, 사람이 죽으면 그 영혼이 초월적 영계 곧 천국으로 가서 그가 땅위에서 뿌리고 심는 대로 거둔다는 '영생 신앙'이 그리스도교 죽음관으로 자리 잡게 되었다.

그리스도 예수의 부활 생명

예수는 죽음과 죽음 이후를 어떻게 생각하셨는가? 그 일단을 알아보는 말씀으로서 누가복음을 예로 들 수 있다.

> "예수께서 이르시되 이 세상의 자녀들은 장가도 가고 시집도 가되 저
> 세상과 및 죽은 자 가운데서 부활함을 얻기에 합당히 여김을 받은 자
> 들은 장가 가고 시집 가는 일이 없으며, 그들은 다시 죽을 수도 없나
> 니 이는 천사와 동등이요 부활의 자녀로서 하나님의 자녀임이라…
> 하나님은 죽은 자의 하나님이 아니요 살아 있는 자의 하나님이시라
> 하나님에게는 모든 사람이 살았느니라 하시니"(눅 20:34-36, 38)

예수는 하나님 앞에서는, 하나님이 원하시고 허락하시는 한, 모든 사람이 살아 있다고 말한다. 부활의 미래 시간을 기다릴 필요가 없다고 언급하신다. 사실 그리스도교의 사생관은 역사적 예수의 십자가 죽음 사건 이후, 무언가 이성으로서는 확인 불가능한 '부활 사건'이 발생하여 피조물의 새로운 '첫 열매'가 되었다는 신앙고백 위에 서 있다.

그리고, 그리스도교 신앙 공동체는 예수의 신비한 '부활 생명'이 자동적으로 발생한 것이 아니라 하나님이 일으키신 사건이라고 믿는다. 여기에서 겉으로 보면 그리스 플라톤 철학과 닮은 '영혼불멸설'을 믿는 것 같지만, 어디까지나 창조주 하나님이 유한한 생명에게 덧입히는 새로운 영적 생명체로서의 '영체 부활'임을 고백한다.

고대 헤브라이즘의 이스라엘 신앙 전승과 헬레니즘 전통의 영향을 모두 받았고, 그리스도 예수의 부활 생명을 '다메섹 도상'에서 실존적으로 체험한 사도 바울은, 유한한 인간이 땅 위에서 육체적 몸을 입은 것 같이,

인간의 속사람이 죽음 이후에 영적 몸을 덧입는다고 가르친다.

"육의 몸으로 심고 신령한 몸으로 다시 살아나나니 육의 몸이 있은즉

또 영의 몸도 있느니라… 우리가 흙에 속한 자의 형상을 입은 것 같이

또한 하늘에 속한 이의 형상을 입으리라"(고전 15:44, 49)

바울의 초기 서신에서는 후기 유대교의 종말론적 기다림의 신앙이 나타나 보이지만, 말년의 목회 서신에서는(빌 1:20-24), 죽음 이후 곧바로 그리스도와 함께 있게 되는 영적 몸의 새로운 변화가 일어남을 암시하고 있다. 그러므로 죽음을 '잠자는 상태'로 묘사하는 성경의 표현은 어디까지나 은유적 표현으로 보아야 하며 문자적 의미로서 이해할 것은 아니다.

창조주 은총의 선물인가?

가톨릭교회는 연옥교리를 가르쳐 왔다. 중세기 시대는 연옥교리가 주로 인과응보적인 심판사상에 무게가 실렸으나, 점차로 연옥교리의 진정한 의미를 깊이 재숙고하여 그레샤케(G. Greschake)를 비롯한 유수한 현대 가톨릭교회의 신학자들은 '죽은 자들 영혼의 정화 기간'으로 이해한다.

죽음 직후 생명체의 체험, 특히 임사체험자들의 '빛의 세계 경험'에 관련된 연구 보고에 관하여서는 두 가지 서로 다른 평가와 견해가 교회 신학자들 사이에 있다. 그 하나는 '빛의 경험'은 완전히 죽음세계에 들어가기 전의 인간 의식의 반영으로서 보는 견해가 있다. 다른 하나는 초자연적인 영계의 빛 체험이라고 보는 견해가 있다. 특히 임사체험을 한 사람

들의 삶이, 그 경험 이후 보다 삶을 더 진지하게 사랑하고 헌신하는 창조적 태도 변화를 나타내는 것을 볼 때, 단순한 죽은 자의 두뇌 신경회로 속에 남은 의식의 잔상투영이라고 볼 수 없다는 주장이 강하다.

임사체험을 연구한 3명의 대표적 의학자들인 레이몬드 무디(Raymond Moody), 엘리자베스 퀴블러 로스, 에반 알렉산더(Eben Alexander)가 각각 증언한 책『Life after Life』,『On Life after Death』,『Proof of Heaven』이 신경정신과와 뇌 과학 분야 전문가들의 증언이라는 점을 존중해야 한다. 그들의 공통된 주장의 핵심은 다음과 같다.

- 영혼(순수의식, 마음, 정신)은 뇌라고 하는 물질의 부수 현상이 아니고 독립적 실재성을 가진다.
- 실재계(창조세계)는 차원을 달리하는 다양한 실재가 중층적으로 밀접한 관계성 안에서 연결되어 있다.
- '지성적 종교심'이 '초월'을 경험하려면, 칸트적 인식론 패러다임과 물질환원주의 철학에서 해방되어야 한다. 뇌는 생물학적 존재로서 인간이 진화 과정에서 효과적으로 생존하기 위하여 진화발전 시켜 온 생물학적 기제이다. 뇌는 비유컨대 일종의 필터, 벨브, 중앙 전신국과 닮아서 외계 감각 정보들을 처리하여 외부 현실을 모형화한다. 뇌의 필터가 용인하는 것만을 볼 수 있다. 동시에 초월의 차원을 가려 버린다.
- 초감각적 체험 상태에서 시간과 공간 체험은 공시적으로 체험되고, 개체이자 전체이고, 실재의 본질은 '사랑, 명료함과 빛, 내적 평화와 소속연대감'이다.

그리스도교의 죽음이해는 유한한 인간의 한계 상황으로서 받아들이는 기본적 입장을 바닥에 깔고, 창조주의 은총의 선물과 능력에 힘입어 죽음과 동시에 차원이 다른 영적 세계로 영적 몸을 덧입혀 들어간다고 믿는다. *

[참고문헌]
김경재. 『죽음, 부활, 그리고 영생 : 기독교생사관 깊이 읽기』. 청년사, 2015.
김균진. 『죽음의 신학』. 대한기독교서회, 2002.
김동화. 『불교학개론』. 보련각, 1972.
삼바바, 파드마. 『티벳 사자의 서』. 류시화 역, 정신세계사, 1995.
알렉산더, 이븐. 『나는 천국을 보았다』. 고미라 역, 김영사, 2013.
퀴블러 로스, 엘리자베스. 『사후생』. 최준식 역, 대화출판사, 2002.
한국종교학회 편. 『죽음이란 무엇인가?』. 도서출판 창, 2001.

죽음은 가장 값진

삶의 선물

로고테라피적 관점에서

김미라 Trinity Western University 한국어 상담프로그램 전임교수

"나는 이제 세상 모든 사람이 가는 길을 간다."(왕상 2:1) 죽음을 앞둔 다윗 왕이 아들 솔로몬에게 유언을 하면서 시작하는 말이다. '세상 모든 사람들이 가는 길' - 다윗이 말한 세상 모든 사람이 가는 길이란 어떤 길인가? 인간이라면 누구도 피할 수 없는 길, 바로 죽음으로 향한 길이다. 죽음으로의 길은 인간, 아니 세상의 모든 살아 있는 것들은 피할 수 없는 길이다.

그러기에 로고테라피를 창시한 오스트리아 출신의 정신과 의사인 빅터 프랭클 박사는 죽음을 고통과 죄를 포함한 삶의 3대 비극이라고 정의하고 있다(Frankl, 1962 & 1984). 그렇다면 죽음은 인간에게 그저 비극이며, 비참한 종말인 것인가?

죽음이란 종국은 모든 인간이 걸어야 하는 슬픔과 고통의 결말인가? 빅터 프랭클 박사는 죽음을 비록 삶의 3대 비극 중 하나라고 정의하였지만, 결단코 죽음은 비극이 아니라 삶을 보다 의미 있게 만들고, 삶을 비로소 완성시키는 생의 가장 강력한 자극이라고 말한다(Frankl, 1984). 죽음 앞에서 모든 '가지고 있었던 것'은 무의미해진다. 우리 중 누구라도 세상에서 소유하고 있던 그 어떤 것도 죽음과 함께 가지고 갈 수 없기 때문이다. 죽음 앞에서 모든 가지고 있던 것들은 '그 자체의 존재'로만 남게 된다. 죽음은 '소유'를 본질의 '존재'로 바꾸어 버린다. 죽음은 또한 인간의 삶이 유한하며, 한 번뿐이라는 삶의 일회성에 대한 인식을 통해 생이 얼마나 남아 있던지 그 나머지 삶에서 가장 중요한 것이 무엇인지 삶의 우선순위를 분명하게 볼 수 있게 도와준다.

죽음은 삶에서 가장 의미 있고 가치 있는 것이 무엇인지 선명하게 보여 준다. 즉 죽음 앞에서 인간은 비로소 '존재(being)'로 존재하게 되며, 죽음은 '존재의 바로 그 순간'에 가장 많이 묻는 "과연 내 삶은 의미가 있었는가?"라는 질문을 통해 나머지의 삶을 더욱 의미 있는 삶으로 이끌어 주는 가장 강력한 삶의 자극인 것이다.

고통, 죄책감과 함께 죽음을 삶의 3대 비극이라고 정의한 로고테라피의 빅터 프랭클 박사가 어떻게 이러한 비극을 인간 삶의 비극적 낙관주의(Tragic Optimism)로 승화시켰는지를 살펴보기에 앞서 빅터 프랭클 박사와 로고테라피에 대해 간단히 살펴보고자 한다.

로고테라피와 빅터 프랭클

로고테라피(Logotherapy)를 창시한 빅터 프랭클(Viktor Frankl, 1905-1997)은 오스트리아 출신의 정신과 의사이며 비엔나대학교 정신과 교수로서, 그 자신이 나치수용소의 생존자이기도 하다. 그는 유대인으로서 나치가 오스트리아를 점령하면서 나치수용소에 수용되었고, 3년간의 처참한 수용소 생활을 마치고 1945년 비로소 자유의 몸이 되었다.

어린 시절부터 가지게 된 인간과 삶, 그리고 죽음에 대한 빅터 프랭클의 관심은 그를 자연스럽게 심리학과 의학, 그리고 철학의 세계로 이끌었고, 젊은 시절 정신분석학을 창시한 프로이트(Sigmund Freud)와 개인 심리학을 창시한 아들러(Alfred W. Adler)와의 교류를 통해 비엔나 제3의 심리학으로 알려진 로고테라피를 창시하게 된다(Frankl, 2000).

특히 그는 인간을 몸과 마음의 2차원의 존재로 바라본 프로이트나 애들러의 인간관과는 달리 인간을 몸과 마음을 가지고 있는 '영의 존재'라는 3차원적 존재로 정의함으로써, 로고테라피만의 유일한 세계관이 된 '차원적 존재론(Dimensional Ontology)'의 근간을 마련하였다.

3년간의 수용소 생활은 이미 그가 이해하고 있었던 인간 본성에 대한 세계관을 확인할 수 있는 시간이 되었고, 수용소에서 그의 삶은『죽음의 수용소에서(Man's Searching for Meaning)』라는 책으로 출간되어 지금까지도 세계 많은 사람에게 삶의 의미와 고통을 생각하게 하는 베스트셀러가 되고 있다.

인간 본성에 대한 세계관, 차원적 존재론

빅터 프랭클은 인간을 기본적으로 몸(body)과 마음(mind)의 2차원적 존재가 아니라 몸과 마음, 그리고 영의 3차원의 존재로 이해하였다. 보다 정확히 말한다면 인간은 몸과 마음은 가지고 있으나, 인간은 영 자체라고 설명한다. 특히 그가 이해하고 있는 인간 영(The Human Spirit)은 종교와는 무관하다(Frankl, 1984).

즉 어떤 종파의 종교를 가지고 있던, 설사 아무런 종교를 가지고 있지 않다고 한들 인간은 영적인 존재라는 것이다. 이러한 인간 영을 빅터 프랭클은 '한 번도 아픈 적도 상처받지도 않은 인간 영, 앞으로도 한 번도 아프지도 상처받지도 않을 인간 영'이라고 정의하고 있다.

몸과 마음은 인간이 '가지고 있는(Have) 것'이며, 세상과 소통하는 중에 인간이 가지고 있는 몸과 마음은 아프고 상처받을 수밖에 없지만, 존재 자체(being itself)인 영은 과거에도 현재도 미래에도 언제나 아프거나 상처받을 수 없다는 것이다. 아픈 것은 몸이나 마음이며 영은 아프지 않다는 것이다.

이와 같은 인간 영을 빅터 프랭클은 자신의 삶과 임상적 경험을 통해 증명했을 뿐 아니라, 종교적인 차원으로 머물렀던 영적 존재로서의 인간에 대한 이해를 인간 본성에 대한 이해의 차원으로 보편화하는데 기여하였다.

로고테라피의 인간 본성에 대한 세계관의 근간이 된 차원적 존재론(Dimensional Ontology)은 '인간 영(the human spirit)'을 단순한 인간 본성의 한 차원을 넘어서 모든 생물학적, 심리적, 환경적, 사회적 제약에도 불구하고 포기하지 않고 다시 일어 설수 있는 '인간 본성의 핵심(the essence)'으로 본다.

인간에게 모든 것이 다 제약되어 있다 해도 여전히 우리에게 자유가 있다는 말은 바로 세상에 대해 우리가 어떻게 반응할 것인가 하는 선택의 자유를 의미하며, 이러한 선택과 자유가 바로 우리 '인간 영의 핵심'이라는 것이다.

빅터 프랭클은 "인간은 받은 것 그 이상의 존재이며, 내가 받은 것이 내가 누구인지를 결정하는 것이 아니라, 내가 세상에 무엇을 주었는가와 세상에 어떻게 반응하였는가가 내가 누구인지를 결정한다"고 말하며 영적 존재로서 '나는 누구인가'라는 인간의 참 자아에 대한 핵심적 메시지를 자신의 삶 속에서 스스로 증명하였다.

또한 인간은 자신에게 주어진 유전자와 환경적인 것을 결정할 수는 없지만, 그것에 의해서도 결정되지 않은 존재이며, 현재 내가 어떤 존재가 될 것인가 하는 것은 주어진 환경이나 돌이킬 수 없는 과거의 상처나 역사에 의해서 아니라, 매 순간 나의 의미 있는 선택에 의해 결정된다고 설명하였다.

실제 나치수용소에서의 경험은 그로 하여금 자신이 정의한 인간 영, 차원적 존재론을 증명하는 시간이기도 했다. 돼지가 될 것인가, 성자가 될 것인가 하는 것은 수용소라고 하는 최악의 상황이 결정한 것이 아니라 바로 내 자신의 결정이었다."라고 말하는 그의 증언은 자유와 책임을 지닌 결정하는 존재로서의 인간 영의 도전적인 힘을 단적으로 증명해 주는 말이기도 하다(Frankl, 1962).

또한 아무것도 할 수 없고, 피할 수 없는 극도의 인간 한계 환경인 나치수용소에서 여전히 그가 희망을 잃지 않았던 것은 어떠한 열악한 상황에서도 우리에게는 누구도 건드릴 수 없고 빼앗을 수 없는 의지 자유(Freedom of Will)가 있다는 빅터 프랭클의 삶에 대한 태도, 자유, 사랑, 의미 추구의 끝없는 열망이 자신이 누구인가를 넘어선 자기초월(self-transcendence)을 가능하게 한 것이다. 인간 존재의 핵심이며 본질인 자기초월성은 자기와 거리두기와 함께 인간과 동물을 대별하는 인간만의 고유한 능력으로 인간 영의 핵심으로 설명되고 있다.

상처받고 아프지 않은 존재로서의 인간 영은 비로소 인간을 인간답게 해 주는 가장 핵심적이고 본질적인 인간에 대한 이해일 것이다.

로고테라피는 바로 고통과 어려움, 상처에서 불구하고 아프지 않고 상처받지 않는 인간 영을 인식할 수 있도록 도와주는 것이며, 인간 영 안에 담겨져 있는 인간의 영적 자원을 더욱 밖으로 나올 수 있도록 도움으로써 자신만의 고유한 삶의 의미를 발견하고 살아갈 수 있도록 돕고자 하는데 그 목적이 있다.

의미를 통한 치료와 성장

로고테라피에서 '로고(Logo)'는 '의미'의 뜻을 가지고 있고, '테라피

(therapy)'는 '치료'라는 뜻을 가지고 있다. 따라서 로고테라피는 의미를 통한 치료라고 정의할 수 있을 것이다. 그러나 로고테라피와 여타의 심리치료가 그 치료 목적에 있어서 근본적으로 큰 차이를 보이는 것은 로고테라피의 인간 본성에 대한 세계관인 차원적 존재론(Dimensional Ontology)에서 뿐 아니라 바로 치료에 대한 로고테라피만의 관점 때문이다(Frankl, 1984).

정신분석치료(Psychoanalysis)나 개인심리치료(Individual Psychotherapy)의 목표는 말 그대로 치료(cure)다. 그러나 로고테라피의 목표는 치료의 차원을 넘어서 인간의 진정한 성장에 그 초점을 두고 있다.

모든 심리치료는 몸을 치료하는 것과 마찬가지로 아픈 상태, 즉 균형이 깨어진 상태를 회복시키는 것이 치료의 목적이다. 불균형의 상태를 균형의 상태로 회복시키고, 항상성을 회복시키는 것이 모든 심리치료의 목적이다.

그러나 로고테라피의 치료 목적은 이와 반대이다. 즉 로고테라피에서는 깨어진 균형을 회복시키는 것이 아니라, 오히려 있는 균형까지 깨뜨려버려 불균형 상태를 만들어 냄으로써 치료와 성장이 이루어지도록 한다.

로고테라피에서 오히려 균형을 깨어 버린다는 것은 무슨 뜻인가? 우선 인간을 몸과 마음을 지니고 있는 상처받고 아픈 존재가 아니라, 한 번도 아픈 적도, 상처받은 적도 없는, 그리고 앞으로도 아프거나 상처받지 않을 영적 존재로서 인식할 수 있도록 돕는 것이다. 아무리 흐리고 비가 오는 날에도 우리는 세상의 사물들을 식별할 수 있다. 검은 구름이 태양을 가려서 태양을 보지 못해도 그 자체로 빛나는 태양의 빛이 구름을 뚫고 세상을 비추듯이, 인간 영은 상처와 아픔이라고 하는 구름에 가려져 있어도 여전히 상처와 아픔을 뚫고 세상에 인간 영의 빛을 드러낸다.

로고테라피는 우리가 그러한 영의 빛을 인식하지 못할 수도 있지만,

영적 존재로서의 인간은 여전히 아프지 않고 상처받지 않은 빛으로 세상에 존재한다는 것을 인식할 있도록 도움으로써 치료와 성장이 이루어지도록 한다.

균형을 깨뜨린다는 것은 바로 아프고 상처받는 존재로 알고 있던 내 자신에 대한 인식을 아프지 않고 상처받지 않은 영적 존재로 인식을 전환하는 것을 의미한다. '현재의 나는 누구인가(who am I)'를 넘어서 '나는 무엇이 될 수 있는가(who I can become)' 혹은 '나는 무엇이 되어야 하는가(who I ought to be)'를 강조함으로써 '내가 누구인가'와 '나는 무엇이 될 수 있는가' 간의 차이(gap)를 인식하게 하고, 이러한 차이의 인식이 우리 안에 '건강한 긴장(Healthy Tension)'을 만들어 내며, 이러한 불균형이 결국 성장을 촉진시키는 원동력이라는 것이다(Frankl, 1984). 엉망으로 산 것 같은 내 삶이지만, 그러한 나의 삶에도 여전히 나만의 고유한 의미가 있다는 인식은 인간을 치료를 넘어 성장의 길로 나아가게 한다.

이와 같이 로고테라피는 치료를 넘어서 그 이상의 목표를 가지고 있으며, 따라서 문제나 증상을 드러내고(uncovering), 과거에 초점을 맞추기보다 현재 무엇이 옳은 것인가, 건강한 것이 무엇인가를 발견하고(discovering) 인식하며, 양심(conscience)에 따라 옳은 것을 지향하는 세계관을 통해 정신을 건강하게 유지하고 성장을 촉진시키고자 하는 것이 로고테라피의 궁극적인 목표이다(Frankl, 1984).

따라서 대부분의 심리치료가 불균형과 혼돈(disorder)을 가져오는 긴장(tension)의 원인을 제거하고 균형과 질서를 회복하는 것이 목표라면, 로고테라피는 오히려 성장을 촉진시키는 건강한 긴장(healthy tension)을 만들어 내고 이를 내담자가 인식할 수 있도록 돕는다.

빅터 프랭클은 특히 의미는 만들어지는 것(create)이 아니라 '발견하는 것(discover)'이라는 점을 강조한다(Frankl, 1962 & 1984). 의미를 발견한다는 말속에 '의미는 이미 존재 한다'는 전제가 깔려 있다. 즉 모든 사람에게 예외 없이 자신만의 유일한 삶에 의미가 이미 존재하며, 이러한 자신만의 의미의 발견과 인간의 내면에 내재되어 있는 성장의 잠재력에 대한 믿음이 자연스럽게 치료와 성장으로 이어진다는 것이다. 이미 존재하는 의미를 발견하는 것은 물론 우리 각자의 몫이라는 점 또한 강조하고 있다.

의미의 발견과 그 발견에 대한 우리의 적극적인 참여와 책임은 인간 누구에게나 이미 의미를 추구하고자 하는 동기를 내재하고 있다는 인간의 1차적인 동기에 대한 빅터 프랭클의 인간 이해와 연결되어 있다. 그는 쾌락이나 권력, 행복, 성공 등이 삶이 지향하는 최종적인 목표가 되어서는 안 되며, 이러한 것들은 의미 있는 어떤 일에 참여함으로써 자연스럽게 얻어지는 부산물이라 보았다. 쾌락이나 권력, 행복, 성공은 그 자체로 성취될 수 없으며, 자기 파괴적으로 목표로 지향할수록 끝이 없이 채워지지 않은 것이기 때문에 이러한 것들을 목표로 하게 되는 경우 우리는 진정으로 삶을 완성(life fulfillment)할 수 없고, 삶속에 참 기쁨(Joy)을 경험할 수 없게 된다는 것이다(Frankl, 1984).

빅터 프랭클은 인간의 행동을 설명하는 1차적인 동기(primary motivation)는 쾌락 의지(Will to pleasure)나 권력에의 의지(Will to power)가 아니라, 바로 '의미에의 의지(Will to meaning)'로 정의하고, 우리가 삶에 절망하고 아픈 것은 바로 이러한 인간의 가장 근본적이고 1차적인 동기인 의미로의 의지가 좌절되었기 때문이라고 설명한다. 또한 이러한 실존의 좌절이 만성적으로 이어지는 경우, 이것이 바로 신경증의 원인이 된다고 정의한다.

실존적 공허와 무의미의 역설

빅터 프랭클은 현대인들이 가장 힘들어 하는 것 중 하나를 일상에서 느끼는 '지루함(Boredsome)'이라고 보았다. 굶주림이 몸에 위험한 신호라면, 지루함이란 영에 위험한 신호다(Frankl, 1984).

아무리 좋은 환경에 경제적, 사회적, 가정적으로 안정되어 있다고 한들, 삶이 지루하고 그 삶 속에서 진정한 행복과 기쁨을 느끼지 못하는 이유는 삶의 모든 것이 무의미하게 느껴지기 때문이다. 아무것에도 '삶의 의미를 느끼지 못하고 삶이 공허한 것처럼 느껴지고(실존적 공허 : Existential Vacuum), 이러한 실존적 공허감을 채우기 위해 노력하지만 의미로 채워지지 않은 삶이란 결국 '실존적 좌절(Existential Frustration)'의 결과를 가져오고, 실존적 좌절이 만성적으로 이어지는 경우 이것이 우울증, 중독, 공격으로 드러나는 영적 신경증(Noogenic Neurosis) 혹은 실존적 신경증(Existential Neurosis)이라고 하는 만성적 심리 병리를 가져올 수 있다.

하지만 삶이 진정으로 무의미하게 느껴질 때 한 가지 잊지 말아야 하는 것이 있다. 그것은 '삶의 무의미하다고 느끼는 것'이 바로 어딘가에 삶의 의미가 반드시 존재한다는 가장 강력한 증거라는 것이다. '갈증을 느낀다는 것이 바로 세상에 물이 있다는 가장 강력한 증거이다'라는 말이 있다. 어딘가에 물이 존재하기 때문에 갈증을 느끼기 때문이다. 마찬가지로 삶의 무의미하게 느껴진다는 것은 아직 찾지는 못했지만, 그 어딘가에 '의미'가 반드시 존재한다는 가장 확실한 증거인 것이다. 의미가 없다면 어떻게 무의미하다고 말할 수 있겠는가? 무의미하게 느낀다는 것 자체가 바로 내 삶에 반드시 의미가 있다는 가장 강력한 증거라는 것이다.

목마름을 해소하기 위해 물을 찾듯이 삶의 모든 것이 무의미하다고 느껴질 때 우리가 해야 할 일은 바로 어딘가에서 우리 각자를 기다리고 있을 우리 각자만의 유일한 삶의 의미를 찾아 나서는 것이다. 삶이 무의미하다고 느껴지는 순간은 절망의 순간이 아니라 역설적으로는 의미 찾기가 가장 절실한 바로 그 기회, 가장 긍정적인 시점일 것이기 때문이다.

무의미가 의미의 가장 강력한 증거인 것처럼, 절망은 희망이 있다는, 그리고 공허함은 비로소 채움의 기회가 존재한다는 가장 강력한 증거이다. 삶이 무의미하게 느껴질 때, 절망적으로 느껴질 때, 공허하게 느껴질 때, 그때가 바로 삶의 의미를 찾을 수 있는 절호의 기회라는 무의미의 역설을 반드시 기억해야 할 것이다.

삶의 고통에 먼저 응답하라!

"살아야 할 이유(왜)를 아는 사람은 삶의 어떠한 고통과 어려움을 견디어 낼 수 있다(He who has a 'why' to live can bear with almost any 'how')." 한국에서 『죽음의 수용소에서(Man's searching for meaning)』로 번역된 빅터 프랭클의 책 서문에 나오는 철학자 니체의 말이다.

'왜(why)를 알면 어떠한 어떻게(any how)도 견디어 낼 수 있다'는 단 한 문장이지만, 로고테라피의 모든 것을 핵심적으로 압축한 한다고 해도 과언이 아니다(Frankl, 1962). 살아야 할 '왜(why)'란 바로 삶의 이유이자 의미이며, 삶의 '어떻게(how)'란 살면서 겪게 되는 모든 어려움과 고통을 의미한다. 즉 삶의 이유와 의미를 안다면, 삶 속에 우리가 만나게 되는 어떤 어려움이나 고통도 견뎌 낼 수 있다는 뜻이다.

우리를 절망시키는 것은 겪고 있는 어려움이나 고통이 아니라, 사실은 바로 그러한 어려움이나 고통이 우리에게 전하고 싶어 하는 '이유'와 '의미'를 찾지 못하기 때문이다.

$$D = S - M$$

위의 등식에서 D는 절망(Despair)을, S는 고통(Suffering)을, 그리고 M은 의미(Meaning)를 뜻한다. 이 등식은 '절망은 고통에서 의미를 뺀 것', 즉 '절망이란 고통에서 의미를 찾지 못하는 것'이라고 정의하고 있다. 우리는 어떤 고통에 직면하게 되면 이 고통만 사라지면 살 것 같다고, 절망에서 벗어날 수 있을 것 같다고, 고통이 사라지기를 간절히 소망한다. 시간이 지나면 혹은 우리의 노력으로 잠시 동안은 그 고통은 사라질 수 있다.

그러나 절망의 원인이 고통이며, 고통만 없다면 절망하지 않을 것이라고 믿고 있는 한 우리는 결코 절망으로 부터 벗어날 수 없다. 왜냐하면 살아 있는 한 누구도 고통을 피할 수 없고 삶은 고통의 연속이기 때문이다. 따라서 진정으로 절망으로부터 벗어날 수 있는 유일한 길은 바로 고통 중에 의미를 찾는 것이다. "왜 살아야 하는가? 도대체 왜 나는 살아야 하는가?" 삶을 살아가면서 누구라도 한 번 쯤은 이 질문을 스스로에게 던져 보았을 것이다. 삶이 장밋빛일 때조차, 문득 삶에 '왜?'라고 질문한다.

그러나 빅터 프랭클은 '삶에 왜냐고 질문하기보다 삶이 던지는 질문에 먼저 답을 하라'고 말한다. '삶에 대한 나의 기대가 아니라 삶이 내게 기대하는 것이 무엇인지를 먼저 발견하고 그 질문에 답하라'고. "왜 이 고통이 나에게?"라고 고통에게 묻는 것이 아니라, 고통이 나에게 던지는 질문, 내가 알아듣고 찾기를 바라는 게 것은 무엇인지 먼저 답하라는 것이다. 이것이 바로 그가 우리에게 던지는 고통에 대한, 그리고 삶에 대한 진정한 메시지이다.

죽음과 의미

만약 나의 생이 한 달이라는 시간만 남아 있다면, 나는 가장 먼저 무엇을 할 것인가? 만약 나에게 주어진 생이 일주일뿐이라면, 나는 가장 먼저 무엇을 할 것인가? 만약 나에게 오늘 하루 24시간의 시간만 남아 있다면, 나는 가장 먼저 무엇을 할 것인가?

한 번쯤 우리가 생각해 보고 우리 자신에게 물어야 하는 질문이 아닐까 한다. 앞의 서문에서 언급한 것처럼 죽음 앞에서 모든 소유는 사라지고 존재만이 남는다. 그리고 죽음 앞에서 우리는 가장 강력하게 삶의 의미를 묻게 될 것이다.

지금까지 내 생애는 의미 있었는가? 나는 어떤 삶을 살아왔던가? 이제 남은 삶을 어떻게 의미 있게 살아갈 것인가? 어떻게 죽음을 맞이할 것인가 하는 것이 어떻게 삶을 살아갈 것인가에 대한 해답을 주고 있음이 분명하다. 죽음에 대한 인식은 바로 의미 있는 삶에 대한 열쇠이기도 하다.

빅터 프랭클은 고통, 죄책감, 죽음의 삶의 3대 비극은 결코 비극으로 끝나지 않는다는 비극적 낙관주의를 소개하면서, 인간이 직면하게 되는 피할 수 없는 고통은 단순히 삶의 비극 중에 하나가 아니라, 인간 승리로의 자극이며, 죄에 대한 인식이 인간을 몰락으로 이끄는 것이 아니라, 진정한 돌아봄을 통해 인간을 성숙의 길로 이끌고, 죽음에 대한 인식은 삶의 일회성과 유한성에 대한 인식을 통해 지금 당장 무엇을 해야 하는지,

현재의 삶을 가장 의미 있는 삶으로 이끄는 인간 삶의 가장 강력한 자극으로 비극적 상황에서도 긍정적일 수 있는 인간 영의 도전적인 힘을 강조하고 있다.

누구나 장수하기를 원하지만, 만약 인간에게 죽음이 없다면 삶을 참으로 의미 있는 삶으로 살아 내기는 힘들 것이다. 피할 수 없는 고통이나 죄책감과 마찬가지로, 죽음은 삶의 유한성과 일회성에 대한 인식을 통해 인간을 자극하여, 인간의 삶을 자신만의 가장 유일한 의미로 채우게 하는 동력이 된다.

따라서 죽음이란 비극처럼 보이는 삶을 비극으로 남게 하는 것이 아니라 역설적으로 기쁨과 감사로, 의미로 채우고 마무리할 수 있게 하는 힘이 될 수 있다. 그렇기 때문에 아직 죽음을 맞이하지 않은 우리는 언젠가 반드시 맞이하게 될 죽음에 대해 인식하는 순간을 가져야 한다. 죽음에 대한 교육을 통해서 삶의 우선순위를 다시금 점검하고 현재의 삶을 더욱 의미 있는 삶으로 이끌 수 있는 본질적인 방향을 탐색하는 노력이 필요하다.

의미 있는 삶의 양식

고통, 죄책감, 죽음이라는 피할 수 없는 삶의 3대 비극 앞에서 아무것도 할 수 없을 것처럼 느껴지고 절망하는 순간에도 여전히 우리에게는 할 수 있는 것이 있다. 그것은 바로 삶의 역경에 우리가 어떻게 반응하느냐 하는 바로 우리의 자유 선택(Freedom of choice)이며 의지이다. 어떻게 반응할 것인가, 어떤 태도를 가질 것인가에 대한 선택과 자유를 아무도 나에게서 빼앗아 갈 수 없다.

인간은 생물학적, 심리적인 것, 사회적으로 처해 있는 환경에 의해 결정되지 않고 자유 의지에 의한 우리의 선택에 의해 결정되며, 나의 존재는 세상으로 부터 받은 것이 아니라 내가 세상에 보낸, 반응한 것에 의해 결정된다는 사실, 그리고 인간에게 있어 가장 근본적인 동기는 바로 의미에 대한 의지(Will to meaning)라는 전제, 그리고 그 어떤 상황에서도 반드시 의미가 있다(Unconditional meaning in life)는 믿음은 우리로부터 멀리 있는 것이 아니며, 바로 우리가 이미 살고 있는 우리의 삶의 양식이며, 생의 동력이다.

로고테라피란 실존철학에 바탕을 두고 있으며, 철학자들이나 다른 학자들이 연구하는 다소 어려운 분야로 여겨졌기에, 그 이론과 바탕이 되는 철학적 관점은 유익하지만, 막상 우리의 삶에는 적용하기 힘든 한계가 있다고 인식되어 온 것은 사실이다.

그동안 로고테라피가 그 가치에 비해 활발하게 소개되지 못했던 이유가 또한 여기에 있는 것 같다. 우리 삶과 너무 멀게만 느껴지는 괴리감. 마치 의미 있는 삶이란 삶의 대단한 것을 성취한 사람들이나 가능할 것 같은 현실과는 동떨어진 이상적인 삶을 제시하는 것 같은 이질감. 그러나 '로고테라피는 라이프 스타일이다'라는 말은 마치 우리 모두에게 전하는 선포처럼 우리로 하여금 지금까지 우리 자신이 얼마나 의미를 찾는 삶을 이미 살아왔는지 우리의 삶과 의미를 다시 돌아보게 한다.

의미라는 개념을 가지고 삶을 다시 돌아볼 때 우리는 로고테라피의 핵심적인 개념들을 알지 못했던 때조차 매 순간 의미를 찾고자 끊임없이 노력해 왔다는 사실을 발견하게 될 것이다. 이미 우리는 의미를 찾는 삶을 살고 있었다.

의미라는 단어나 혹은 로고테라피라는 심리치료에 대해 들어본 적이 없다 하더라도 이미 매일의 삶 속에서 의미를 찾고 추구하는 삶을 살아왔으며, 거의 예외 없이 우리 모두는 사는 내내 의미를 찾아 지금 각자 서 있는 이 자리까지 와 있는 것이다.

돌아보니 로고테라피는 그저 어렵게 느껴지는 하나의 철학 장르가 아니며, 우리 모두는 우리가 일상생활 속에서 이미 매 순간 의미를 추구하는 삶을 살아왔고, 그것이 우리에게 어떤 힘을 주었는지 다시금 깨닫게 된다.

우리는 이미 언어 이전에, 너무 어렵게 느껴지는 철학 이전에, 매일의 의미를 살아왔던 것이다. 로고테라피는 우리 일상 안에 있는 하나의 삶의 양식, 라이프 스타일임을 다시 한번 새기게 된다.

삶과 죽음은 우리가 선택할 수 없지만, 삶과 죽음 사이에 있는 모든 것을 선택함으로써 우리는 선택할 수는 없지만 언제가 맞이하게 될 우리의 죽음 또한 가장 의미 있고 값진 삶의 선물로 받아들일 수 있을 것이다. 삶은 죽음을 통해 더욱 빛나고 완성되는 각자만의 유일하고 무조건적인 의미를 이미 담고 있기 때문이다. *

[참고문헌]

그린, 안셀롬/ 윤선아 역, 『당신 곁에 있을 게요』 분도출판사, 2017.

Frankl, V. (1962). Man's Searching for Meaning. New York: Pocket Books.

_____. (1984). The Will to Meaning: Foundations and Applications of Logotherapy. New York: Plume Books, The New American Library.

_____. (2000). Recollections: An Autobiography. New York: Basic Books.

한국인의

삶과 죽음에 관한 세계관

최준식 이화여자대학교 한국학과 교수

어떤 생사관인가?

한국인은 과연 어떤 생사관을 갖고 있을까? 이 질문은 한국인의 종교 혹은 종교관을 묻는 질문만큼이나 대답하기 어렵고 복잡한 질문일 것이다. 일정한 집단의 생사관 혹은 내세관은 그 집단이 갖고 있는 종교와 직결되기 때문에 만일 단일 종교를 신봉한다면 그에 따른 생사관도 단일할 터이지만 그 종교 분포가 복잡다양하다면 생사관도 자연히 그것을 따라서 복잡할 것이기 때문이다.

그런데 한국인의 종교는 알려져 있는 바와 같이 세계 종교사에 유례를 보기 힘들 정도로 다양함을 자랑하고 있는데 이때 한국의 경우는 단지 다양한 것뿐 아니라 -종교가 다양한 나라는 한국 외에도 많이 있다- 수용되어 있는 고유 종교 및 세계 종교들이 팽팽한 세를 누리고 있는 면에서 그 특이함을 찾아볼 수 있다.

이 특이함은 한국의 역사 속에서 그 요인을 찾아야 하는데 우선 한국에는 유교나 불교와 같은 외래 종교가 들어오기 전에 이미 고유 종교가 있었다. 이것은 학자에 따라 무교(巫敎)나 풍류도(風流道) 혹은 신도(神道)라 불려왔는데 그 실체에 대해서는 아직도 정확히 연구되어 있지 못한 형편이다.

그 뒤 한국은 약 800-900년 동안, 고려조 말까지 완전히 단일한 종교 체계에 매달리게 되는데 그 주체가 되는 종교는 불교였다. 따라서 이때에는 한국인의 모든 가치관이 불교의 영향권 내에 속하게 된다.

그러나 조선조에 들어오면 단일 구조는 그대로 있으면서 내용은 불교에서 유학(성리학)으로 바뀌는 큰 전환을 하게 된다. 후대에 끼친 영향이란 면에서 보면 조선조는 현대와 가장 가까운 왕조이기 때문에 전통 종교

가운데 현대의 한국인이 갖고 있는 생사관에 가장 많은 영향을 끼친 것은 유학일 것이다.

문제가 이 정도에서 끝나면 그래도 간단하다 할 수 있으나 한국은 최근세에 들어오면서 전혀 새로운 종교인 기독교(및 서양 과학)를 열광적으로 받아들였다. 따라서 한국인의 종교 관념을 형성하는 데에 있어서 기독교는 많은 영향력을 행사하게 되었고 문제는 더 복잡하게 되었다.

다시 말해 한국인의 근본적 가치관에는 위에서 본 무교 같은 고유 종교에서부터 불교, 유교, 기독교와 같은 종교 관념들이 섞여 있어 그 단일성을 찾아보기가 대단히 힘들게 된 것이다. 이것은 한국인의 생사관을 가려내는 데에도 그대로 적용되어 한국인의 죽음관이나 내세관을 확정지은 종교적 가르침을 순전한 (단일적인) 모습으로 찾아내는 것은 쉬운 일이 아니라고 생각된다.

그런데 한 (지역적 혹은 역사적) 집단의 묘제(墓制)나 장법(葬法)은 예로부터 대단히 배타적이라 보수성이 강해 외부의 영향을 거의 받지 않는다고 한다. 즉 일단 한 집단이 채택한 묘제나 장법은 그 집단이 절멸되지 않는 한 끝까지 고수된다는 것이다.[1] 그렇다면 이 묘제와 장제와 직결되어 있는 생사관 역시 강한 보수성을 갖고 있지는 않을까 하는 가정해 본다.

만일 이 가정이 사실이라면 한국인에게 영향을 주고 있는 종교가 다양하다 하더라도 한국인의 생사관에는 옛날부터 변하지 않는 단일적인 개념이 있을 것으로 추측된다. 이를 찾기 위해 우리는 종교적으로 한국인

---

1) 묘제의 예를 들어 보면 우리나라 사람들은 돌로 만든 무덤을 고집하는데 역사적으로 보면 청동기 시대 내지 철기 시대부터 현재까지 고수하고 있는 묘제가 바로 돌무덤이다. 이것은 벽돌을 좋아하는 중국인의 묘제와 나무를 좋아하는 일본인의 묘제와 재미있는 대조를 이룬다. 김열규 외, (좌담) "무덤," 『한국문화의 뿌리』 한국문화선집 시리즈 제1집(일조각, 1992), 94.

에게 가장 많은 영향을 주어 왔고, 지금도 계속 주고 있는 불교나 유교의 매우 이론적인 생사관을 먼저 살펴보기로 한다.

그러나 살펴보는 과정에서 밝혀지게 되겠지만 불교나 유교의 수준 높은 이론은 그 난해성 때문에 오랜 기간의 영향에도 불구하고 한국인의 생사관 형성에 있어서 대세를 이루고 있는 것 같지는 않다.

그 대신에 한국인의 일반적인 생사관을 가려내는 데에는 생사관이 직접적으로 반영되어 있는 묘제나 장제를 살펴보는 것이 더 적절하고 빠른 방법으로 생각된다. 이 양 제도에는 물론 불교나 유교의 이론들이 산발적이거나 피상적으로 영향을 끼치고 있지만 대단한 것은 아니다. 위에서 본 바와 같이 이 양 제도는 시대를 달리해도 여간해서 바뀌지 않는 것이라 이것을 분석해 보면 한국인의 생사관의 불변하는 모습을 밝혀낼 수 있지 않을까 한다.

생사관의 전통적 이해에 대하여

불교적 이해

생사관에 관한 한 불교는 기본적으로 윤회 개념에 기초되어 있다. 불교의 윤회관은 복잡하게 설명을 시작하면 아마도 한 권의 책으로도 가능치 않을 것이다. 각 부파마다 다른 이론이 있는가 하면 (교리 발달) 시기별로도 각기 다른 이론을 주장하기 때문에 이 이론들을 모두 거론한다는 것은 불가능할 뿐만 아니라 불필요한 일인 것이다. 그러나 그 이론의 복합성에도 불구하고 모든 이론을 관통하는 하나의 기본적 구조가 있어 본고에서는 모든 불교 교파 이론에 보편적으로 나타나는 이 구조만을 살펴보

기로 한다.[2]

불교의 교리는 널리 알려진 대로 윤회를 주장한다. 개인이 죽게 되면 그 영혼은 계속 남아 다시 다른 몸을 받아 태어나게 된다는 것이 그 이론의 기본 골격으로서 깨닫지 못하는 한은 이러한 탄생과 죽음의 과정을 수없이 되풀이해야 한다고 한다. 이때 개개 영혼은 전 생애 동안 스스로 행했던 행위가 얼마나 선했고 악했는가 여부에 따라서 그 다음 생에 태어날 때 여섯 가지의 다른 길 -전통적으로는 천상(天上), 인간, 수라, 아귀, 축생, 지옥 등 여섯- 가운데 한 가지 길을 반강제적으로 택해야만 한다.

불교에서는 이 여섯 가지 길 가운데 어디에 태어나든 태어나는 자체가 고통이라고 보기 때문에 이 여섯 가지 길에서 탈출, 해방하는 것을 그 목적으로 한다. 그런데 여기에서 문제가 되는 것은 불교의 목표보다 윤회의 주체에 대한 것이다. 원시불교의 교리에 의하면 우리에게는 사실상 '나'라고 주장할 만한 실체가 없다고 하는데 유명한 무아론(無我論)이 그것이다. 따라서 이것은 개개 영혼의 실재를 부정하는 것이다.

이러한 영혼이 없다면 무엇이 윤회를 하면서 전생의 업보를 현세에 받게 하고 내생의 출생을 결정하게 하는가? 이를 위해 초기 불교의 논가(論家)들은 무아론을 유지하면서도 -셈족의 종교에서 말하는 것 같은- 자아라는 실체성은 띠지 않는 대체 자아 개념을 만들어 내는 데에 부심하게 된다. 이 노력의 일환으로 많은 대체 개념이 원시불교 이론가들에 의해 만들어지는데 대표적인 것으로는 보특가라(補特伽羅, pudgala)나 세의식(細意識) 등의 개념을 들 수 있다.[3]

---

2) 삼세윤회와 같은 불교의 생사관에 관한 교리는 다음의 책을 주로 참고하였다. 오형근, 『심령과 윤회의 세계』(불교사상사, 1978), 39-101.
3) 위의 책, 41-51.

이에 대한 복잡한 설명은 약하지만 이러한 원시불교의 대체 자아 개념들은 계속 발전을 거듭해 오다 대승불교의 가장 커다란 종파의 하나인 유식종(唯識宗)에서 알라야(Alaya)식(識)이라는 개념으로 집대성 된다. 유식불교철학은 불교의 스콜라철학이라 불릴 정도로 그 이론이 번쇄하기 이를 데 없어 중심 개념인 알라야식에 대한 설명도 상상을 불허할 만큼 복잡하다. 그러나 여기서는 가장 근간이 되는 개념만을 보기로 한다.

유식불교에서는 일반적으로 인간의 전체의식을 8개의 층으로 나누는데 앞의 여섯 계층의 의식은 표층(表層)의식에 해당되고 뒤의 두 계층은 심층의식에 해당되는 것으로 이해할 수 있다. 알라야식은 가장 심층부에 있는 의식으로 제8식 혹은 장식(藏識)으로도 불린다. 이때 제8식이라는 이름은 모든 의식의 의지처가 되는 가장 마지막 의식이라는 면에서 불리는 이름이고 장식은 '저장한다'는 의미에서 나온 용어로 전생과 현생에서 행했던 -직접적인 행동이든 생각으로만 가졌던 것이든- 모든 행위와 생각이 발현가능태로 혹은 씨앗(bija)의 형태로 저장된다는 면에서 불리는 이름이다.

다시 말하면 한 인간이 행했던 모든 것은 이 알라야식에 그대로 간직되어 인간의 육체는 죽음을 맞이해도 그대로 존속하게 되어 그 안에 저장되어 있는 수많은 업인(業因)에 상응하는 다음 생을 맞이하게 된다는 것이다.

불교에서는 죽음 뒤의 상태를 중유(中有) 혹은 중음신(中陰身)이라는 독특한 용어로 묘사한다. 또 이때의 세상은 중음계라고 표현된다. 사자(死者)는 죽음신의 상태로 중음계를 떠돌아다니며 자기 업에 맞는 다음 생의 부모를 찾아다닌다. 이때 떠돌아다니는 기간은 경에 따라 설이 다르기 때문에 일정치 않다. 짧게는 7일, 길게는 수십, 수백 년이 되기도 한다.

한편 통속적 불교 교리에 따르면 저승에는 명부(冥府, 즉 중음계)가 있어 여기에 염라왕을 포함한 칠(七)왕 혹은 시(十)왕이 주석하고 있으면서 죽어 들어오는 영혼을 생전의 업에 따라 심판하여 다음 생에서 받을 몸을 지정해 준다고 한다. 바로 이 교리에 따른 건물이 대부분의 사찰에서 발견되는 명부전이다. 사실상 불교의 원래 교리에 충실하면, 죽은 자는 스스로 지은 바에 따라 다음 몸을 받는 것이지 외재자가 있어 심판과 명령을 받는다고 하는 것은 불필요한 교리다. 아마도 대중 교화를 위한 방편으로서 다른 종교에서 차용해서 만들어 낸 속설이 아닌지 모르겠다.

어찌 됐든 불교도에게 있어 죽음은 다만 현신(現身)에서 중음신으로 바뀌는 것이기 때문에 옷을 갈아입는 것에 불과한 것으로 이해된다. 따라서 죽은 자를 보낼 때 그들에게 있어 가장 중요한 것은 중음(신)계에서 제 갈 길을 제대로 찾게 해 주고 다음 몸을 올바르게 받도록 도와주는 일이다. 천도재 혹은 사십구재가 바로 이 목적을 위해 고안된 것으로 중음신 상태에서 -즉 육체가 없는 좀 더 순수한 상태에서- 불교의 높은 법설을 잘 알아들을 수 있다는 가정 아래 승려가 불교 교리를 설해 주는 것이 이 제사의 기본 목적이다.

이때 꼭 언급되어야 할 책은 티벳불교도가 죽은 영혼의 천도를 위해 제시하는 『사자(死者)의 서(書)』이다. 이 책은 죽은 뒤의 상태가 단계별로 잘 묘사되어 있어 죽은 영혼이 시간이 경과함에 따라 각각 다르게 펼쳐지는 중음계의 세계에 잘 적응하여 길을 잃어버리지 않게 도와주는 교육적인 의미를 가진 책이다.

그러나 문제는 이러한 수준 높은 불교철학이 거개의 우리나라의 보통 불교도들이나 비불교도들의 일상적 생활과 어떤 관계가 있느냐 하는 것이다. 우선 불교의 윤회설을 실제로 믿는 일반 국민들의 백분율을 보면

20%에 불과하고 불교도 가운데에도 그 비율은 30%에 그치고 있다.[4] 이 것은 이 땅에서의 역사가 1600년 이상 된 불교 전통의 유구성에 비한다면 그리 큰 수치는 아니다. 이 수치로만 본다면 불교의 생사관이 한국인들의 생사관에 크게 영향을 주고 있는 것 같지는 않다. 기본적인 윤회설의 영향이 미미하다면 알라야식과 같은 불교의 수준 높은 교리는 더 더욱이 설 자리가 약해진다. 사실 불교도들이 죽은 이를 위해 지내는 천도재나 사십구재도 불교의 윤회설에 입각해서 행하는 것이라기보다는 죽은 이를 위로하는 유교의 제사와 크게 다르지 않는 것처럼 보인다.

유교적 이해

한국인의 생사관에 대한 철리적 이해 가운데 현재까지도 부분적이지만 영향을 미치고 있는 것은 유교의 생사관이다. 유교도 불교만큼이나 복잡한 생사관을 갖고 있지만 실제로 제사나 장례의식에 영향을 미쳤던 이론은 대단히 간단하다. 여기서는 우선 전통적으로 유교철학에서 이야기하는 귀신관이나 혼백 등과 관련된 생사관에 대해 검토해 보기로 한다.

앞에서 유교가 복잡한 생사관을 가졌다고 했지만 이것은 후대의 신유교에나 해당되는 말이지 원시유교와는 별 관계없는 이야기이다. 공자는 죽음이나 귀신에 대해 언급을 피한 것으로 유명하다. 그는 죽음에 대해 묻는 제자에게 삶도 모르면서 죽음을 알려한다고 핀잔을 주었고 귀신을 어떻게 섬겨야 하는가 하는 제자의 질문에 살아 있는 사람도 제대로 못 섬기는 주제에 귀신 섬기는 걱정을 한다고 가볍게 질책하면서 항상 관심

---

4) 한국갤럽조사연구소, 『한국인의 종교와 종교의식 : 제2차 비교조사』(한국갤럽조사연구소, 1989), 99.

의 초점을 현실로 되돌리곤 했다.[5]

그런가하면 유교의 죽음의례라 할 수 있는 제사에 대해서도 공자는 초월적인 귀신의 존재를 인정하지 않는 것과 같은 발언을 한 것으로 유명하다. 즉 제사를 지낼 때 귀신이 있는 것처럼만 하라고 한 것이 그것이다.[6] 이 뒤의 유교에서의 죽음에 대한 논의는 교조인 공자의 이 발언을 절대로 넘어서려 하지 않고 신유학의 복잡한 이론도 위의 교설을 합리화시키려는 방향에서 모든 구조가 짜이게 된다.

귀신에 대한 동양의 고전적 해석에 의하면 원래 귀(鬼)는 돌아간다(歸)는 뜻을 가졌다고 한다.[7] 그래서 옛사람들은 사인(死人)을 귀인(歸人)이라고 했다. 한편 신(神)은 신(伸)과 같은 것으로 펴 나오는 것을 의미한다. 사람의 생겨남은 우주의 원기(元氣)가 음양의 법칙에 의해 응취하여 펴 나오는 것(神, 伸)이고 죽음은 돌아가는 것(鬼, 歸)에 지나지 않는다. 그러나 이 때의 신은 사람이나 자연이 펴 나오게 되는, 헤아리기 어려운 신묘한 작용을 가리킬 뿐이지 천신과 같은 실체의 개념으로는 보지 않는다. 귀도 마찬가지로 돌아가서 수렴하는 것뿐이지 그 뒤에도 생전의 정신체가 실체 개념으로 존속한다는 뜻이 아니다.[8] 귀신은 독립하는 실체가 아니라 두 가지 기운으로서 변화하는 양태 혹은 작용을 이르는 것뿐이다.

---

5) 공자가 죽음과 귀신에 대해 언급한 위의 발언은 『논어』 권 11, 先進篇에 나온다. "季路問事鬼神, 子曰 未能事人, 焉能事鬼, 敢向死, 曰 未知生, 焉知死". 그런가 하면 앎(知)에 대해 묻는 질문에 대해서 공자는 귀신과 연관시켜 다음과 같이 대답을 했는데 이것도 참고가 될 만하다. "攀遲問知, 子曰 務民之義, 敬鬼神而遠之, 可謂知矣" (공자, "雍也篇," 『논어』 권6)

6) 원문은 다음과 같다. "祭如在 祭神如神在" (공자, "八佾篇," 『논어』)

7) 『설문(說文)』에서는 "사람이 돌아간 바 鬼가 된다(人所歸爲鬼)"라 하고 『석언(釋言)』에서는 "귀라고 하는 것은 歸를 말하는 것이다(鬼之爲言歸也)"라고 한다. 유인희, "동양인의 영혼관," 「한국사상」 16호(1978), 200에서 재인용.

8) 유인희, "인간적 문화에서의 영생," 『죽음이란 무엇인가』(창출판사, 1991), 146.

여기에 혼백 개념과 정기신(精氣神) 개념이 가미되어 신유가의 주밀한 인간론은 완성되게 된다. 이것을 간단하게 보면, 원래의 일기(一氣)가 음양으로 분화되면서 사람이 되는데 이때 처음에 생겨나는 기초물은 정(精)과 기(氣)이다. 다시 말해 음의 성질을 가진 정과 양의 성질을 가진 기가 합해져 사람이 되는 것이다. 이때 정은 '형체적 존재기'가 되고 기는 '유동적 생명기'가 된다고 한다. 그러나 아직은 지각하는 기능이 없어 사람이라 할 수 없다. 여기에 지각, 사려 등 정신 작용을 나타내는 주체인 신(神)의 요소가 보태지면서 이성적인 인간이 되는 것이다. 이것을 다시 두 결합체로 나타낼 때는 혼백이라는 용어를 사용하였다. 이 혼백의 모습을 갖추어야 비로소 사람일 수 있게 하는 도덕성이 자라나게 된다.

다시 말해 사람은 기의 응취 과정에서 생겨나는 정기신이나 그 결합체인 혼백으로 이루어지게 되고 이 상태로 일정 기간 -즉 한 생애 동안- 존속하다가 그 기운이 다하게 되면 양의 기운인 혼은 하늘로 돌아가고 음의 기운인 백은 땅으로 돌아가게 되는데 이것을 바로 죽음이라고 일컫는 것이다. 유교에서는 죽음을 이와 같이 일기에서 와서 다시 일기로 돌아가는 것으로 간주하기 때문에 개개물의 입장에서는 죽음이 있지만 일기의 측면에서는 단지 개체기가 모아졌다가 흩어지는 과정에 지나지 않게 된다. 따라서 죽은 뒤 개체인(人)은 영원히 허공 속으로 없어진다.[9] 이것을 그림으로 간단하게 그려보면 다음과 같다.

물론 유가들은 응취한 기가 흩어지는 데에는 어느 정도의 느리고 빠름이 있다고 인정한다. 다시 말해 사람이 죽으면 곧 일원기로 흩어지는 것이 보통의 경우이지만 예외적으로 원한에 맺혀 죽은 사람과 같은 경우는

---

9) 위의 논문, 152-154.

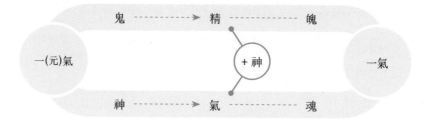

바로 소멸되지 않고 그 신의 작용이 어느 일정기간 동안은 계속될 수 있다고 한다. 그러나 이것도 결국에는 모두 흩어져 일기로 돌아가게 된다.

신유가는 이와 같이 죽음과 삶을 넘나드는 영혼불멸설을 시종되게 부정한다. 그러면 이렇게 한 인간을 생겨나게 하고 돌아가게 하는 것은 무엇인가? 신유가에 의하면 이것은 누가 해 주는 것이 아니라 이(理)라고 불리는 '이치(理致)' 혹은 스스로의 '이치(自理)' 때문에 그렇다고 한다. 우주의 궁극적인 존재를 인격화하는 데에 대한 거부의 표현으로 조물주 대신 원리를 내세우고 있는 것이다.

신유가의 이 생사관은 누구나 '본성적으로' 영생을 바라고 있고 이것을 종교적인 방법을 통해 성취하려고 하는 일반 인류들의 바람과는 큰 대조를 이룬다. 인간이라면 누구나 어떤 형태로든 영생하고 싶을 텐데 삶에 대한 미련을 근저에서 부터 잘라 버리는 성리학자들의 단호함과 철저함을 엿볼 수 있다. 이것은 아마도 교조인 공자의 현실 중심적 가르침에 충실하려고 하는 노력의 표현이 아닌지 모르겠다. 유가들은 죽음 자체의 의미나 죽음 뒤의 또 다른 세계에 대해 거의 관심이 없었고 그런 관심을 갖는 사람들을 오히려 경멸하였다.

…(유가들은) 삶과 죽음 때문에 앞뒤로 연장될 수 있다는 상념을 처음

부터 단념하고 거의 일회적인 인생자체에 몰두하게 되었다. 공자가 한 것처럼 귀신과 죽음의 질문을 뿌리치면서 사람과 삶에의 정열적 관심과 사랑을 나타낸 것이 유가였다.[10)]

이와 같이 유가들은 이 삶 속에 전념함으로써 죽음의 공포나 영원에 대한 꿈을 함께 묻어버린 것이다.

그런데 유가들은 보통 인류들처럼 영생에 대한 바람이 정말 없었을까? 만일 정말 없었다면 자손, 그것도 대를 이을 아들에게는 왜 그렇게 강한 집착을 보이며 자손들로 하여금 드리게 하는 제사에 대해서는 왜 그렇게 어떤 다른 의식보다도 중요시 하는 것일까?

필자의 견해로는 영생을 바라는 면에서는 결국 유가들도 예외가 아닌 것으로 보인다. 그들은 자손(그중에서도 아들)으로 하여금 대를 잇게 하고 죽은 자신들을 위해 제사지내게 함으로써 자신들의 흔적을 이승에 남게 하는 간접적인 영생법을 갈구한 것 같다. 죽은 뒤에도 자신의 분신인 아들을 남겨 그 아들이 자신을 때때로 생각할 수 있게 하는 제사를 '받아먹음으로써' 자신의 존재의 연장을 꾀한 것이다. 물론 이러한 견해에 대해 유가들은 제사를 중요시하는 것이 자손들에게 효를 가르치기 위함이지 선조의 영혼이나 귀신을 인정하는 것은 아니라고 항변할 것이다.

다시 말해 제사는 조상으로부터 존재나 존재 원리가 나에게 면면히 이어져 내려오고 있다는 그 "엄숙한 사실 자체에 대한 경건한 확인 행위이다"라고 주장할 것이다.[11)] 아울러 공자도 귀신을 있는 것처럼 모시라고

---

10) 위의 논문, 160.
11) 위의 논문, 159.

했지 정말 귀신의 존재를 긍정한 것은 아니라고 덧붙일 것이다. 더 나아가서 정자(程子)는 귀신을 보았다는 것은 정신이 병들어 헛본 것이라 하면서 이것을 안병(眼病)이라고 부르면서까지 귀신의 존재를 극력 부정했다.

그러나 이러한 귀신이나 영생에 대한 부정에도 불구하고 다음의 소단원에서 보게 되듯이 유가들의 제사의식에는 귀신의 존재를 긍정하는 면이 많이 눈에 띤다. 머리로는 -공자의 교설을 따라야 되기 때문에- 부정하지만 몸으로는 긍정하고 있는 것이다. 아울러 불교의 예에서 보는 바와 같이 유가의 이 수준 높은 생사관이 일상의 한국인의 생사관에 큰 영향을 주고 있는 것 같지는 않다. 일상적으로는 조상의 영을 굳이 혼백으로 나누어 보려고 하지도 않고 영이 일기로 화해 흩어져 버려 없어진다고 생각하는 것 같지도 않기 때문이다.

생사관의 현실적 이해에 대하여

유달리 이승에 대한 집착이 강한 것으로 보이는 일상적 한국인들은 대체적으로 죽음을 부정적인 의미로 받아들이는 것 같다. 한국인에게 죽음은 '이승에서의 해방'이나 '하늘나라의 부르심'이라기보다는 '죄의 대가'라든가 '원한의 결과', '업력의 부족' 등과 같이 좋지 않은 이미지로 일관되어 있는 것으로 보인다.[12] 이러한 경향은 한국인의 원초적인 생사관 형성에 상당한 영향을 주었을 무교(巫敎)나 장례, 제사 등에서 강하게 엿보인다. 이 가운데에서도 무교적인 관습은 현재로서는 많은 사람이 따르고 있

---

12) 이홍우 외, 『한국적 사고의 원형 -그 원천과 흐름-』(한국정신문화연구원, 1988), 94.

는 것은 아니라는 의미에서 그 영향이 아주 막대하지는 않다 치더라도 한국인이 유사 이래로 천착해 왔던 장례나 제사의식에는 그 종교의 다르고 같음에도 불구하고 한국인의 현실적인 생사관이 생생하게 드러난다.

무교적 이해

기본적으로 무교에서 보는 죽음은 한스러운 것이다. 죽는 자에게는 죽음의 살이 끼어 있어 원한 관계가 생기고 그 결과로 죽는 것이다.[13] 이렇게 해서 죽은 영혼은 많은 경우에 저승에 곧장 들어가지 못하고 헤매게 되는데 그저 헤매는 것뿐만 아니라 생전에 가졌던 한 혹은 원 때문에 살아 있는 가족이나 친지를 괴롭히고 자신의 순탄한 천도를 위해 의례를 가져 줄 것을 부탁한다고 한다. 따라서 무교에서 행하는 사령제의 주목적은 죽은 자를 잘 달래고 그 살을 풀어 줘 저승에 안착하게 함으로써 후환이 없게 하는 것이다.

물론 모든 영혼이 이렇게 문제를 일으키는 것은 아니다. 한국 무교에서는 영혼을 크게 두 가지로 구분한다. 하나는 살아 있는 사람의 몸에 깃들어 있다는 생령(生靈)이고, 다른 하나는 사후에 저승으로 간다는 사령(死靈)이 그것인데 후자인 사령은 다시 조령(祖靈)과 원령(冤靈)으로 나누어진다. 우선 조령은 순탄하게 살다가 제대로 죽은 착한 영혼 [善靈]으로 별다른 원한이 없기 때문에 저승에 쉽게 안착이 되어 문제가 되지 않는다. 반면에 원령은 하고 싶은 일을 이루지 못했거나, 객사를 했다거나, 불의의 사고를 당했다거나 하는 등의 일로 생전에 품게 된 원한 때문에 이승에 대한 강한 집착이 생겨 저승으로 가지 못하게 된 영혼을 말하는데 이

---

13) 위의 책, 92.

때문에 무당의 중재로 천도를 받아야 할 대상이 된다. [14]

그러면 무교에서는 죽은 뒤의 영혼들이 어디로 간다고 하는 것일까? 크게 보아 무교의 저승관은 그 자체로서는 희박하고 불교의 영향을 많이 받았던 것 같다. 무교의 저승은 불교의 그것과 같이 크게 지옥과 극락으로 나뉘고, 지옥은 다시 '칼산지옥', '불산지옥', '독사지옥' 등 다양한 양상을 보인다. [15] 고유의 저승 관념이 잘 발견되지 않는 것은 무교에서 뿐만 아니라 장제 혹은 민담과 같은 토속적 신앙에서도 마찬가지이다.

특히 민담의 경우를 보면 〈황천기(黃泉記)〉와 같은 민간 설화에서도 우리 민족 고유의 저승관이 아주 모호하고 대부분 불교의 저승관이 그대로 반영되어 있음을 본다. [16] 이것은 우리 민족이 저승보다는 이승적 현실에 더 많은 관심을 갖고 있다는 것을 말해 준다. 설화에서도 저승세계에 대한 구체적 묘사보다는 죽은 영혼이 육신을 도로 찾아 재생하는 환생 모티프(motif)가 더 많이 발견된다. 이때 주인공은 이승에 다시 태어나는 것을 대단히 반기는데 이것 모두가 우리 민족의 이승 지향적 성향을 엿볼 수 있는 단서인 것이다. [17]

그런데 무교의 저승관에 대한 불교의 많은 영향에도 불구하고 양자 간에는 적지 않은 차이점이 발견된다. 우선 불교의 저승관은 철두철미하게 인과응보 사상에 기초하고 있지만 무교의 경우는 죽은 영혼이 이승에서 닦은 공덕, 신앙 등은 별로 관심의 대상이 되지 않고 그저 망자의 원을 풀어 저승으로 보내 '버리는 데에' 더 관심을 두는 것 같다. 따라서 자연적

---

14) 김태곤, 『한국무속연구』(집문당, 1981), 301-302.
15) 위의 책, 309
16) 장덕순, "저승과 영혼," 『한국사상의 원천』(박영사, 1976), 178-180
17) 위의 책, 175

인 결과로 불교에서는 사령제를 통해 죽은 이의 명복을 빌고 보다 나은 다음 생을 받게끔 좋은 법문을 들려주는 데에 비해 무교는 망자를 어서 저승으로 보내어 살아 있는 자손들에게 해를 안 끼치게 하는데 주력을 하는 것으로 보인다.[18]

이 외에도 불교는 왕생극락을 하기 위해서 신자들에게 이승에서 많은 수행과 선행을 요구하는 데 비해 무교에서는 망자가 살아 있었을 때의 공덕보다는 죽은 뒤 타인, 특히 직계가족들에 의해서(도) 왕생극락이 가능하다고 주장하는 면에서 그 차이를 찾아볼 수 있겠다.[19]

결론적으로 말해서 무교의 저승관은 망자 중심이라기보다는 생자 중심이며 저승보다는 이승에 초점을 더 맞춘다는 면에서 현재와 삶을 더 중요시 하는 것을 알 수 있다. 물론 무교에도 권선징악관에 토대를 둔 나름대로의 소박한 인과응보적 내세관이 있기는 하다. 진오기굿의 무가(巫歌)를 보면 효나 충, 화목과 같은 유교적 덕목을 제대로 실현했는가 혹은 거역했는가에 따라 극락행과 지옥행을 나누어 생각한다. 그러나 이러한 무교의 내세관은 무교의 추종자들에게 크게 영향을 준 것 같지는 않고 여전히 매우 현세지향적임을 알 수 있다. 이것은 무교에서 이승과 저승의 거리를 '모퉁이'를 돌아가는 정도로 생각하는 데에서도 익히 알 수 있다.[20]

장제에 나타나는 죽음관

우리 민족의 생사관을 알아보려고 할 때 이 장제관이 매우 유용한 단

---

18) 이홍우 외, 109.

19) 위의 책, 111.

20) 문상희, "무속신앙의 윤리문제," 『한국교회와 신학의 과제』 한국기독교문화연구소 편 (연세대학교출판부, 1985), 237-242를 참고함.

서가 될 수 있다고 생각되는 것은 우선 그 역사가 오래되었다는 사실과 지금도 장지 면적으로 1년에 여의도의 1.2배 되는 땅이 소용되고 있을 정도로 한국인이 이 장제에 강하게 집착하고 있다는 사실에서 익히 짐작할 수 있다. 장제의 내용을 분석함에 있어 장례의 각 단계를 분석하는 방법도 있겠지만 본 글에서는 모든 단계를 다 분석할 수도 없고 할 필요도 없다고 생각한다.

가령 일례로 장례를 치르는 과정에서 특히 우리의 주목을 끄는 것은 우리 민족의 장제관과 떼려야 뗄 수 없는 풍수설이다. 장지를 정하는 과정에서 풍수설이 지대한 역할을 하기 때문에 여기서는 한국인의 생사관이 짙게 반영되어 있다고 생각되는 장제의 단계들만을 간추려서 보고자 한다.

사람이 죽었다고 단정을 내렸을 때 한국인이 전래적으로 가장 먼저 행했던 의식에는 고복(皐復)이라는 것이 있다. 이것은 임종을 지켜본 사람 가운데 한 사람이 망자의 옷을 들고 마당에 나가거나 지붕에 올라가서 망자의 이름이나 관직명을 부르면서 '복(復)'이라고 세 번 외치는 의식을 말한다. 그런데 이 의식의 배면에는 영혼이 자의적으로 육신을 떠난 것이 아니라 저승사자가 와서 강제로 데려가는 것이라고 하는 믿음이 깔려 있다.[21] 그래서 돌아오라고 외치는 것이다.

이 강제 구인의 양태를 상엿소리를 통해 보면 염라대왕의 명을 받은 저승사자들이 죽은 이를 쇠사슬로 묶고 밀고 당기며 쇠몽둥이를 사정없이 휘두르는 모습으로 묘사되어 있다. 이때 생자들은 망자의 저승 가는

---

21) 임재해·김수남, 『전통상례』(대원사, 1990), 22. 앞으로의 설명도 대부분이 이 책의 내용을 따랐다.

PART 1 삶과 죽음, 어떻게 바라볼 것인가? ⋯⋯⋯⋯⋯⋯⋯⋯⋯⋯⋯⋯⋯⋯⋯ 91

길을 편하게 해 주기 위해서는 저승사자를 잘 대접해야 하는데 이것을 위해 마련하는 것이 바로 사자상(혹은 사잣밥)이다. 이 상에는 보통 3인용 분의 밥, 술, 돈, 짚신 등이 준비되는데 재미있는 것은 간장을 놓는다는 사실이다. 사자들이 간장을 먹으면 물을 자꾸 마시게 되어 저승 가는 길이 늦어지거나 물을 마시러 아예 되돌아올지도 모른다고 믿기 때문이다.

여기에서도 죽음을 자연스러운 현상으로 이해하기보다는 할 수 없이 끌려간다는 인상이 짙다. 망자를 되돌려 오게 해 다시 살게 하면 가장 좋고 그것이 안 되면 저승 가는 길이라도 더디게끔 저승사자를 매수하고 수를 쓰기까지 하는 것이다. 참으로 놀라운 이승에 대한 집착이라 아니할 수 없다. 더욱이 부모로 하여금 이렇게 가기 싫은 저승길을 가게 만든 사태는 자손의 죄로 여겨진다. 다시 말해 상주는 부모를 죽게 한 죄인이므로 행세를 죄인처럼 해야 한다. 머리를 풀어 헤치고 맨발에 단도 제대로 꿰매지 않은 옷을 입어야 한다. 여기에는 죄인이라는 의미 말고도 부모의 상을 당해 옷을 제대로 입을 경향이 없었다는 의미도 포함된다.

주검을 다루는 의례로서 가장 먼저 하는 것은 주검을 목욕시키고 수의를 입히는 습(襲)이다. 수의가 다 입혀질 무렵에는 저승까지의 양식을 공급하기 위해 소위 반함(飯含)의례를 한다. 쌀을 물에 불려 버드나무 숟가락으로 세 번에 걸쳐서 주검의 입에 넣는 것이 그것이다. 또 저승 노잣돈이라는 의미로 동전 3개를 가슴에 놓아 주기도 한다. 물론 여기에도 저승이 어디에 어떻게 있는가 하는 저승에 대한 구체적인 설명은 전혀 발견되지 않는다. 다만 죽어서 가는 곳을 막연하게 저승이라고 부른 것이다. 습이 끝나면 염(殮)을 하고 주검과의 마지막 인사를 나눈 뒤 입관(入棺)식을 한다. 입관이 되면 더 이상 망자의 모습을 볼 수 없기 때문에 가족들은 오열을 터뜨린다. 이렇게 해서 입관이 끝나면 그때부터 영혼은 따로 영을 모시는 자리, 즉 영좌(靈座)를 만들어 모시게 된다.

이때부터 발인까지 문상객을 치르는 등의 상가의 모든 일은 이 영좌를 중심으로 이루어지게 된다. 발인 전날 저녁에는 상두꾼 등을 중심으로 하는 빈 상여놀이판이 벌어져 슬퍼야 할 상가가 때 아닌 축제 판이 되어 버리기도 한다.[22] "상주를 웃겨야 문상을 잘한다"라는 말이 있을 정도로 이들의 놀이는 침울한 상가의 분위기와 전혀 다른 해학을 가져다준다. 죽음을 새 생명의 시작으로 보는 소박한 생사관의 반영이 아닌지 모르겠다.

발인 날이 되면 마지막 제사인 발인제 혹은 영결제를 지내고 집을 나서게 된다. 이때 행렬의 주요 순서를 보면, 맨 앞에는 죽은 이의 이름을 쓴 명정을 들고 그 다음에는 망자의 영혼을 실은 영여(靈輿)가 뒤따르며 그 뒤에는 만장(輓章) 등을 든 패거리가 있으며 그 다음에 오는 것이 상여와 그 가족 혹은 문상객들이다.

이 장례 행렬에서 영여가 상여와 따로 설치되어 있는 것으로 봐서 우선 영혼의 존재를 인정한다는 것을 알 수 있고 영여가 상여의 앞에 놓여 있는 것으로 보아서는 영혼이 육신에 비해 우선하는 것으로 생각하고 있는 것으로 보인다.[23] 상여가 양택인 집에서 음택인 묘지로 가는 도중 우리의 관심을 끄는 것은 상엿소리이다.

상엿소리 안에는 많은 내용이 담겨 있지만 그중에서 죽음에 관한 부분을 뽑아 보면 여기에 나타나는 생사관에 대해 알 수 있지 않을까 한다.[24] 가령 "한번 아차 죽어지니 저승길이 분명하데이 대궐 같은 집을 두

---

22) 이때 하는 빈 상여놀이 가운데 최근까지 남아 있는 것은 진도 지방의 '다시래기'이다. 자세한 내용은 임재해, 위의 책, 46-58을 참조.

23) 임재해, 위의 책, 73.

24) 상엿소리에 대한 인용은 모두 임재해, 위의 책, 82-84를 참고로 했다.

고 나의 갈 길 찾아가네. 이제 가면 언제 오노 한번 오기 어려워라"와 같은 구절을 보면 이 좋은 현세를 두고 다시 돌아오고 싶어도 못 오는 길을 떠난다는 내용으로 역시 죽음, 저승보다는 삶과 현세를 강력히 선호하는 것을 알 수 있다. 저승이 어디인가 하는 문제에도 "저승길이 멀다 해도 문전 앞이 저승이데이"라고 하면서 이승과 저승사이의 거리를 부정하는 현세 중심적 사고를 여전히 보이고 있다. 그런데 이상한 것은 그 가까운 저승을 가는데도 저승사자가 와서 위협을 하며 한참을 데리고 가는 것처럼 묘사한다.

"일직사자 월직사자 한 손에 창검들고 또 한 손에 철봉 들고 쇠사슬을 비껴들고…저승원문 다다르니 우두나찰 마두나찰 소리치며 달려들어…"

망자는 가기 싫은 길을 억지로 강요에 못 이겨 가고 있는 것이다. 가능한 한 단 얼마라도 이승에 사는 게 더 좋다는 현세에 대한 강한 집착을 다시금 엿볼 수 있다. 물론 이렇게 죽음에 대한 부정적인 묘사만 있는 것은 아니다. 상엿소리의 앞소리꾼은 다음과 같은 내용으로 망자가 좋은 곳으로 갔으면 하는 일종의 천도굿 같은 소리도 잊지 않는다.

"아들 손자 다 버리고 어느 곳으로 가실려오. 집안 걱정 다 잊었부고 영결종천 잘가시오. 옥황님전 가신 님아 슬퍼말고 고이 가오. 비나이다. 비나이다. 극락세계 가옵기를 고이 가소. 고이 가소. 극락세계 고이 가소."

주검이 묘지에 도착하면 상여의 임무는 다한 셈이다. 그런 까닭에 상여는 곧 해체되거나 불태워진다. 그러나 영여는 그대로 보존해야 하는데 그것은 영혼을 다시 집으로 모시고 가야 하기 때문이다. 묘지에서 관을 묻는 의식에도 매우 복잡한 절차가 있으나 본고의 주제와 직결되지도 않고 번거로운 관계로 생략하기로 한다.

하관식을 하고 흙으로 다 메우고 나면 상주는 망자의 혼백을 다시 집으로 모시고 돌아오는 일을 하는데 이것은 반혼(反魂)이라 불린다. 이것은 사람이 죽어도 곧 바로 저승으로 가는 게 아니라 일종의 전이 기간이 필요하다는 생각에 근거한 것이 아닌가 하는 해석도 있다. 묘지에서 혼백을 반혼하여 -다시 영여에 태운 채로- 집으로 돌아오면 묘지까지 따라 갈수 없어 집에 남아 있던 여성들이 나와 맞이하면서 곡을 하는데 이것을 반곡(反哭)이라고 한다. 반곡하는 가운데 혼백은 빈소에 있는 영좌에 모셔진다. 가족들은 망자의 혼백을 이곳에 모셔놓고 죽은 지 3년이 되는 해에 탈상할 때까지 매일 아침저녁으로 밥상을 차리거나 들어오고, 나갈 때 고(告)하고 나가는 등 마치 망자가 살아 있어 그 가족의 구성원인 것처럼 예우한다. 혼백이 영좌에 모셔지면 바로 3일 동안 삼우제(三虞祭)를 세 번 지내는데 이것은 주검을 떠난 혼백이 방황할 것을 걱정해서 지내는 제사이다. 반혼하고 반곡하면서 혼백을 집에 잘 모셨는데 다시 혼백이 방황한다고 하니 일관성이 없지 않은가 하는 지적도 있지만[25] 여기에는 혹시라도 묘지에서 집까지 반혼하는 과정에서 망자의 혼백이 길을 잃지는 않았을까 하는 자손들의 애틋한 마음이 작용한 것 아닌지 모르겠다.

이렇게 해서 3년째 되는 해에 대상(大祥)까지 치루고 나면 탈상을 하게

---

25) 장덕순, 위의 논문, 136.

되고 그 이후부터는 망자에 대한 의례는 끝나고 자손들 역시 상주의 제약에서 벗어나게 된다. 이와 함께 망자는 온전히 저승에 통합되고 남아 있는 사람들은 일상적인 현실적 삶으로 되돌아가게 된다.[26]

장제를 이야기할 때 마지막으로 언급하지 않을 수 없는 부분은 묘지의 선택과 관련된 풍수설이다. 풍수설에 대해서는 미신이다 아니다 하는 끊임없는 논란이 있는데 그럼에도 불구하고 한국인들은 이상할 정도로 강한 집착력을 이 설에 보여 왔다. 풍수설은 이미 수천 년의 역사를 갖고 있고 그 오랜 역사 동안 수많은 종류의 풍수 관련 서적이 나와 그 이론이 번쇄하기 그지없다.

그러나 그 기본적인 신조는 그리 복잡하지 않다. 이희덕 교수에 의하면 산수가 신비로운 생기를 내함하여 인간 생활의 배후에서 길흉화복을 좌우한다고 믿고, 거기에 인간과 사령을 일치·조화시킴으로써 인간 생활에 복리를 추구하려고 한 하나의 속신(俗信)이 풍수 사상이다.[27] 따라서 풍수 사상의 기본 핵심은 자연을 죽은 것이 아닌 살아 있는 것으로 보고 자연, 그중에서도 특히 땅의 생생한 기운 [生氣]을 인간의 것으로 하여 우리의 생활을 도모하려고 하는 데에 있는 것이다.

풍수설과 가장 관계있는 인간의 두 가지 거처는 양기(陽基) 혹은 양택(陽宅)이라 불리는 생존 시의 주거지와 음기(陰基) 혹은 음택(陰宅, 幽宅)이라 불리는 묘지이다. 그런데 근세 이후부터 지금까지 우리나라에서 풍수설은 전자보다는 후자, 즉 묘지의 터를 잡는 데에만 편중되어 전개되었기 때문에 풍수설하면 으레 묘터 잡는 것으로만 연상되는 것이 관행으로 굳

---

26) 임재해, 102.
27) 이희덕, "풍수지리," 『한국사상의 원천』(박영사, 1976), 182.

어졌다.

풍수에서 가장 중요한 것은 소위 생기(生氣)를 '입는(乘)' 것이다.[28] 그런데 그 기운 가운데에서도 지상의 생기보다는 땅속의 생기를 거두어 모으는 것이 용이하다고 한다. 모으는 방법으로서 사용하는 것이 바로 죽은 조상의 골체(骨體)인데 여기에는 사람의 뼈에는 생기가 집약되어 있다는 믿음이 깔려 있다. 죽은 뒤에라도 그 뼈에 깃들어 있는 그 사람의 생기가 땅속에 흐르는 생기와 같은 기운으로 통해, 즉 이른바 동기감응(同氣感應)하여 그 땅속의 큰 기운이 다시금 동기를 나누고 있는 자손들에게 통하게끔 친자감응(親子感應) 해 준다고 하는 것이 바로 풍수설의 바탕을 이룬다.

이때 이른바 명당을 찾는 것이 중요하게 되는데 그 이유는 대지도 인체와 같아서 그 기가 흐르는 기맥이 있고 기가 모이는 기혈이 있어 -인체에 침이나 뜸을 놓을 때에도 혈자리에 놓듯이- 혈자리에 묘지를 쓰면 그곳에 모여 있는 가장 좋은 생기를 조상의 뼈를 통해 자신이 받을 수 있다는 데에 있다. 생기가 모이는 자리 즉 혈자리가 바로 명당인 것이다.

따라서 기를 쓰고 명당을 찾아서 부모의 시신을 모시고자 하는 자손들의 노력은 부모를 편안하게 모시고자 하는 효도의 마음도 있겠지만 '스스로의 복을 구하려고 했던 것이 더 큰 의도가 아니었겠는가' 자문해 본다. 물론 이러한 속설은 본래의 풍수 사상과는 어긋난다는 주장도 만만치 않게 있다. 이것을 주장하는 대표적인 학자와 그의 논문은 다음과 같다.[29] 그러나 대부분의 풍수설에 대한 믿음은 여기에서 크게 벗어나지 않고 있어 이 설을 통해 다시금 한국인의 현실 즉 이승에 대한 집착을 엿볼

---

28) 같은 책, 213
29) 최창조, "인류를 위주로 하는 지리학," 『땅의 논리, 인간의 논리』(민음사, 1992), 15-33.

수 있다.

죽어서도 저승에 대한 고려보다는 이 땅 어디에 묻히나에 더 강한 관심을 보이고 자손들도 조상의 혼백을 저승에 천도하려고 하기 보다는 그 유골을 편안히 모시고 더 나아가서는 죽은 조상을 통해 자신의 이익을 도모하는 것, 이 모두가 대단히 현세 이익 중심적이라고 하지 않을 수 없는 것이다. 이러한 현세 중심적 사고를 반영하는 것으로써 풍수설과 관련해서 많은 것을 인용할 수 있겠으나 비교적 흔한 이야기 가운데 다음의 것을 들고자 한다.

> 어느 자손의 꿈에 최근에 돌아가신 할아버지가 꿈에 자주 나와 춥다고 하소연을 해 용하다는 사람과 상의했더니 그것은 묘를 잘못 쓴 때문이라 했다. 그래서 묘를 다시 파 보니 할아버지 시신이 물에 둥둥 떠 있다는 것이다. 수맥이 지나가는 자리에 잘못 묘를 쓴 것이다. 다시 자리를 잡아 곧 이장을 하니 할아버지는 더 이상 꿈에 나타나지 않았다.

이 이야기는 그 자손의 종교에 관계없이 종종 듣는 이야기로 다른 민족들에게서도 발견되는 이야기인지 궁금하다. 죽은 영혼마저 생전의 자신의 유골에 대해 갖는 강한 관심은 한국인 특유의 생사관을 결정하는 중요한 단서가 될 것이다.

제사에 나타나는 생사관

장례는 아주 드물게 일어나며 한두 번에 끝나는 것이라면 한국인들이 죽음과 자연스럽게 더 자주 만나는 경우는 아마도 제사에서일 것이다. 조선 시대의 경우 사대부 집안의 조상 제사가 연간 40회를 상회한다고 하니 -보통 상민의 경우는 그보다 적다하더라도- 당시의 삶은 철저하게 유교적인 것으로 제사를 중심으로 한 삶이 되는 셈이라 하겠다.[30]

물론 제사는 유교에만 국한되는 것은 아니다. 일반적으로 제사는 신령한 존재와의 합일 혹은 원만한 관계를 위해 그 존재에 공경을 표하는 것으로 그 기원이 인간의 역사만큼이나 오래된 것인데 인류 사회에서는 대단히 보편적인 현상이었던 것으로 생각된다. 우리 민족도 예외는 아니어서 예부터 제사를 통해 조상을 섬겨 왔지만 그 표현의 틀은 유교의 영향을 가장 많이 받아 체계화되었고 조선 시대에는 유교식의 조상 숭배가 마치 국교인 것처럼 되어 버렸다.[31] 따라서 제사의식은 그 영향의 강도나 기간의 면에서 볼 때 한국인의 생사관을 형성하는 데에 대단히 큰 역할을 했을 것이라는 것을 쉽게 간파할 수 있다.

대체적으로 볼 때 유교의 제사의식은 네 부분으로 구성되어 있다. 우선 몸과 마음을 재계(齋戒)하고 제물을 준비하는 준비 단계가 있고, 두 번째로는 신령을 맞아들여서(迎神) 음식과 술을 올리는 단계(奉獻)가 있으며, 세 번째는 신령께 올린 술과 음식을 -강복(降福)의 표시로- 받아먹고(飮福) 작별하는(送神) 의식이 되며 마지막 단계에서는 조상 신령에 대한 의식을 끝내고 그 남은 음식을 같이 제사 지낸 사람들과 나눌 뿐만 아니라 이웃 사람하고도 나누어 먹는 순서(飮福宴)로 끝을 낸다. 조선조에 걸쳐서 이와 같은 과정으로 진행되던 유교의 제사의식에는 수많은 종류가 있었으나

---

30) 최기복, "유교의 음복," 『종교신학연구』 제3집(서강대학교 종교신학연구소, 1990), 171. 이 이후의 제사에 대한 설명은 최기복 신부의 위의 논문을 주로 참고로 했다.
31) 박근원, "천주교신앙과 제사의 의미," 『기독교와 관혼상제』(전망사, 1985), 82

현재 겨우 명맥을 이어가고 있는 것은 종묘 제사와 공자에게 올리는 석전(釋奠)과 단순한 조상 제사뿐이다. 여기에서는 조상 제사에 대해서만 보기로 한다.[32] 이 조상의례는 앞에서 언급된 대로 그 틀이나 기본 이념이 유교식으로 되어 있는 것을 곧 알 수 있지만 그렇다고 해서 유교, 그중에서도 특히 성리학자들이 제시한 이론에 충실한 것만은 아니다.

첫 번째 단계인 제물 준비와 재계에는 그다지 언급할 거리들이 발견되지 않는다. 이때 계(戒)는 외적으로 삼가는 것을 말하는데 몸을 닦고, 술과 마늘을 먹지 않으며, 동침이나 문상을 하지 않는 것 등이 여기에 해당된다. 재(齋)는 마음을 가지런히 하고 삼가며 제사 올릴 신령만을 생각하는 내적인 준비를 말한다. 이것은 제사자로 하여금 신령의 임재를 절실하게 느껴 신령이 "마치 위에 계신 듯 좌우에 계신 듯"[33] 하게 느끼게 하기 위함이다.

이렇게 해서 준비가 끝나면 신령을 맞아들이는 두 번째 단계로 접어들게 된다. 이때 우선 주목을 끄는 것은 신위를 모시는 것이다. 요즈음은 약식으로 종이에 써서 대신하기도 하지만 원래는 나무로 정성스레 만들었다. 이 위패를 해석하는 데에는 두 가지 방법이 있는데 단지 상징적으로 해석해 단지 신상(神像)으로만 보는 것과 신령이 직접 거처할 수 있는 빙의처로 보는 것이 그것이다. 지금은 -제사를 끝내고 지방(紙榜)을 태우는 것으로 보건대- 전자의 경우가 우세한 것처럼 보이지만 원래는 신령이 직접 강림하는 곳이 바로 위패라고 여겼고 더 나아가서는 조상 그 자체로

---

32) 많은 종류의 유교의 제사의식에 대한 것은 최기복, "유교의 음복," 『종교신학연구』 제3집 (서강대학교 종교신학연구소, 1990), 192-201에 도표 형식으로 상세하게 잘 설명되어 있다.

33) 『中庸』 16장, "使天下之人 齊明盛服 以承祭祀 洋洋乎 如在其左右" 혹은 『논어』 "八佾" 12, "祭如在, 祭神如神在"를 참조.

까지 여겼던 것 같다.[34] 가령 위패를 취급할 때의 그 정성어림과 조심성도 그렇고 위패에 신이 들어오고 나갈 수 있는 구멍을 뚫은 예를 보아도 그것을 알 수 있을 것 같다.[35]

신을 모시는 형태는 대체적으로 두 가지로 나누어 볼 수 있는데, 우선 향을 피움으로써 혼을 모셔 오고 곧 이어서 술을 땅에 부음으로써 백을 모셔 들여 흩어졌던 이 둘을 원래대로 다시 합일시킨다. 이렇게 해서 조상이 돌아오면 참가자들은 경건한 마음으로 절을 올리고 조상령들에게 정성껏 준비한 제물을 바친다. 제물 중에서 가장 중요한 것은 술이기 때문에 이때의 봉헌은 술을 중심으로 -세 번 바치는 등- 이루어진다.

봉헌 다음 순서로는 자손들의 추모의 정이 담긴 축문(祝文)을 읽게 되는데 그 내용은 주로 감사의 마음으로 올린 음식들을 드시라는(흠향) 간청으로 되어 있다. 그리고 곧 조상령들이 음식을 들 수 있는 여유를 주기 위한 순서를 갖는데 원래는 문을 닫고 잠시 나갔다 들어오는 것으로 되어 있었지만 요즈음은 엎드린 상태로(부복) 머리를 조아리는 것으로 간략하게 대신하기도 한다. 여기에는 신령이 직접 음식을 들 것이라는 간절한 바람과 동시에 이에 대한 확신이 깃들어 있다.

세 번째 단계가 되면 자손의 정성을 받은 조상이 복을 내리는 의식을 한다. 이때 보통 축관이 조상을 대신해서 제관에게 조상의 복이 담긴 밥

---

34) 위패를 조상 자체로 생각한 경우는 출처는 분명치 않지만 전해 내려오는 다음의 이야기를 통해 알 수 있다. 경상도 어느 지방 민가에서 있었던 일로 3년 탈상이 아직 안 돼 위패를 모시고 있었는데 그 방에 불이 났다고 한다. 그런데 그 방에는 마침 시어머니가 자고 있었는데 며느리가 너무도 황급해 둘을 다 건질 수 없게 되자 그녀가 선택해 구출한 것은 조상의 위패뿐이었다. 이에 관아에서는 그녀를 시어머니를 죽게 한 죄인이기 보다는 그보다 더 중요하다고 생각되는 위패를 구출했다는 의미에서 효녀 표창을 했다고 한다.

35) Roger L. Janelli·Dawnhee Yim Janelli, Ancestor Worship and Korean Society(Stanford, Calif. : Stanford University Press, 1982), 94.

과 술을 전하면서 농사를 잘 짓고 장수하라는 등의 좋은 덕담을 같이 전해 준다. 그러면 제관은 꿇어앉아서 밥은 조금만 먹고 술은 다 받아 마신 다음 감사의 표시로 절을 한다. 이와 같은 음복례가 끝나면 조상을 보내는 작별 인사를 하는데 조상 제사의 경우 간단하게 축문을 태움으로써 이것을 상징적으로 표현한다. 이것으로써 제사의 순서는 모두 끝나게 되는데 차린 것은 우선 모두 거두어 가고 위패가 있을 경우에는 원래의 장소로 다시 위패를 모셔 가면 조상과의 만남 의례는 완전히 끝나게 된다.

다음 단계로는 이 음식과 술을 참가한 모든 자손들이 음복하는 순서가 이어진다. 나이순대로 술을 서로 권하면서 어른께는 축원을 올리고 음식을 나눈다. 이 같은 나눔은 집안에서만 끝나지 않고 친구나 이웃들에게도 연장된다. 나라의 큰 제사 역시 왕으로부터 문무백관 등의 대표자들은 음복에 참가하고 제물이나 선물은 병졸·문지기에게까지 전달하며 죄수의 사면을 단행하는 등 유교의 이상이기도 한 대동(大同)세계의 실현을 위한 큰 잔치가 바로 제사이다. 조상 제사도 일정한 공동체가 항상 제물과 복을 서로 나눔으로써 제사를 종결시킨다.

제사의 전체 과정에서 유교의 영향을 살펴보면 으레 조상 제사는 유교식이라는 통념과는 달리 그 영향이 그리 많지 않은 것처럼 보이고 더 나아가서는 유학자들이 주장하는 것과는 상치되는 모습을 보이기도 한다. 위에서 본 과정 중에 명백하게 유교의 영향으로 보이는 것은 조상령을 모실 때 향을 피우고 술을 땅에 부음으로써 흩어져 있던 혼백을 다시 불러 합치는 것에서이다. 이것은 인간을 혼과 백, 양 요소로 구성된 존재로 파악하는 유학자(성리학자)들의 주장을 따르는 것처럼 보인다. 그러나 그 외의 과정은 유교에서만 볼 수 있는 특징적인 모습이라기보다는 -아프리카나 다른 부족적 공동체에서 발견되는 것처럼[36]- 인류 보편적인 종교심에서 나온 조상 숭배의 모습과 과히 다르지 않은 것 같다.

그런데 이 제사의식에 일관되는 모습이 있다면 그것은 조상령이 어디에서부터인가 와서 제사 과정 동안 계속 더불어 있다가 다시 돌아간다는 조상령의 실재에 대한 확신이다. 이것은 성리학자들이 그렇게 강하게 주장하는 것처럼 제사를 지낼 때 조상이 있는 것처럼 할 뿐이지 조상령이 정말 실재하는 것으로 인정하는 것은 아니라는 주장과는 강한 대치를 보인다. 유학 전공자들은 많은 경우에 공자의 말에서 벗어나기 싫어서였던지[37] 혹은 이성(rationality)을 너무 강조해서 영과 같은 초월적인 존재를 믿는 것은 우매한 백성들이나 하는 덜떨어진 신앙 행위로 폄하해서 그랬던지 종교학자들이 제사의 종교성, 즉 제사에서는 영의 실재성을 받아들인다는 주장을 할 때마다 강한 반대 주장을 해 왔다. 그러나 그들의 형이상학적인 주장이 어떻든 일반적 제사의 모습은 조상령의 존재를 시종 인정하고 있다. 민담 가운데에는 오히려 (조상령의 실재를 부정하는 성리학적인) 이전 주장에 물 들은 선비가 우연히 한 상민의 집에서 조상의 영을 정말 살아 있는 것처럼 모시는 제사의식을 보고 자신이 지켜왔던 현학적이고 공허한 제사 순서를 뉘우치는 이야기가 있다.[38]

이렇듯 한국인들은 조상령이 제사지내는 바로 이 자리에 현존한다는 데에 강한 믿음을 갖고 있다. 그런데 문제는 이 조상령이 어디에 어떻게 있다가 제사 자리에 오는지 아무 설명이 없다는 것이다. 이때 조상들은

---

36) 아프리카인들의 생사관이나 조상관에 대해서는 참고할 수 있는 좋은 책이 있다. 존 S. 음비티/ 정진홍 역, 『아프리카 종교와 철학』(현대사상사, 1979)이 그것으로 특히 제8장인 "영적존재·영·살아 있는 - 사자" (148-177)를 참조할 것.

37) 주6)을 참조할 것.

38) 이 이야기는 장덕순, "저승과 영혼," 『한국사상의 원천』(박영사, 1976), 138-141에 잘 나와 있다.

대체로 둘로 나누어 모시는데 4대까지는 따로 모시다가 5대 이후의 조상들은 함께 모시게 된다.[39]

4대까지는 기억해 주는 후손들이 있어 살아 있는 자들의 공동체에 포함되지만 5대 이상이 되면 죽은 자들 쪽에 가깝게 되어 전자의 경우는 따로따로 기억해 각각을 위한 제사를 지내지만 그 이후는 한데 묶어 제사를 지내는 것이라 생각된다. 그러나 어떠한 경우에도 조상령이 어디에 있는지에 대한 명확한 개념은 없다. 어떤 때는 무덤에 있는 것 같아 무덤 앞에서 제사지내기도 하고 어떤 때는 신주에 있다고 생각해 집에서 제사 드리기도 하는 등 일관성이 없다.

여기에서 우리는 대단히 현세적인 한국인의 모습을 다시금 발견한다. 조상령들의 거주처가 분명하지 않을 뿐더러 그것을 정확하게 하려는 의지나 관심도 없다. 조상들은 어딘가에 있는 것이고 4대까지는 기일이 되면 불러낼 때 어딘가에서 와서 산 자들의 공동체에 '살아 있는 사자(死者)'로서 참여하게 되고 살아 있는 자손들은 다시금 그 뿌리 됨을 확인한다. 이것은 5대 이후의 조상들도 마찬가지라 그 높은 대의 조상령들이 어디에 어떻게 있다가 시제(時祭)를 드릴 때 오시는지에 대해 아무런 개념이 없다.

이제 한국인들이 갖고 있는 생사관의 전통적 이해에 대한 긴 설명을 마치면서 한국인의 저승관을 요약하는 것으로 마치고자 한다.[40] 우선 저

---

39) 이와 비슷한 조상관이 아프리카에서도 발견된다. 아프리카에서는 -특히 스와힐리족의 경우- 보통 5대조까지를 "사사(sasa)"라고 해서 현재의 시간에 포함시키면서 '살아 있는 사자'라 부르고 5대 이후는 "자마니(zamani)"라고 해서 완전히 잊혀져버리는 과거 속에 파묻혀 보이지 않는 시간의 지평 너머로 침잠해 버리는 영의 존재로 전이되는 것으로 이해한다. 존 S. 음비티, 앞의 책, 52-54, 163-167.

승이 묘사될 때는 -무교나 민간 신앙 등에서 보이는 것처럼- 하늘, 바다, 땅, 산 등과 같은 자연의 장소로 생각되었다. 그러나 죽음을 일단 삶과 분리된 것으로 보긴 하지만 망자가 가는 저승은 이 이승과 완전히 다른 혹은 초월적인 세계로 보지는 않는다. 즉 저승은 그저 죽으면 누구나 가는 곳이며 이승과도 왕래할 수 있는 곳이기 때문에[41] 따로 어느 곳에 존재하는 특정한 공간으로 간주하지 않는다. 어떤 때는 모퉁이만 돌면, 어떤 때는 문턱 밖에만 나가면 저승이 된다. 따라서 그 저승에 대한 묘사도 대단히 희박하다. 한국인들의 관심은 오로지 이 현세에만 향하고 있는 듯하다.

끝맺는 말

이렇게 해서 우리는 한국인의 죽음관이 어떻게 변해 내려왔나에 대해 대강 보아 온 셈이다. 그러나 이 일이 여기에서 끝나는 것은 아니다. 서두에서도 지적했듯이 한국인의 죽음관을 지배했다고 할 수 있을 종교가 역사적으로 뚜렷하게 변해왔기 때문에 현재의 한국인의 죽음관에 가장 큰 영향을 미치고 있을 종교적 가치관을 찾아내는 일은 쉽지 않다.

이 문제를 밝히는 데에 더욱더 곤란한 감을 느끼는 것은 전통적인 가치관은 지금까지 보아온 것으로 대강 알 수 있다 치더라도 이것과는 매우 다른 가치 체계를 지닌 기독교가 최근세에 들어왔고, 급속한 양적 팽창과

---

40) 이 요약은 정진홍 교수의 설명을 따랐다. 정진홍, "이승과 저승 : 한국인의 종교적 공간관의 모색,"『한국종교문화의 전개』(집문당, 1986), 108.

41) 김태곤 교수는 한국인의 저승관이 나타나는 속성을 未分性, 循環性, 持續性이라고 지칭했다. 김태곤,『한국무속연구』(집문당, 1981), 482-495.

그 사회적인 영향력 행사로 기독교적 가치관이 무시할 수 없을 정도로 한 국민의 정서에 영향을 주고 있다는 점이다.

서두에서 가정으로 내세운 대로 우리나라에 많은 종교 사상이 수입되고 유행했어도 장제나 묘제에 대한 관념은 그것들과 관계없이 옛 전통을 고수한 것처럼 한국인의 생사관도 그 많은 종교 사상들과 상호 관계 속에서 원래의 모습을 그대로 간직하지 않았나 하는 기대를 가져 보았다. 그 결과 한국인에게는 내세 개념이 별로 발달하지 않았으며 대단히 현세 중심적인 생사관을 갖고 있는 것으로 추정되었다. 이것은 아직도 한국인들이 많이들 고착하고 있는 장제나 제사 등에서 추출해 낸 결과이다.

그러나 아직도 석연치 않은 것은 이러한 현세 중심적인 한국인의 생사관에 현세보다는 비교적 내세를 강조하는 기독교의 생사관이 어떻게 영향을 미치고 있는가를 알 길이 없었다. 인구 비율로 볼 때 특히 기독교는 이제 인구의 25%를 점유하고 있는 관계로 많은 영향을 끼쳤을 것으로 생각되는데 이것에 대해 아직 정확히 알려진 것이 없는 것 같다. 이것을 알 수 있는 방법 가운데 가장 일반적인 것은 질문지 조사법이 있겠으나 실제로 조직적이고 분석적으로 알 수 있는 방법은 죽음을 앞둔 임종 환자들의 의식 양상을 검토해 보는 것이 가장 바람직할 것 같다. 그 이유는 일단 사람이 죽음에 직면하게 되면 그 사람이나 그가 속한 공동체가 갖고 있는 가치관이 적나라한 모습으로 드러나게 된다고 생각되기 때문이다. 아무리 불교, 유교 전통이 오래되고 기독교 전통의 영향력이 강한 것처럼 보여도 죽음이라는 절체절명의 한계에 부딪히게 되면 그 당사자가 갖고 있는 생사관의 본 모습이 나타나게 되지 않을까 한다.

이를 위해서는 학문 간의 협력이 필요하다. 즉 적어도 간호학, 목회(불교, 신학 등) 종교학 등을 전공한 학자들이 팀으로 구성되어 임종 환자들에 대한 광범위한 연구와 분석이 행해져야 할 것이다. 현대의 한국인들이 갖고 있는 생사관을 제대로 알기 위해서는 이러한 식의 접근이 꼭 필요하리라 믿고 이것을 하나의 과제로 남기면서 이 작은 글을 끝마치고자 한다. *

[참고문헌]

김열규 외, "무덤." 『한국문화의 뿌리』 한국문화선집 시리즈 제1집. 일조각, 1992.

김태곤. 『한국무속연구』 집문당, 1981.

문상희. "무속신앙의 윤리문제." 『한국교회와 신학의 과제』 한국기독교문화연구소 편, 연세대학교출판부, 1985.

박근원. "천주교신앙과 제사의 의미." 『기독교와 관혼상제』 전망사, 1985.

오형근. 『심령과 윤회의 세계』 불교사상사, 1978.

유인희. "인간적 문화에서의 영생." 『죽음이란 무엇인가』 창출판사, 1991.

유인희. "동양인의 영혼관." 『한국사상』 16호. 1978.

이홍우 외. 『한국적 사고의 원형 -그 원천과 흐름-』 한국정신문화연구원, 1988.

이희덕. "풍수지리." 『한국사상의 원천』 박영사, 1976.

임재해 · 김수남. 『전통상례』 빛깔 있는 총서. 101-116, 대원사, 1990.

장덕순. "저승과 영혼." 『한국사상의 원천』 박영사, 1976.

정진홍. "이승과 저승 : 한국인의 종교적 공간관의 모색." 『한국종교문화의 전개』 집문당, 1986.

최창조. "인륜을 위주로 하는 지리학." 『땅의 논리, 인간의 논리』 민음사, 1992

최기복. "유교의 음복." 『종교신학연구』 제3집. 서강대학교 종교신학연구소, 1990.

한국갤럽조사연구소. 『한국인의 종교와 종교의식 : 제2차 비교조사』 한국갤럽조사연구소, 1989.

Janelli, Roger L. and Janelli, Dawnhee Yim. (1982). *Ancestor Worship and Korean Society*. Stanford, Calif. : Stanford University Press.

孔子, 「雍也篇」 『논어』 권6.

孔子, 「八佾篇」 『논어』

2

상실의 지혜,

생애 주기별
죽음교육

어린이＊청소년＊성인
＊노년＊생애 말

06 강의 · 어린이 죽음이해와 돌봄 - 류경숙

07 강의 · 청소년기 죽음교육 - 강선보

08 강의 · 중년의 죽음이해와 새판 짜기 - 이민선

09 강의 · 노년기 죽음준비교육 - 이기숙

10 강의 · 죽음 과정에서 호스피스 필요성 - 정극규

어린이 죽음이해와

돌봄

류경숙 연세대학교 상담코칭학 박사(Ph.D.), 강남GEM아동가족상담센터 소장

발달 단계별 죽음이해

마이클 레삭(Michael Lessac) 감독의 영화 〈카드로 만든 집〉(1993)은 6세 여아 샐리가 마야 유적 발굴을 하다 돌아가신 아빠에 대한 상실 반응과 어린이와 죽음에 관하여 어떻게 대화를 나누어야 하는지 말해 준다. 아빠를 잃은 샐리는 마야 현자에게 "아빠는 지금 어디에 있나요?"라는 질문을 던진다. 현자는 "아빠는 지금 긴 여행을 떠나셨단다."라고 대답한다. 그럼 지금 아빠는 어디에 있나요? 현자는 "저기에 있단다(높이 떠 있는 달을 가리킴)"라고 답을 한다. "아빠를 만나려면 어떻게 해야 하나요?"라는 질문에 "너무 간절히 원할 때는 말을 하지 않는 거란다."라는 답을 듣게 된다. 아빠의 장례를 마친 샐리는 제자리에 있던 물건이 옮겨지자 이상한 소리를 내기, 높은 곳으로 올라가도 공포를 느끼지 않기 등 외상 후 스트레스 증상을 보였다. 어느 날 샐리는 혼자 카드로 집을 만든 후, 카드 집 안에서 날개 짓을 하는 놀이를 하고 있었는데 이를 사진으로 찍어 확대해 본 샐리의 엄마는 카드 맨 꼭대기쯤에 낭떠러지에서 떨어지는 남성 사진이 있는 것을 발견하였다. 샐리가 죽은 아빠와의 만남을 기대하고 있었던 것이다. 아직 어린 아동의 경우, 자신의 생각이나 감정을 언어화해서 표현한다는 것이 어려울 수 있으며 아동의 언어인 '놀이'는 아동의 마음을 표현할 기회가 된다.

따라서, 아이들의 죽음이해와 죽음에 대해 알려 주는 방법을 이해하는 것은 사랑하는 사람의 죽음을 경험한 아이들을 위해 반드시 필요하다. 어린 아이가 죽음에 대한 질문을 할 때 우리는 어떻게 대답을 해야 할까? 만약 성인이 이 질문을 들었을 때 머뭇거리거나 숨기는 것처럼 보일 때 어린이는 자신이 잘못 질문을 한 것이 아닌가 생각하며 나쁜 아이가 된 것처럼 느낀다. 어른들은 미리 생각해 보지 않은 질문에 대해 올바른 대답을 해 주어야 한다는 생각 때문에 부담을 느끼지만, 죽음에 관한 질문에 대해 어른들이 생각해야 할 것은 '어떤 질문이든 할 수 있다'는 태도이다. 존중하는 태도로 함께 생각하고 어린이가 이해할 수 있는 언어로 설명해 주는 것이다. 어른들은 때로 아픈 일을 어린이가 겪지 않기를 바라기 때문에 숨기고 싶어 하지만 어린이들도 슬픔을 어떻게 표현하고 어떻게 슬퍼해야 하는지를 배울 필요 있다는 사실을 명심해야 한다. 이를 위해 발달 단계별 죽음에 관한 이해가 필요하다.

어린이 죽음이해

아동의 발달 단계별 죽음이해와 특징 및 도움을 줄 수 있는 방법에 대해 살펴보고, 특별히 자신의 죽음을 앞두고 있는 아동의 죽음이해에 대해 살펴본다.

발달 단계별 죽음이해와 돌봄의 특징

아동의 죽음이해는 죽음에 대한 아동의 경험, 가족 구성원들이 죽음에 대해 어떻게 토론하여 왔는지, 아동의 인지 기능, 성격, 문화, 종교 교육에 따라 다를 수 있다. 아동의 죽음에 대한 반응과 이를 도울 수 있는 특징을 살펴보면 다음과 같다(Brennan, 2014, pp. 92-96).

첫 번째 단계

유아, 걸음마기 단계로 유아는 질문이나 걱정을 표현할 언어 능력이 없는 반면, 그들의 삶에서 어떤 사람이 없는 것에 대해서 반응을 한다. 무엇보다 주변 사람들의 감정을 직감하고 반응한다. 유아기나 걸음마기 아동은 죽음의 불가역성을 이해하지는 못하지만 퇴행 행동이나 음식을 먹지 않는 행동은 그들의 죽음 반응으로 볼 수 있다. 특별히 주 양육자의 죽음을 경험할 경우 분리 불안이 생기거나 다시 돌아오도록 소리를 지르기도 한다. 이 반응은 아동의 자연스러운 발달 과정의 일부로 받아들여서 아동의 슬픔을 최소화하거나 무시하는 일을 경계해야 한다.

이 시기 동안 아동의 죽음 경험은 아동이 신뢰를 쌓고 있는 중요한 사람을 잃는다는 것이며 이후 성인과의 신뢰를 방해할 수 있다. 이 연령대의 아동은 어떤 경우라도 보살핌을 받을 것이라는 확신을 가질 필요가 있으며 일관성 있고 친숙한 얼굴에 반응하게 된다. 그러므로 이들은 육체적이고 정서적인 편안함이 필요하다.

두 번째 단계

학령 전기 단계로 이 시기의 아동은 '죽음'이 무엇인지 알고 있을지 모르지만 죽음이 영원하고 보편적이라는 것 것은 이해하지 못한다(Christ, 2000). 이 시기의 아동은 자기중심성의 특성을 가지고 있으므로 자신의 생각이나 행동 때문에 죽음을 초래했다고 느낀다. 이것을 '마술적 사고'라고 하는데 이 시기의 아동은 죽음이 일시적이고 되돌릴 수 있다고 믿는 경향이 있으며 죽음에 대한 감정을 표현하거나 질문하는 것을 어려워한다. 죽음에 대한 불안은 신체에 대한 불안감과 침대에 오줌을 싸거나 수면 장애 등으로 인해 퇴행을 경험한다. 그럼에도 불구하고 이 시기의 아동이 죽음을 경험할 경우 정확한 언어와 인지 발달에 적절한 대답을 해주어야 한다. 또한 자신의 감정을 언어화해서 표현할 수 있도록 돕는 것이 필요하며 일상을 일관성 있게 지낼 수 있도록 도와야 한다.

세 번째 단계

학령기 단계로 발달적으로, 이 연령대의 아동은 죽음이 최종적인 것임을 대부분 이해하지만, 크게 다를 수 있다. 그들은 종종 죽음이 다른 사람들에게는 일어날 수 있지만, 자신이나 가족에게는 일어나지 않는다고 믿는다. 유아원 혹은 유치원에서 아동이 사망할 경우, 다시는 그들과 함께 할 수 없다는 것을 이해하기 시작하면서 죽음에 대해 다시금 생각하게 된다. 학령기 아동의 말 표현을 통해 그들이 죽음을 이전의 단계들보다 더 정확하게 이해한다는 것을 알 수 있다. 이는 아동이 추상적인 생각과 단어를 혼동하여 사용할 수 있음을 고려해야 한다.

학령기 아동은 죽음을 '부기맨(boogeyman)' 또는 일종의 괴물로 본다. 공정, 또는 평등의 관점에 관심이 있기 때문에 때로는 죽음을 나쁜 짓에 대한 보복으로 보기도 한다. 이 시기에 아동은 생물과 무생물의 차이를 이해하면서 죽음이 전염성이 있다고 믿기 때문에 죽음이 발생할 때 뒤로 물러서거나 불안감을 느낄 수도 있다. 어떤 아동은 악몽과 공포를 경험하기도 한다.

죽음을 앞둔 아동 자신의 죽음이해

그렇다면 실제적으로 생명의 위협을 느끼는 질병을 가진 아동의 경우에는 죽음을 어떻게 인식하고 느끼는지 이해할 필요가 있다. 생명을 위협하는 질병을 가진 아동의 경우에는 진단이 내려지기 전에도 무언가 잘못되고 있다는 것을 알아차리고 치료 방향이 정해지지 않은 경우에도 죽음에 대한 인식을 하게 된다. 진단을 받는 동시에 아동은 죽음에 대해 인식하게 되는데, 이는 이 당시 아동이나 부모 모두 극도의 스트레스와 극심한 외상 경험을 하게 된다(Doka, 1996, pp. 89-105). 뿐만 아니라 아동은 계속되는 의료적 처치 과정에서 통증과 주사와 같은 침습적인 처치가 행해질 때에도 마찬가지로 죽음에 대해 인식한다(류경숙, 2016).

블루본드-랑거(Bluebond-Langner, 1980)는 학령 전기 아동의 경우, 일반적인 아동의 인지 발달이나 정상적인 도덕적 수용능력을 초월하여, 질병에 관한 정보를 듣는 순간에도 자신의 질병이 심각하다고 여기며, 처방받은 약 이름을 외우거나 부작용에 대해 관심을 가지게 되고 치료하는 목적에 대해서도 알게 된다고 하였다. 이런 상황에서 아동은 외로움, 불안, 두려움을 경험한다. 때로 죽어 가는 아동의 예후에 대한 인식은 자신의 상태에 대해 최소한의 정보를 제공하거나 아예 알려 주지 않아도 스스로 병에 대한 정보를 얻게 되는데, 많은 아동이 사랑하는 사람들을 보호하기 위해 알고 있다는 사실을 비밀로 유지하기도 한다. 아동의 연령, 인지 능력과 정서 기능, 가족 구조, 그리고 이전의 상실 경험에 따른 개입이 필요하다. 뿐만 아니라 심각한 질병으로 죽음을 경험하는 아동의 형제자매에 대한 관심 또한 고려되어야 한다. 그들은 자신도 병에 걸려서 죽을지 모른다는 염려를 할 수 있기 때문이다. 또한 죽어 가는 자녀에게 집중되는 보살핌에 대한 원망도 살펴야 한다. 형제자매를 위한 보살핌 또한 발달과 특성에 알맞은 돌봄이 필요하다(류경숙, 2016).

아동의 애도와 상실 경험에 대한 이해

아동의 애도와 상실 반응에 대해 좀 더 구체적으로 알아보자. 워든

(Worden, 2008, p.29)은 죽음과 관련한 아동의 개인적인 경험, 생각, 감정을 '비탄(Grief)'으로 정의하고 아동이 자신의 방식대로 상실에 적응해 가는 과정을 '애도(Mourning)'로 정의한다.

조슬린(Jocelyn, 2011)은 아동의 슬픔을 상실에 대한 신체적, 감정적, 행동적, 인지적 반응으로 이해하였다. 모든 연령대의 아동이 슬픔을 느끼고 반응하는데, 그 슬픔의 표현은 다양하고 발달 연령에 따라 달라진다. 그러므로 아동의 발달과 슬픔의 징후를 이해하는 것은 슬픔에 빠진 아동을 효과적으로 중재하는데 도움이 될 것이다.

볼비(Bowlby, 1980)는 영아들이 약 6개월에서 8개월 정도에 주 양육자와 함께 대상 영속성의 감각을 발달시키면 슬픔을 느낄 수 있다고 보았으며, 퍼먼(Furman, 1964)은 3.5세 혹은 4세 정도에 애도하는 능력이 생긴다고 말했다. 특히 도이치(Deutsch, 1937, pp. 227-228)는 애도 반응의 부재에 관하여 아동의 자아가 애도 작업의 긴장감을 감당할 정도로 충분히 발달하지 못하여 애도 과정을 견뎌 내기 위한 자기애적 자기 보호 기제를 사용한다고 보았다.

볼비(1980)의 애착 이론은 이 시기에 주 양육자의 상실은 영구적이든 일시적이든 유아는 항의하고 절망한다고 보았다. 주 양육자와의 죽음이나 분리의 상황에서 유아의 계속되는 항의에도 불구하고 주 양육자가 돌아오지 않는다면, 이후 유아는 절망을 경험하고 주 양육자와 분리한다. 분리된 유아는 이후 주 양육자에게 쉽게 다가가지 않는다. 따라서 유아에게 슬픔과 관련된 가장 고통스러운 감정은 미래에 다른 사람들과 건전한 유대감을 형성하는데 있어서 포기와 혼란의 강렬한 감정을 포함한다. 유아의 슬픔은 신체적인 징후로도 나타난다. 주 양육자와 떨어져 기관에 가게 되는 아동은 성장과 번영의 실패와 같이 생명을 위협할 정도로 극단적인 슬픔 반응을 보인다. 슬픔에 잠긴 유아에게는 지속적인 영양 공급, 목욕, 낮잠 자는 일정한 수술과 같은 자극에 대한 걱정 없이 많은 감각 자극과 풍부한 사랑이 필수적이며, 슬픔에 잠긴 아기는 몇 명의 주 양육자들보다 단 한명의 새로운 주 양육자와 함께 더 잘 지내게 된다.

슬픔의 일반적인 반응

성인이나 아동은 일반적으로 슬픔을 지각하게 되면 안심하고 불안감을 줄이고 죽음에 대한 경험을 정상화할 수 있게 된다. 교육자, 상담자, 성직자, 부모, 그리고 다른 전문가들은 이러한 징후들에 대하여 '도움을 요청하는 외침'으로 인식할 수 있어야 한다. 슬픔을 당한 아동의 반응은 다음과 같다(Goldman, 2006).

(1) 같은 말을 되풀이 하여 말한다.

(2) 자신의 죽음, 건강, 친구나 가족의 건강에 대해 염려한다.

(3) 죽은 사람에 대해 현재 시제로 말한다.

(4) 죽은 사람이 현존하는 것처럼 느낀다.

(5) 죽은 사람을 모방하거나 우상화하는 경향이 있다.

(6) 학급에서 광대처럼 굴기도 하고, 다른 사람을 괴롭히기도 하고 타인으로부터 철회하기도 한다.

(7) 집중할 수 없거나 공상에 잠긴 것처럼 보인다.

(8) 악몽을 꾸거나, 침대에 오줌을 싸거나, 퇴행 또는 집착하게 된다. 복통이나 두통을 호소한다.

(9) 고인과 함께 있고 싶다고 말한다.

브라운과 워(Brown & Warr, 2007, p.110-111)는 아동의 슬픔(grief) 반응은

다양하며 환경을 통제할 능력이 적기 때문에 이후 몇 년 동안 충격에 싸여 있을 수 있다고 말한다. 모든 아동이 이런 반응을 보이는 것은 아니지만 대부분의 아동이 다음과 같은 열네 가지의 반응을 보일 수 있다고 보았다.

(1) 죽은 사람을 찾는다.

(2) 주 양육자로부터 떨어질 경우 울거나 소리 지르거나 불안해한다.

(3) 등교를 거부한다.

(4) 죽은 사람과 역할놀이를 한다.

(5) 부모님을 보호하려는 의도로 슬픔을 부인하는 모습을 보인다.

(6) 분노, 자책 또는 죄책감을 가진다.

(7) 슬픔, 철회, 또는 우울감을 보인다.

(8) 과식 또는 식욕을 잃는다.

(9) 복통이나 두통과 같은 신체화 증상을 호소한다.

(10) 병원이나 의사에 대해 공포심을 가진다.

(11) 수면 장애가 나타난다.

(12) 자존감을 잃은 모습을 보인다.

(13) 집중력이나 학업에 부적응적인 태도를 보인다.

(14) 학업 수행 능력이 저조하다.

아동이 나타내는 이러한 현상들은 이 기간 동안 아동이 부모의 관심을 얻기 위한 것이거나 특별한 지지가 필요하다는 것이다. 아동에게 정보를 제공하고, 안심시키고, 감정을 표현할 수 있는 기회를 주게 될 경우 아동이 죽음을 받아들이고 상실의 아픔과 함께 살아가는 법을 배우게 될 것이다.

슬픔을 어떻게 설명할 것인가?

골드만(Goldman, 2006)은 '아동은 때로 언어를 이해할 때 문자적으로 이해하므로 죽음에 대하여 설명할 때 직접적이고 단순한 말이 필요하다'고 말한다. 어린 아동에게 "죽음이란 신체가 활동을 멈추는 것이다. 보통은 매우 나이가 많거나 많이 아플 때 죽게 된단다."라고 말할 수 있다.

다음은 어린 아동과의 대화에서 슬픔의 과정을 방해할 수 있는 표현에 대한 것이다.

방해되는 표현	이유
"할아버지는 긴 여행을 떠나셨단다."	"왜 그는 작별 인사를 하지 않았고 왜 나를 데려가지 않았나요?"라고 하면서 할아버지가 오기를 기다릴 수 있음
"친구가 엄마를 잃었단다."	"그 애 엄마는 너무 큰데 어떻게 잃을 수가 있어요?"라고 이해할 수 있음
"아빠가 하늘에서 널 지켜보고 있단다."	"그러지 않았으면 좋겠어요. 그건 너무 창피해요."라고 말할 수 있음
"엄마가 강아지를 재웠단다."	"엄마가 강아지를 재웠다고 했어요. 나도 잠자러 가면 죽게 되나요?"라고 물을 수 있음
사탕을 많이 먹는 아동에게 "사탕을 많이 먹으면 죽을 수 있어."라는 말을 들은 아동	자신의 죽은 이모가 사탕을 많이 먹어서 죽었다고 생각함
"하나님이 할머니를 너무 사랑하셔서 천국에 데려가셨어."	"하나님이 할머니를 너무 사랑하셔서 천국에 데려가셨어. 하나님은 나를 그렇게 사랑하시지 않는가 봐." 라고 걱정함

슬픔에 빠진 아동을 돕는 방법

골드만의 아동 슬픔 표현을 돕는 방법

골드만(Goldman, 2006)은 '슬픔에 빠진 아동은 그들의 말을 듣고 있고 이해하고 있다는 것을 느끼는 것이 필요하다'고 보았다. 아동은 걱정, 슬픔, 분노, 공포, 수치심, 유기감, 죄책감과 같은 민감한 이슈들이 생길 수 있는데, 다음은 아동이 슬픔을 표현하도록 도울 수 있는 방법에 관한 것이다.

(1) 대화를 시작하고 기억을 표현할 수 있도록 함께 가족사진을 보라.

(2) 아동이 그들의 이야기를 계속해서 하도록 허락하라.

(3) 글쓰기, 역할극, 재연과 같은 방법을 이용하여 상실에 대한 느낌이나 생각을 안전하게 표현할 수 있고, 내면의 생각을 외부로 표현함으로써 약간의 안정감을 느낄 수도 있다.

(4) 아동이 학교에 있는 동안이나 양호실에서 살아남은 부모에게 전화를 할 수 있도록 허용한다. 이를 통해 자신이나 가족이 잘 지내고 있다는 것을 확인 할 수 있다. 슬픔에 빠진 아동은 자신이나 가족의 건강에 대해 몰두한다.

(5) 아동이 자신의 감정을 기억하고 공유하기 위해 물리적인 물건을 만드는 기억 프로젝트를 장려하라. 메모리 북은 예술 작업, 시 쓰기, 이야기 만들기를 통해 자신의 감정이나 생각을 표현하도록 하고 아동이 안전한 방법으로 추억을 경험할 수 있다. 이것은 아동이 죽은 사람에 대하여 편하게 이야기할 수 있게 해 주는 유용한 방법이다.

(6) 편지쓰기 또한 아동이 인지하지 못했던 감정을 표현할 수 있도록

돕는다.

(7) 자신이 알지 못했던 감정을 표현하는 방법으로 그림 그리기를 추천하라. 아동은 사랑하는 사람이 죽어 가는 모습, 병원이나 장례식 장면 등을 시각화할 수 있다.

(8) 애도 과정 동안 추억을 공유하고 외로움을 덜 느끼도록 아동과 가족을 위한 지지 그룹을 만들라.

(9) 아동과 가족이 슬픔을 표현하도록 할 수 있는 의식을 만들라. 생전에 가장 좋아했던 레시피를 만들거나 무덤 방문하기, 가장 좋아하는 노래 부르기 등을 통해 함께 기념할 수 있다.

(10) 애도의 과정에 아동을 포함시키고 성인은 아동이 자신의 느낌이나 생각을 표현할 수 있도록 하고 아동과 기억을 나누라.

워든의 사별 아동을 위한 개입 방법

워든(Worden, 2008, pp. 238-260)이 소개하는 사별 아동을 위한 개입은 임상 현장에서 적용할 수 있는 상담 형태로 또래 집단, 개별상담, 가족상담을 소개하고 있다.

첫째, 또래 집단 활동

(1) 집단은 아동에게 다른 가족들에 대한 걱정 없이 자신의 감정을 표현할 수 있는 안전하고 지지적인 환경을 제공해 준다.

(2) 집단 내에서 아동은 또래나 집단 지도자로부터 지지를 받는다.

(3) 부모와 사별한 또래들과의 접촉은 아동이 사별을 경험한 것이 자기 혼자가 아니라고 안심시켜 준다.

(4) 집단 개입은 아동이 죽음에 대해서 배울 수 있는 개회와 상실에 대

한 잘못된 생각을 직면할 수 있는 장을 제공해 준다.

(5) 단, 사회적 지지에도 불구하고 상실에 대해 심각하거나 병리적인 반응을 나타내는 아동에게는 적합하지 않으며, 집단에서는 가족 문제를 직접적으로 다루지는 않기 때문에 단점이 있을 수 있다. 아동기 사별에서는 가정환경이 가장 중요한데 만약 생존한 부모가 상실에 잘 적응하지 못한다면 또래 지지의 유용성도 반감된다는 것을 기억해야한다.

둘째, 개별상담

개별상담은 주로 비지시적 놀이 활동을 활용하며 이 활동은 아동이 놀이, 상상력, 창조적인 활동을 하는 동안에 갈등과 불안을 나타낸다고 보기 때문이다. 상담자는 아동의 적응을 탐색하고 안전한 환경에서 애도를 촉진할 수 있다. 죽음을 개념화하는 아동의 능력, 고인과의 마지막 관계를 구축하는 능력, 생존한 가족들과의 현재 관계 등 적응 문제를 알 수 있다.

개별상담에서 심상적 기법을 활용할 수 있는데, 특정 상황을 상상하면서 말하고 싶은 사항, 용서 구하기, 이전에 미처 말하지 못한 감정 표현 등 고인이 된 부모와 상상의 대화를 나눌 수 있다. 또한 그림 그리기와 같은 미술활동은 아동의 상실을 창조적으로 바꿔 주는 기회를 제공한다.

개별상담의 장점은 복잡한 사별 경험으로 인하여 심각한 행동 장애와 정서 장애를 가지고 있는 아동을 위해서 선택할 수 있는 치료법이며 생존 부모가 아동에게 정서적으로 안전하고 안정성 있는 환경을 제공해 주기 어려울 때 활용할 수 있다. 또한 중요한 성인과의 안정적인 관계를 통해 아동은 회복력을 증가시키고 사회 적응을 잘하게 해 준다. 하지만 개별상담은 낮은 비용 효과성과 사별 아동과 생존 부모 간의 상호작용을 직접 언급하지 않는다는 점과 전반적인 가족 체계의 기능과 부모의 죽음으로 인하여 발생한 일탈 행동적 요소에는 초점을 두지 않는다는 점이다.

셋째, 가족 개입

가족 개입은 가족 맥락 내에서 애도 작업을 할 수 있는 기회를 주기 위해 고안되어 가족 구성원들이 함께 죽음에 대하여 대화하고, 사별 후 가족 체계에 재적응하도록 배려한다. 어떤 가족 개입은 의사소통에 초점을 맞추고, 어떤 개입은 가족 재적응에 필요한 가족 역할과 구조의 변화에 초점을 맞추기도 한다. 또 다른 접근은 문제 해결에 초점을 맞추어서 사별 후에 겪는 가족의 실제적인 생활 문제를 다룬다.

의사소통의 방법에서 개방적인 의사소통은 가족들이 죽음에 대한 이해를 공유할 수 있게 하고, 가족 체계 내에서 사회적 지지를 제공해 주며, 생존해 있는 부모로부터 아동이 지지를 받을 수 있도록 해 준다. 가족 상담사는 가족 개입을 하면서 사별가족을 위해 효과적인 의사소통 기술과 해결 기술을 보여 주는 모델의 역할을 할 수 있다. 또한 가족들이 죽음과 관련하여 해결하지 못한 문제들을 해결할 수 있도록 도와준다.

가족 재적응에 대한 문제와 관련하여 가족 재적응을 가족 개입의 목표로 세운 가족 상담사는 고인이 가족 내에서 했던 역할과 고인과 가족들의 고유한 관계에 대해서 특별한 관심을 가지는 것이 중요하다.

개입을 위한 구체적인 활동

개입과 특별 활동은 아동의 나이에 맞아야 하고 사별 아동의 욕구를 충족시키도록 활동되어야 한다. 활동의 목적은 다음과 같다.

(1) 다양한 애도 과업 촉진하기

(2) 아동이 두려움과 걱정을 포함한 감정을 표출할 수 있는 출구 제공하기

(3) 아동의 질문에 대답하도록 돕기

(4) 아동의 죽음에 대한 잘못된 신념 바꾸기

(5) 아동이 경험한 죽음이 정상적인 한 부분이라는 것에 대하여 토론하기

개입 방법 중 하나는 미술 활동으로 다음과 같은 내용을 포함한다.

(1) 자신이 걱정하는 것에 대하여 그리기

(2) 자신을 매우 힘들게 하는 것 그리기

(3) 자신에 대하여 그리고, 단어를 사용하여 자신에 대하여 묘사하기

(4) 사망한 부모나 형제 등과 관련된 좋은 기억 그리기

(5) 최근의 꿈에 대해 그리기

(6) 자신이 그릴 수 있는 가장 추한 그림 그리기

(7) 가족 그리기

(8) 부모가 사망하기 전의 자신과 현재의 자신에 대해 그리기

(9) 자신을 두렵게 하는 무언가 그리기

효과적이기 위해서는 그림을 그린 후 말하도록 격려하고 집단 내에서 공유하도록 할 수 있다. 어떤 경우는 거칠거나 평화롭거나 생동감이 있는 음악과 미술 재료들로 자유롭게 그림을 그리게 할 수도 있다.

그밖에 진흙으로 만들기, 인형을 활용하여 인형이 대신 말하게 하기. 가족 인형 만들기, 글쓰기 활동 등의 작업을 할 수 있다. 좀 더 나이가 있

는 아동은 신문 만들기를 통해 고인이 된 가족에 대한 자신의 감정, 생각, 질문을 쓰게 하고 고인과 관련된 꿈 기록하기, 시 쓰기 등을 할 수 있다.

고인에게 편지 쓰기는 죽음의 종말과 가역성 같은 죽음에 대한 개념이 없는 아동에게는 적절하지 않다. 편지는 아동이 부모의 사망 전에 행하지 않았거나 말하지 않은 것에 대해 용서를 구하고 싶은 경우에 적절하다. 이 편지는 보관하거나 풍선을 이용하여 하늘로 날려 보낼 수도 있고, 땅에 묻거나 여러 가지 다른 방법으로 발표할 수도 있다. 편지 쓰기는 현재 시제로 돌아가신 분에게 직접 쓰기 때문에 상담가와 단지 말로 하는 것보다 더욱 효과적이다. 이야기 쓰기 활동은 사별과 관련된 책, 동화책을 읽고 나서 느낀 점에 대해 개인과 혹은 집단에서 토론을 할 수 있다. 토론의 주 내용은 이야기 안에서 사별한 주인공이 어떤 감정을 느끼는지 질문하는 것이며 자신의 상실에 대한 이야기를 쓴 상담자나 집단 성원들과 나누는 것이다.

게임은 집단 활동에 매우 유용한데 사별 아동이 금기시되는 감정과 생각을 쉽게 표현하도록 해 준다. 아동이 모두 참여하는 게임은 죽음에 대한 논의를 정상화해 주는 좋은 방법이며 아동이 새로운 대처 방법과 관계 맺는 방법을 알려 준다. 사별 아동이 사용하기에 적합한 게임 방법으로는,

(1) 크레용과 5개의 비어 있는 카드를 제공하여 다섯 가지 서로 다른 감정을 가진 5개의 얼굴을 그리게 한다. 다섯 가지 감정은 슬픈, 기쁜, 화난, 무서운, 외로운 감정이다. 각자 그림을 완성한 후, 얼굴 모습이 밑으로 가게 하여 덮어 둔다. 한 사람씩 하나의 카드를 선택하고, 선택된 카드에 그려진 감정과 같이 자신이 경험한 감정을 말하게 한다. 또는 카드를 섞어서 무작위로 잡힌 감정을 말하

게 할 수도 있다.

(2) 죽음에 대한 한 가지 질문을 써서 상자에 넣고 섞은 후 한 사람씩 질문을 뽑아 큰 소리로 읽고 질문과 관련된 토론을 할 수 있다.

모래놀이 치료 또한 적용이 가능한데, 아동이 자연스럽게 모래상자를 꾸미도록 할 수도 있고 아동에게 자신이 생각하는 천국, 부모와 함께 지낼 때와 그렇지 않을 때 등 주제를 선정하여 아동이 모래상자를 꾸미도록 하고 아동과 이야기를 나눌 수 있다.

나가는 말

지금까지 어린이의 죽음에 대한 이해와 아이들이 겪는 슬픔에 대해 살펴보면서, 아이들을 도울 수 있는 방법에 대하여 함께 생각해 보았다. 어린이를 돌보는 방법은 발달 단계에 대한 이해가 먼저 필요하다. 이를 통해 실제 아이들을 돕는 현장에 도움이 되길 바라며, 앞으로 어린이와 그들이 겪는 죽음과 상실의 다양한 상황을 바탕으로 지속적인 연구가 진행되어 적절한 돌봄이 지속되길 바라는 마음이다.

[참고문헌]

류경숙. "학령전기 소아암 아동을 위한 돌봄 : 놀이치료 주제 분석과 체계적 돌봄." 연세대학교
　　박사학위논문, 2016.

Worden, J. William/ 전석균·임승희 역, 『가족을 잃은 아이의 슬픔』. 시그마프레스, 2008.

Bluebond-Langner, M. (1980). *The Private Worlds of Dying Children*. New Jersey, Princeton
　　University Press. (죽어 가는 아동이 경험하는 것)

Bowlby, J. (1980). *Attachment and loss: Vol. III. Loss, sadness, and depression*. New York: Basic
　　Books. (애착과 상실)

Brennan, M. (2014). *The A-Z of Death and Dying: Social, Medical, and Cultural Aspects: Social,
　　Medical, and Cultural Aspects*. Santa Barbara, California: Greenwood. (죽음과 죽어감에
　　대한 모든 것: 사회적, 의료적, 문화적 관점)

Brown, E. & Warr, B. (2007). *Supporting the Child and the Family in Paediatric Palliative Care*.
　　jessica kingsley publishers: London and Philadelphia. (소아 완화의료 돌봄에서의 아동과
　　가족 돌보기)

Christ, H. (2000). Impact of Development on Children's Mourning. Cancer Practice, 8, 72-81.
　　(발달 단계별 애도의 영향)

Deutsh, H. (1937). Absence of Grief. Psychoanalytic Illness. British Journal of Psychiatry, 112,
　　1049-1069. (애도의 부재와 분석심리학 관점에서의 질병)

Doka, K. (1996). The cruel paradox: Children who are living with life-threatening illnesses.
　　Handbook of childhood death and bereavement, 89-105. (생명의 위협을 느끼는 질병을
　　가진 아동 : 아동기 죽음과 사별을 위한 핸드북)

Furnan, E. (1974). *A Child's Parent Dies: Studies in Childhood Bereavement*. New Haven, CT:
　　Yale University Press. (아동의 부모가 죽었을 때 : 아동기 사별 연구)

Goldman, Linda. (2006). *Children Also Grieve: Talking about Death and Healing*. Jessica Kingsley
　　Publishers: London and Philadelphia. (아동의 애도 : 죽음과 치유에 관하여)

Jocelyn, Antonio. (2011). Grief and Loss of a Caregiver in Children: A Developmental Perspective.
　　Journal of Psychosocial Nursing, 49(10). (아동기 주 양육자 상실과 애도)

Talking with children about death and dying. Health, Barnabas. Asbury Park Press: Asbury Park,
　　N. J. [Asbury Park, N. J]26 Oct 2013. (죽음과 죽어감에 대해 아동과 이야기하기)

Help for talking to kids about death, Anonymous. Chicago Tribune: Chicago, Ill. [Chicago, Ill]10
　　Nov 2010: 2. (아동과 죽음에 대해 이야기하는 방법)

죽음교육

청소년기

강선보(姜善甫) 고려대학교 교육학과 명예교수, 한국교육학회장

죽음교육에 대한 인식 전환

성(sex)과 더불어 인류의 역사에서 오랫동안 문화적으로 터부(Cultural taboo)시 되어 온 몇 가지 주제 중의 하나가 죽음이었다. 그러나 70년대에 들어서면서 서구 사회는 죽음이라는 주제를 더 이상 터부시 하지 않고 이를 공론화하기 시작하면서 성교육(Sex education)과 더불어 죽음교육(Death education)을 학교 교육의 한 영역으로 채택하였다.

우리의 교육 현실을 볼 때, 성의 문제는 부분적이나마 학교 교육의 한 영역으로 자리 잡고 있으나 죽음에 관한 교육은 여전히 교육 영역에서 소외되고 있다. 미국의 경우는 70년대부터 초중등학교에서 죽음에 관련된 다양한 교육 프로그램이 실시되었다. 실제로 1990년대에는 고등학교 및 대학에서 다루는 죽음과 임종에 관한 과정의 수가 1천 개 이상인 것으로 추산된 바 있다.

죽음학자들(Lockard, 1986 etc.)이 지적하는 것처럼, 죽음에 관해 가르치는 것은 곧 산다는 것을 가르치는 것이며, 죽음에 관한 교육은 죽음의 막연한 공포를 제거함으로써 삶에 대한 인간의 존경심과 환희를 고양시키는 것이라고 본다면, 이는 곧 인간의 삶에 관한 문제이므로, 우리는 죽음의 문제를 더 이상 교육의 영역에서 소외시킬 수 없는 중요한 교육 내용임을 상기할 수 있다. 더군다나 우리의 사회 구조 및 교육 제도 속에서 자살하는 청소년들과 성인들이 증가하고 있는 현실을 고려할 때 죽음에 관한 교육은 일종의 예비 교육적 차원에서도 큰 의미가 있다고 본다.

실제로 우리나라의 자살률은 2012년 인구 10만 명당 33.5명으로 불명예스럽게도 7년째 OECD 회원국 중에서 1위를 차지하였다. 그리고 자살로 인한 사회경제적 비용이 2012년 현재 6조 4,769억 원인데 비해, 정부

의 2019년도 자살 방지 관련 예산은 꾸준히 증가하고는 있지만 218억 원에 불과하다.[42]

특히 청소년들은 자연적 혹은 돌발적 죽음이 나와는 거의 상관없는 노인들의 문제라고 생각하기 때문에 자신의 죽음을 거의 의식하지 않는다. 일반적으로 성문제와 달리 죽음에 대한 의식은 연령이 높을수록 강하다. 하지만 청소년들의 죽음에 대한 의식은 성인에 비해 낮지만, 상대적으로 자살에 대한 충동은 가장 많이 느끼는 세대이다. 그래서 어느 세대보다도 청소년들을 위한 죽음준비교육이 요구되는 것이다.

위에서 언급한 것처럼 서구 사회에서는 20세기 중엽부터 죽음이라는 주제가 공론화되면서 철학, 종교학, 심리학, 사회학, 의학, 법학, 교육학 등의 분야에서 진지하게 논의되기 시작했다. 특히 현대 사회의 변화된 모습(핵무기 등에 의한 인류의 집단 멸종에 대한 공포, 핵가족화로 인한 세대 간의 접촉 단절 등)은 삶과 죽음의 문제를 더욱 진지하게 다루게 하는 촉진 역할을 하였다.

따라서 이제는 우리도 성교육과 마찬가지로 죽음교육도 삶의 질 향상 즉 행복한 삶의 영위라는 측면에서 정치가, 행정가, 교육가들이 한 번쯤 진지하게 생각해 보아야 할 사회적 과제라고 생각한다. 여기에서는 청소년 죽음교육의 필요성과 목적을 살펴본 후, 미국의 청소년 죽음교육 내용

---

42) 2019년 정부의 자살예방 사업은 2018년도의 168억 원에서 218억 원으로 50억 원이 증액되었다. 구체적인 사업 내용은 다음과 같다(보건복지부 홈페이지 참조)
〈자살예방 사업 : 168억 원 → 218억 원(50억 원 증액)
생명 존중 문화 조성 확대 : 1,280백만 원 → 2,837백만 원(1,557백만 원 증액)
자살예방교육 및 인력 양성 : 1,475백만 원 → 2,093백만 원(618백만 원 증액)
자살 고위험군 집중 관리 사업(응급실) : 4,700백만 원 → 6,326백만 원(1,626백만 원 증액)
심리부검 체계 구축 : 3,840 → 3,982백만 원(142백만 원 증액)
자살예방 상담전화 운영체계 개선 : 650백만 원 → 1,300백만 원 증액)〉

을 학교 급별로 간략히 소개하고자 한다.

청소년 죽음교육의 필요성

삶의 의미와 가치

죽음은 삶에 영향을 미치고, 죽은 사람은 살아 있는 사람에게 영향을 미친다. 결국 삶에 대한 철학은 죽음에 대한 철학에 영향을 미친다. 역으로, 우리가 죽음을 어떻게 인식하는가와 죽음에 어떠한 의미를 부여하는가가 우리의 삶의 방식에 영향을 미친다(DeSpelder & Strickland, 1987). 이렇게 볼 때, 우리는 죽음이 우리의 삶에 미치는 영향에 더 많은 관심을 두어야 할 것이다.

사실 죽음에 관한 논의는 희랍 시대 이래로 많은 학자에 의해 전개되어 왔다. 그중에서도 특히 실존주의 철학자들은 삶과 죽음의 문제에 지대한 관심을 보이며 죽음의 문제를 삶 속으로 끌어들였다. '삶의 철학(philosophy of life)'의 한 갈래인 실존주의에서는 죽음이라고 하는 주제가 중심 위치를 차지하고 있다. 실존적 죽음관에서는 죽음이 인간에게 특별한 의미를 지니는 바, 그것은 인간이 살아 있는 모든 피조물 가운데 유일하게 죽어야만 한다는 사실을 아는 자이며 그리고 그는 홀로 '실존하는' 자이다. 또한 인간은 유한성, 한계성, 기억의 일시성 그리고 구체적 상황에 의해 특징 지워진다. 요컨대 죽을 운명으로 특징 지워진다. 이처럼 실존주의자들은 죽음을 삶 속에 내재된 하나의 사건으로 파악한다. 따라서 죽음 없는 실존은 없으며, 죽음의식이 없는 실존 이해는 불가능하다고 본다. 죽음의 의식이 있기에 삶의 긴장이 이루어질 뿐만 아니라 삶에의 열

정도 그만큼 강렬해질 수 있다는 논리이다. 그러기에 삶에 대한 의미가 더욱 새로워지고 강렬해지게 하기 위해서는 삶 속에서 죽음을 의식화하도록 해 주는 것이다.

이런 측면에서 실존주의 교육가들은 삶의 부조리나 실존적 긴장 즉 불안 등의 측면을 중요시한다. 그들은, 진정한 인간교육은 삶의 좋은 측면뿐만 아니라 삶의 불합리한 측면, 즉 삶의 추한 측면까지도 포함한 전체로서의 인간교육으로 파악되어야 한다고 본다. 흔히 가정이나 학교에서는 성이나 죽음 등에 관한 문제에 있어 계획적인 거짓말을 하기도 한다. 왜냐하면 이러한 사실들을 학생들에게 알게 하는 것이 불안감이나 혐오감 및 두려움을 자아내게 하므로 해가 된다고 보기 때문이다. 그러나 실존주의자들은 오히려 그 반대라고 주장한다. 즉 진짜 상황을 알지 못하게 하면 더 큰 불안을 유발하게 한다는 것이다. 그러기에 그들은 죽음, 성, 좌절, 공포 등과 같은 어두운 측면들을 감추거나 거짓 교육을 시키지 말고 떳떳이 교육 내용으로 채택하여야 한다는 입장을 취한다(Kneller, 1964 & 1974; Ornstein, 1977; Ozmon & Craver, 1976). 흰색 주변에 검은 색을 깔아 주면 흰색이 더욱더 돋보이듯이, 삶의 주변에 죽음이나 불안, 고뇌 같은 내용을 의식화시켜 주면 삶에 대한 의미가 더욱 새로워지고 강렬해진다는 것이 실존주의자들의 논리이다. 따라서 실존주의 교육가들은 죽음준비교육이 절대적으로 필요하다고 본다.

생명의 소중함과 존엄

실존주의자들은 인간을 주체적인 존재로 본다. 즉 인간 개개인은 이 세상에 하나밖에 없는 유일무이한 존재이다. 다시 말하면 비대체적이고 비반복적인 존재이다. 그 무엇으로도 나를 대체할 수 없을 뿐만 아니라,

'나'라고 하는 존재는 인류의 오랜 역사 속에서 한 번도 존재한 적이 없었고 앞으로도 영원히 존재하지 않는, 현 시점에 단 한번 일회적으로만 존재한다. 다이아몬드의 희소성에 비할 바 아닌, 그 얼마나 고귀한 존재인가? 따라서 실존주의자들은 청소년들에게 이와 같은 주체성을 자각 시키는 교육을 잘 행한다면 스스로 자아존중감을 가지게 되어 함부로 자살 행위를 하지 않을 것으로 본다.

이처럼 청소년들을 위한 죽음준비교육은 청소년들로 하여금 생명의 소중함과 존엄성을 깨닫게 하여 올바른 인생관이나 가치관을 정립하게 하고, 자신에게 한정된 시간의 소중함을 깨닫게 하여 매일 매일의 삶을 성실하게 살도록 해 주는 데 있다(이재영, 2004). 이렇게 보면 자살의 예방적 차원에서 청소년들에게 실존적 주체성을 자각시키기 위한 철학적 차원의 죽음준비교육도 매우 의미 있다고 본다.

사실 청소년들은 젊기 때문에 죽음이라고 하는 사실을 현재의 나와는 무관한 먼 훗날의 막연한 사건이거나 아니면 노인들에게나 해당되는 사건이라고 생각하기에 죽음에 대한 의식을 거의 하지 않는다. 그러나 자살충동률은 가장 높은 세대이기 때문에 청소년들에게 예방 교육적 차원에서 반드시 필요한 교육이 죽음준비교육이다.

죽음의 확실성과 불확실성 인식

출생과 마찬가지로 죽음도 또한 인간이 겪어야만 하는 삶의 여정의 한 부분이다. 하지만 대부분의 사람은 죽음이라는 사실을 그다지 달갑지 않은 삶의 어두운 측면으로 보는 경향이 있다. 사실 죽음이란 인간의 모든 경험 가운데 가장 위압적인 의미를 내포하고 있다. 다시 말해 인간이 죽음에 대해 갖는 가장 보편적인 태도는 공포일 것이다(Cox, 1984). 따라서 죽음이라는 주제는 일반적으로 기피되어 온 것이 사실이다.

인간의 생애 주기의 첫 단계가 출생이듯이, 죽음은 생애 주기의 마지막 단계일 뿐이다(Glazer & Landreth, 1993). 삶의 자연스러운 발달 단계의 하나인 죽음을 피해야 하고 두려워해야 할 그 무엇으로 간주할 필요가 없다. 즉 출생 시에 출산 준비를 하고, 제2의 탄생기인 사춘기에 심신의 변화에 대한 준비를 하듯이, 죽음에 대비한 준비 즉 교육을 하는 것은 지극히 자연스러운 것이다.

그렇다고 해서 죽음준비교육을 죽음 직전의 단계에서만 행하여야 한다는 것은 아니다. 다시 말해 삶의 태도에 영향을 미치는 죽음준비교육은 전 생애에 걸쳐 발달 단계에 따라 체계적으로 행해져야 한다. 즉 죽음준비교육은 특정 발달 단계에서만 요구되는 혹은 학교 교육에서만 요구되는 교육 과업이 아니다. 생애의 전 발달 단계에 걸쳐 가정 교육, 학교 교육, 사회 교육에서 전 방위적으로 다루어져야 할 평생 교육적 과업이다.

사실 우리가 죽음에 관한 가장 명확한 진리인 '죽음의 확실성'과 '죽을 때의 불확실성'을 인식한다면, 특정 발달 단계에 이르러서가 아니라 삶의 매 순간마다 죽음에 대비하여야 할 것이다.

죽음에 대한 막연한 공포 제거

죽음준비교육이 공교육의 영역 속에 자리매김해야 할 필요가 있다. 성과 마찬가지로 죽음도 터부시 되어 온 것이 사실이다. 하지만 크레이스(Crase, 1982)가 지적한 것처럼 우리가 깨달아야 할 것은, 성과 죽음이 매우 좋지 않은 것으로 감추어져 왔지만 결국 모두가 그것에 관하여 알게 된다는 것이다. 문제는 대부분의 아동이 성과 죽음에 관한 학습을 각종 매스미디어를 통해 주로 한다는 것이다.

그러나 이러한 미디어의 내용들이 비현실적이거나 부정적 메시지 (negative message)를 담고 있는 편향적·일방적·단편적인 커리큘럼임에도 불구하고 무방비 상태의 청소년들에게 내면화되고 해석되고 있다(Hass, 1991; Molnar, 1983; Wass, 1983). 비정규적인 과정을 통해서라도 결국 이러한 것들이 학습된다고 한다면, 차라리 학교 교육 속으로 이러한 주제들을 과감히 끌어들여 제대로 가르치는 것이 효과적이다. 삶과 죽음이 별개의 것이 아니라 하나인 것으로 본다면, 학교에서 죽음에 관한 교과를 억압하는 정도만큼 삶에 대한 이해를 억압하고 있다는 것이다.

따라서 올바르게만 가르친다면, '죽음준비교육'은 삶과 더 많은 연관을 맺게 될 것이며 나아가 죽음에 대한 공포를 제거함으로써 삶에 대한 인간의 존경심과 환희를 더욱 고양시킬 것이다(Lockard, 1986). 이처럼 삶에 대한 태도가 긍정적이고 삶에 대한 환희가 고양된다는 것은 인간의 삶이 그만큼 행복해진다는 것을 의미하는 것이므로 행복한 삶을 위해서는 죽음교육이 필요하다.

죽음교육의 목적

죽음교육의 목적은 죽음에 몰두하는 데에 있는 것이 아니라, 삶에 대한 감수성을 조장하는 데에 있다. 즉 죽음교육은 삶을 위한 것이다. 다시 말해, 죽음교육의 목적은 학생들에게 죽음의 개념을 내면화 하게 하여 완전한 삶을 영위할 수 있게 하는 데 있다(Crase, 1982). 물론 죽음에 관한 어떤 개념들은 일상생활의 과정을 통해 발전되기도 하지만, 잘 조직된 죽음교육의 커리큘럼은 청소년들로 하여금 죽음의 개념을 이해하고 수용하게 하는 것을 훨씬 용이하게 도와줄 수 있다.

죽음교육의 궁극적 목적을 인간의 행복 증진이라고 진술하는 것이 다소 역설적인 것 같지만, 죽음에 대한 학습을 통해 우리는 삶을 더 잘 알 수 있게 되고, 실제로 보다 더 완전한 삶을 살 수 있다. 여러 학자의 견해를 종합하여 제시한 죽음교육 프로그램의 목적을 살펴보면 다음과 같다 (Gibson, Roberts & Buttery, 1982).

(1) 청소년들에게 죽음과 임종의 다차원적인 측면들에 대한 기본적 사실들을 알려 준다.

(2) 각 개인이 의학 및 장례 서비스의 소비자임을 알 수 있도록 한다.

(3) (죽음을 의식함으로써)개인적인 가치 및 우선순위에 대한 사려 깊은 고려를 통해 삶의 질의 개선을 촉진하도록 한다.

(4) 청소년들이 자신의 개인적인 죽음과 자신에게 의미 있는 타자들의 죽음에 대한 감정들을 적절히 다룰 수 있도록 하고, 죽음이 현실화 되었을 때, 보다 더 효과적으로 대처해 나갈 수 있도록 한다.

(5) 사회적·윤리적 이슈들(죽음에 관한 이슈들)과 관련된 가치들을 명료화하는 과정에서 각 개인들을 도와준다.

한편 Leviton(1977)은 연령이 다르고 서로 다른 관심을 갖고 있는 사람들에게 적용될 수 있는 죽음교육의 몇 가지 중요한 목적을 다음과 같이 제시한다(Papalia, Olds & Feldman, 1992).

(1) 어린이들이 가능한 한 죽음과 관련된 불안 없이 자라도록 돕는다.

(2) 사람들이 삶과 죽음에 대해 각자의 신념 체계를 발달시키도록 돕는다.

(3) 사람들이 죽음을 삶의 자연스런 종결로 보도록 돕는다.

(4) 사람들이 그 자신의 죽음 및 가까운 사람들의 죽음에 대비하도록 돕는다.

(5) 사람들이 죽어 가는 사람들 주위에서 편하게 느끼고 그들이 살아 있는 동안 인간적이고 이해심 있게 대할 수 있도록 돕는다.

(6) 비전문가 및 의사와 간호사 같은 건강관리 전문가들이 모두 죽어 가는 이들과 그 가족에 대한 전문가의 현실적 입장과 의무를 갖도록 돕는다.

(7) 연령에 따라 사람들이 상실에 전형적으로 반응하는 방식과 비탄의 역동성을 이해한다.

(8) 자살하려는 사람들을 이해하고 도울 수 있도록 한다.

(9) 개인 및 그 가족들을 위해 필요한 장례 절차를 결정하도록 도움을 주고 어떻게 하면 현명하게 이를 구입하는지 보여 준다.

(10) 고통을 최소화해야 될 중요성을 강조하고, 따뜻한 개인적 보살핌을 제공하고, 죽어 가는 이의 보살핌에 가족과 가까운 친구를 포함시키고, 그의 희망과 요구에 신경 씀으로써 죽어 가는 과정을 가능한 한 긍정적인 경험으로 만든다.

한편 고든과 클라스(Gordon & Klass, 1979)는 아동들을 위한 죽음교육의 목적을 다음과 같이 제시한다.

(1) 문화 속에서 현재 보급되지 않은 사실들을 학생들에게 알려 주기 위해

(2) 죽음에 대한 관념 및 중요한 타인들의 죽음을 학생들이 효과적으로 처리하는 것을 돕기 위해

(3) 학생들로 하여금 의료 및 장례 서비스에 대해 해박한 지식을 갖게

하기 위해

(4) 학생들이 죽음과 관련된 사회·윤리적인 문제들을 공식화하고 가치 판단을 명확히 하는 것을 돕기 위해

퍼킨스(Perkins, 1979)는 중등학교 학생들을 위한 죽음교육의 목적을 다음과 같이 제시한다.

(1) 학생들이 다양한 유형의 문헌들을 통해 죽음에 관한 주제를 탐구하는 것을 돕기 위해

(2) 학생들이 죽음과 임종에 관련된 다양한 관점과 행동들에 대해 학습하는 것을 돕기 위해

(3) 학생들이 자신들의 관심·경험과 죽음을 관련시키는 것을 촉진하기 위해

(4) 학생들의 죽음에 관한 태도 변화의 학습을 돕기 위해

상기와 같은 죽음교육의 목적을 분석하면, 학생들로 하여금 삶의 과정에서 일어나는 모든 것에 대처해 나가는 방법들을 발견하게 하려는 것으로 요약할 수 있다. 따라서 죽음교육 프로그램을 위한 가장 기본적인 과업은 학생들의 욕구를 만족시키는 효과적인 방법을 발견하도록 그들을 돕는 것이다.

위에서 제시한 목적들은 여러 학자들에 의해 제시된 일반적 진술의 예시들이다. 따라서 교육 현장에서의 죽음교육의 목적은 상술한 일반 목적을 바탕으로 교육 대상의 연령 및 요구에 따라 적절히 조정되어 재구성되어야 할 것이다. 특히 죽음교육의 한 영역인 자살예방교육의 경우는 보다 구체적인 목적과 목표가 설정되어야 할 것이다. 예컨대 자살예방에 따

른 자아존중감과 삶에 대한 긍정적 태도 변화 그리고 삶의 질 향상(즉 행복한 삶) 등이 자살예방교육의 목적으로 설정되고 그에 따른 구체적인 목표들이 제시될 수 있을 것이다.

죽음교육의 외국 사례, 미국

미국의 경우, 정확한 숫자는 파악되지 않고 있지만, 죽음교육의 프로그램이 급격히 증가되고 있는 것으로 보고되고 있다. 미네소타대학교의 '죽음교육연구센터(Center of Death Education and Research)'의 소장인 풀튼(Robert Fulton)은 미국의 고등학교 및 대학에서 다루는 죽음과 임종에 관한 과정의 수가 70년대에 이미 1천 개 이상인 것으로 추산하고 있다(Newsweek, 1978, 5. 1). 또한 Berg 등은 미국의 약 200개 고등학교에서 죽음에 관한 교수 단원을 활용하고 있다고 보고한다(Gibson, Roberts & Buttery, 1982).

이처럼 미국에서는 죽음과 임종에 관한 미니 코스와 단원을 제공하는 학교들이 1970년대 이후에 점차 증가하고 있다. 고등학교와 대학 수준에서는 다양한 학문 분야에서 이들 주제가 다루어지고 있는 바, 체육학, 심리학, 사회학, 문학, 의학, 종교학, 법학 등에서 그러하다. 하지만 성교육에서와 마찬가지로 코스의 내용 결정은 여전히 논쟁적 영역으로 남아 있다. 즉 연령과 학년 수준에 따라 누구에게 무엇을 가르쳐야 할 것인가 하는 문제는 학습자의 욕구나 흥미 그리고 경험에 따라 달리 결정될 수 있다. 그러면 여기서는 대표적으로 초등학교와 중학교에서 어떠한 내용과 방법들이 다루어지고 있는지 간략히 소개한다.

초등학교 및 중학교의 교육 내용

초등학교 커리큘럼에 3R's(읽기, 쓰기, 셈하기) 외에 또 다른 교과 영역이 출현하고 있는데, 그것은 곧 죽음교육이다(Molnar, 1983). 사실 아동기에는 20명 중 1명이 부모의 죽음을 경험할 것이며, 16세까지는 5명 중 1명이 부모의 죽음을 경험할 것이다(Molnar, 1983). 이러한 상황들은 정서적으로 아동들의 삶에 영향을 미친다. 따라서 이러한 상황에 적절하게 대처할 수 없으면 심리적 문제들을 유발할 수 있다는 것이다. 바로 이런 이유로 죽음교육이 필요한 것이다. 즉 죽음에 대해 잘못된 개념을 가진 아동들을 보호하는 것 보다는 아동의 지각 수준에 맞게 사실적으로 죽음을 묘사한 자료들을 제공하고, 나아가 더 높은 지각수준으로 촉진해 나가는 것이 바람직할 것이다.

초등학교의 경우 대표적으로 다루어지는 주제는 동식물의 생명주기(life cycle), 죽음과 이별, 슬픔과 그 표현, 그리고 장례 및 매장 관습 등이다. 흔히 사용되는 강의법은 아동들이 실제적인 삶의 경험들에 토대한 활동과 토론이다. 예컨대 특별히 아끼는 물건(장난감 등)을 상실하였을 경우의 상황에 대한 토론을 하거나, 위의 주제들과 관련된 책들을 읽고 토론을 한다. 대표적인 강의법 몇 가지를 소개하면 다음과 같다.

(1) 죽음과 관련된 사건이 일어났을 때의 즉흥적 교수(incidental teaching)

(2) 영화, 슬라이드, 외부 강사, 현지 견학, 적절한 관련 문헌 등을 활용하는 정보-토론 접근법(information discussion approach)

(3) 역할놀이, 가치명료화 활동, 작문 활동 등과 같은 정의적 요소들을 통한 정보-토론 접근법

(4) 자기교수법(self-instructional approach) 등이 있다(Gibson, Roberts & But-

tery, 1982).

사실 죽음교육은 그 속성상 다학문적인 접근(multidisciplinary approach)
이 유용하다. 따라서 내용이 다학문적이기 때문에, 가르치는 방법도 다
학문적인 접근이 가장 효과적이다(Crase, 1982). 이것은 중학교의 교육 내
용을 보면 분명해진다. 중등학교의 죽음교육 커리큘럼에서 발췌한 아래
의 주제 목록은 죽음교육의 다학문적 성격을 입증한다(Gibson, Roberts &
Buttery, 1982).

(1) 자연 즉 동식물의 생명주기

(2) 삶의 과정 즉 출생, 성장, 노화 그리고 죽음

(3) 생물학적 측면 - 죽음의 원인, 죽음의 판정

(4) 사회·문화적 측면 - 장례 및 매장 관습, 죽음 및 관련 용어

(5) 경제적·법적 측면 - 보험, 유언, 장례에 관한 소비자 보호

(6) 우환, 애도, 그리고 사별

(7) 아동 문학, 음악, 미술에 투영된 죽음의 측면들

(8) 종교적 관점

(9) 도덕적·윤리적 문제들 - 자살, 안락사, 뇌사

(10) 삶과 죽음에 관한 개인적 가치들

고등학교 및 대학의 교육 내용

1970년대 초만 하더라도 고등학교와 대학 수준에서의 죽음교육 프로
그램들이 거의 없었다. 그러나 70년대 말경부터 다양한 프로그램이 생겨
났다. 고등학교와 대학교의 프로그램은 매우 유사하나 그 심도에 있어서
는 차이를 보인다. Coor(1978)는 죽음과 임종에 관한 여러 교과 과정을 검

토·종합하여 다음의 13개 단원으로 정리하여 제시하였다(Gibson, Roberts & Buttery, 1982).

(1) 자아직면(self-confrontation)과 가치 확인(value identification)

(2) 죽음과 임종의 서술에 대한 분석

(3) 사회·문화적 태도

(4) 역사적·인구학적 배경

(5) 죽음의 정의와 판정

(6) 안락사

(7) 자살

(8) 사회적으로 용인된 죽음

(9) 임종의 처리

(10) 유족과 슬픔

(11) 시체 처리, 장례 문제, 기타 후속적인 실제 문제들

(12) 아동과 죽음,

(13) 삶, 죽음, 그리고 인간의 운명

한편 McMahon(1973)은 죽음교육의 내용을 7개의 주제로 분류하고 각각 그 행동 목표를 제시하고 있다.

(1) 죽음에 대한 터부(taboo)

(2) 죽음의 정의 : 생물학적, 사회적, 심리학적 측면

(3) 인간의 위기

(4) 죽음과 인간에 대한 관점들

(5) 임종환자 또는 친척에 대한 이해

(6) 장례, 매장, 그리고 사별 : 심리학적 함의

(7) 자살 및 자기파괴 행동(self-destructive behaviors)에 대한 이해이다 (Gibson, Roberts & Buttery, 1982).

이처럼 1970년대 이후에 죽음교육을 위한 교육 과정 개발에 많은 진전이 있었지만 여전히 그 깊이와 넓이에 있어서 개선의 여지가 많은 것으로 평가되고 있다. 사실 죽음에 대한 관점과 태도가 문화권에 따라 다르기 때문에 죽음교육을 위한 교육 과정 개발은 다양한 요인들을 고려하여 신중히 추진되어야 할 것이다. 죽음교육은 개인과 사회에 모두 유익한 결과를 가져다주어야 하기 때문이다.

나가는 말

과거에 전통적으로 터부시 되었던 주제들이 이제는 시대 변화와 더불어 공론화되었을 뿐만 아니라, 엄연히 제도 교육의 한 영역으로 자리를 잡게 되는 경우도 생기게 되었다. 예를 들면 성교육이 그러하다. 그러나 죽음이라는 주제는 아직도 교육의 언저리에서 맴돌고 있다. 우리는 여전히 죽음을 삶과는 별개의 것으로 여기고, 의도적으로 우리의 의식 밖으로 쫓아내어 왔다. 삶과 죽음은 별개의 것이 아니라 하나인 것이며, 인간이 삶 속의 죽음을 의식할 때 그만큼 삶에의 열정도 강렬해질 수 있다는 실존주의자들의 논리는 설득력이 있다.

죽음은 삶에 영향을 미친다. 죽음에 대한 태도 또한 삶에 대한 태도에 영향을 미친다. 결국 죽음의 철학은 삶의 철학에 영향을 미치며, 그 역의 경우도 마찬가지이다. 죽음의 문제가 삶의 문제이고, 삶의 문제가 인간의 문제라면 그것은 결국 교육의 문제이므로 교육 속에서 이를 수용하여야 할 것이다.

이 글은 죽음교육의 필요성을 통해 학교 안팎의 교육가들로 하여금 죽음에 대한 교육적 관심을 환기시키는 데에 그 목적이 있다. 그간 우리의 교육 마당에서는 성과 죽음에 관해 오랜 기간 동안 의도적으로 거짓 교육을 행해 왔기 때문이다. 아직도 학교 교육 현장에서는 죽음교육을 부정적으로 보는 시각이 많다. 따라서 이들을 위한 국가적 차원의 지속적인 사회적 계몽과 체계적 연수가 필요하다. 실제로 자살률이 세계 최고였던 핀란드는 1986년부터 자살예방을 위한 국가적 차원의 프로젝트를 실시한 이후, 1986년 인구 10만 명 당 30.3명에서 2012년 인구 10만 명 당 17.3명으로 자살률이 대폭 감소하였다.[43]

실존주의 교육가들은 '감추지 않는 교육'을 진정한 교육이라고 본다. 즉 진정한 인간교육은 삶의 좋은 측면뿐만 아니라 삶의 불합리한 측면(부조리, 위기, 성, 죽음 등) 즉 삶의 추한 측면까지도 포함한 전체로서의 인간교육으로 파악되어야 한다고 보기 때문에 죽음교육을 흔쾌히 수용한다. 삶의 한 면만이 아닌 양면을 모두 포괄적으로 보게 함이다. 그리하여 인간의 삶의 질을 개선한다면, 이것은 곧 행복한 삶을 위한 전제 조건이라고 판단된다. *

---

43) 핀란드식 심리부검절차는 다음과 같다. 자살사건 발생 → 경찰현장조사 → 심리적 부검에 대한 유가족 동의 절차 → 정신과 전문의와 유가족 1대1 심층면접 → 자살자 주변환경(직업, 친구관계 등 조사) → 수집자료의 전문가 분석·분류 → 자살자 유형별 분류 및 데이터베이스(DB)화 → 자살고위험자군 대상 맞춤정책(정신의학적·사회심리학적)

[참고문헌]

강선보. "죽음에 관한 교육적 논의." 『사대논총』 제21집. 서울대학교, 1997.

강선보. "실존주의 철학에서 본 죽음과 교육." 『교육문제연구』 제19집. 한국교육사학회, 2003.

이재영. "청소년들의 죽음에 대한 의식과 종교교육." 『종교교육학연구』 제19권. 종교교육학회, 2004.

Papalia, D. E./ 정옥분 역, 『인간발달 2 : 청년기, 성인기, 노년기』. 교육과학사, 1992.

Cox, H. (1984). *Later Life: The Realities of Aging.* N. J.: Prentice-Hall Inc.

DeSpelder, L. A. & Strickland, A. L. (1987). *The Last Lance: Encountering Death and Dying.*
 Calfornia: Mayfield Publishing Co.

Crase, D. (1982). "Death Education's Quest for Maturity" ERIC No. ED214489, 1-14

Gibson, A. B. & Roberts, P. C. & Buttery, T. J. (1982). *Death Education: A Concern for the Living.*
 Indiana: Phi Delta Kappa Educational Foundation.

Glazer, H. R. & Landreth, G. L. (1993). "A Developmental Concept of Dying in a Child's Life".
 Journal of Humanistic Education and Development, Vol. 31, 98-105

Hass, M. E. (1991). "The Young child's Need for Death Education". Paper presented at the Annual
 Meeting of the American Educational Research Association, Chicago, April, 3-7.

Kneller, G. F. (1964). *Introduction to the Philosophy of Education.* N. Y.: John Wiley & Sons, Inc.

Lockard, B. E. (1986). "How to Deal with the Subject of Death with students in Grade K-12".
 Paper presented at the Annual Meeting of the Mid-South Educational Research
 Association, Memphis, Nov. 20.

Molnar, L. A. (1983). "Elementary Death Education". Paper presented at the Convention of the
 Louisiana Association for Health, Physical Education, Recreation and Dance, March.

Ornstein, Allan C. (1977). *An Introduction to the Foundations of Education.* Chicago: Rand
 McNally College Publishing Co..

Ozmon, H. & Craver, S. (1976). *Philosophical Foundations of Education.* Ohio: A Bell & Howell
 Co.

Wass, H. (1983). "Death Education in the Home and at School". ERIC No. ED 233253, April.

새 판 짜기

중년의 죽음이해와

이민선 감리교신학대학 객원교수

성인 중기란?

인간 발달이란 탄생과 죽음에 이르기까지 전 생애 주기에서 발생하는 변화의 양상과 발달의 과정을 말한다. 발달 단계란 특정 과업을 성취하는 연령대 혹은 기간을 의미한다. 발달은 삶의 모든 단계에서 일정한 순서대로 진행되기 때문에 전 단계와 현재의 경험이 융합되어 다음과 같은 특성을 보인다.

(1) 지속과 변화의 특징을 보인다.

(2) 일정한 패턴대로 진행되기에 체계적이고 예측할 수 있다.

(3) 인간의 발달은 생체적, 인지적, 사회-심리적인 측면의 상호작용을 통해 일어난다.

(4) 같은 단계라도 속한 사회 문화와 환경에 따라 다른 특징을 보일 수 있다.

매 단계에는 수행해야 할 고유한 과업(제)들이 있는데 성인 중기 혹은 중년기를 규정할 수 있는 몇 가지 특징이 나타난다. 먼저, 성인 중기를 40-60세, 혹은 65세의 기간이라고 볼 때, 전 생애 주기에서 성인 중기는 약 20여 년 이상 지속한다. 둘째로, 갱년기로 인한 급격한 신체적, 인지적, 사회-심리적 변화와 실존적 공허감을 겪는 시기이다. 청소년기에 호르몬 변화로 인해 활력과 생기를 동반한 신체적 급변화를 겪는다면 성인 중기에는 소강상태에서 진행되는 신체적인 급변을 겪는다. 그런 변화를 경험하면서 지난 세월보다 앞으로 남은 세월이 상대적으로 짧다는 것을 실감하게 되고 지인들의 죽음을 경험하면서 삶 속에서 공허감과 상실감을 느낀다.

성인 중기에 갱년기와 실존적 공허감으로 다가오는 삶의 무게를 잘 해결하기 위해 무엇을 어떻게 하면 될까? 여러 가지 방법이 있지만, 오랫동안 다양한 각도에서 정립된 발달 이론을 잘 이해하고 미리 준비하는 것은 우리가 도움을 받는 방법의 하나다. 발달 이론을 통해 성인 중기에는 어떤 발달 혹은 변화가 일어나는지, 그러한 변화에 긍정적으로 대처하고 적응하는 방법은 무엇인지, 그리고 이 시기에 이루어야 할 과업은 무엇인지 배울 때 갑작스러운 변화에 당황하지 않고 생산적이고 유의미한 성인 중기를 준비할 수 있다.

이러한 목적을 위해 본 글에서는 성인 중기의 특징, 죽음의 이해, 성인 중기에 해야 할 숙제와 계획을 다룬다. 본 글에서 성인 초기는 청년기, 성인 중기는 중년기, 성인 후기는 노년기를 일컫는다.

성인 중기의 특징

생체적 측면

성인 중기의 성인들은 신체적으로 성인 초기의 성인만큼 왕성하지 않더라도 큰 질병이 없는 한 건강한 편이다. 그러나 시간이 흐르면서 점점 짙어지는 주름, 폐와 심장 같은 장기의 기능 약화, 기력, 순발력, 오감(청각, 후각, 미각, 시각, 촉각), 운동 기능의 저하 등 급격한 신체적 변화를 겪게 된다. 노안과 난청으로 고생하는 사람들도 있지만, 일상을 유지하지 못할 정도는 아니다. 간혹 40대 성인들은 자신이 중년이라고 느끼지 못하다가 50대 들어서면서 자신이 중년임을 인정한다고 한다.

성인 중기로 자리매김하는 가장 큰 생리-심리-사회적 특징은 남녀 모두에게 나타나는 갱년기-여성(menopause)과 남성(andropause)-이다. 많은 사람이 성인 중기와 후기의 생물학적인 침체가 부부의 성생활을 포함한 일상에 걸림돌이 될 것으로 생각하지만, 연구 결과에 따르면 갱년기가 지난 여성들은 생리나 임신의 두려움 없이 그리고 자녀들이 집을 떠났을 경우 이전보다 더 자유롭게 성생활을 즐긴다는 것이다. 젊음과 외모를 중시하는 사회에서 갑자기 달라진 자신의 모습과 마주 대하며 낮아지는 자존감이 힘들게 하기도 한다.

가끔 우리의 사회가 성인 중기 이상의 사람들을 바라볼 때 이중 잣대를 적용하기도 한다. 희끗희끗한 머리의 중년 남성을 노신사로 명명하며 멋스럽고 매력적인 이미지를 적용하는 반면, 회색 머리의 여성들에게는 부정적으로 묘사하고 인식하는 예도 있어 우리 사회가 노화의 과정을 공평하게 바라보며 여러 가지 급격한 변화를 겪고 있는 모두에게 따뜻한 시선과 격려를 보내야 한다. 누구나 노화의 과정을 겪기 때문이다.

인지적인 측면

지능에 관해 생각하면 어떤 것이 떠오르는가? 지능은 단순히 사실을 습득하고 기억하는 것을 넘어 새로운 것을 배우는 능력까지를 말한다. 우리가 말하는 지능에는 한 주제에 관해 많은 양의 지식을 얻는 것, 민첩한 사고, 그리고 사유 능력이 포함된다. 레이먼드 카텔(Raymond Cattell)과 존 혼(John Horn) 같은 심리학자들은 이와 같은 이론을 토대로 지능을 결정지능과 유동지능으로 구분하고 이 개념을 발전 심화시켰다(옆의 그림 참조).

결정지능(연륜과 판단력)

(1) 축적된 정보와 경험, 사회 관행에 관한 자각(연륜)

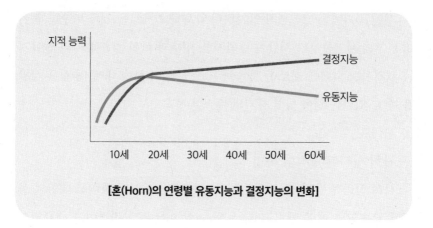

[혼(Horn)의 연령별 유동지능과 결정지능의 변화]

(2) 적절한 판단과 결정을 내리는 능력

(3) 나이와 더불어 강해지는 지능

유동지능(암기력과 기억력)

(1) 개인의 정보처리 기술을 혹은 능력

(2) 시각적인 자극과의 관계를 이해하는 능력

(3) 정보를 처리하거나 분석하는 속도

(4) 나이에 따라 약해지는 지능

인지적인 퇴화를 최소화할 수 있는 노력

(1) 영양이 좋은 건강 상태 유지

(2) 좋은 환경 만들기

(3) 세상의 흐름에 맞춰 적극적인 지적 활동(읽기, 평생 학습 수강 등)하기

(4) 지적인 자극을 줄 수 있는 모임에 참여하기

(5) 자신이 해 온 전문성 혹은 문제 해결 능력에 만족하기

성인 중기에는 기억력과 암기력이 약화하고 새로운 것을 배우는데 이전 단계의 사람들보다 시간이 걸리지만, 경험과 삶의 경륜에 따라 좋아지는 결정지능 덕택에 새로운 것을 배울 수도 있고 삶에 대해 더 깊은 성찰을 할 수 있다는 것이 성인 중기의 희소식이다.

사회 심리 발달적인 측면

사회 심리 발달에 관해 많은 연구는 다양하다. 그중 하버드 대학의 심리학 교수였던 에릭 에릭슨(Erik Erikson)의 이론은 고전적이고 대표적이다. 에릭슨은 자신의 책 『유년기와 사회』에서 인간의 발달이란 단계마다 내적 조화를 이루기 위한 자아의 투쟁 과정이며 매 단계에서 극단적 대립이 낳은 불안 혹은 위기를 극복하려는 노력이라 정의하며 성인 초기에 끝나는 것이 아니라 성인 후기까지 지속해서 일어난다고 주장한다. 그는 인간의 발달을 여덟 단계로 구분했는데 매 단계 발생하는 '불안, 위기, 과제를 극복, 해결하느냐 못하느냐?'에 따라 발달이 완성되기도 하고 그렇지 않기도 한다는 것이다. 성인 중기에는 이루어야 할 발달 과업은 생산성이고 그렇지 못하면 침체감에 빠지게 된다.

생산성

누군가 혹은 무언가를 돌봄으로 세상에 자신의 흔적을 남기는 태도를 말한다. 즉 생산성에 도달한 성인 중기 사람들은 차세대에게 자신의 유·무형 유산을 물려주고 그들을 어떻게 도울 것인지 그리고 더 긍정적인 사회와 공동체를 만들기 위해 자신이 가진 것을 어떻게 사회에 환원하고 나눌까를 고민한다. 여기서 중요한 것은 다른 사람을 돌보고 좋은 세상을 위해 헌신하려는 사람들이 '자신이 행복하다'라고 느낀다는 것이다. 긍정 심리학자 마틴 셀리그만(Martin Seligman)은 '자신이 행복하다'라고 고백하는 수천 명의 사람을 인터뷰한 후 결과를 자신의 책『진정한 행복 (Authentic Happiness)』에 담았다. 그는 책에서 '행복으로 가는 세 가지 길 : 즐거움, 몰입 혹은 자아실현, 그리고 의미 있는 삶(다른 사람을 위한 봉사)'을 제시한다. 즐거움도 자아실현도 사람을 행복하게 하지만, 다른 사람을 위한 헌신과 봉사가 있을 때 진정으로 행복을 느낄 수 있다는 그의 주장이 눈에 띈다.

지체감

생산성을 이루어 낸 사람들은 자녀를 양육하거나 직장을 위해 헌신하고 공동체와 조직에 헌신 봉사하면서 존재감을 느끼고 다른 사람들과 연결 고리를 만들어 가는 데에 비해, 침체감에 빠진 사람은 고립 속에 산다는 것이다. 나이가 들어가면서도 다음 세대, 사회 혹은 다른 사람을 위한 배려와 헌신보다는 시종일관 자기의 생각과 일을 더 중시하며 폐쇄적인 마음으로 살아가기 때문에 다른 사람 혹은 공동체와 건강한 관계를 맺지 못하고 고립된다. 그들의 고집 센 에고(Ego)로 인해 스스로 성찰할 기회를 놓치고 자신이 만들어 놓은 불만족스럽고 외로운 삶에 갇히게 된다.

이외, 성인 중기에 나타나는 또 하나의 특징은 영성 혹은 종교에 의지하는 사람이 70%가 넘는다는 것이다. 또 여성이 남성보다 신앙에 큰 관심을 보이고 종교적 몰입과 헌신이 신체적, 정신적 건강에 도움이 된다는 많은 연구 결과가 있다.

성인 중기와 삶의 만족도

영국 워윅대학교(Warwick University)의 경제학 교수인 앤드루 오즈월드

(Andrew Oswald)를 비롯한 많은 학자가 방대한 양적 연구를 통해 나이와 삶의 만족도 혹은 행복지수에 관한 연구 결과를 내놓았다. 영국 통계청이 2012-2015년 사이 30만 명을 대상으로 나이와 삶의 만족도를 조사한 연구 결과를 발표하면서 그동안 학자들이 내놓은 U커브(Curve) 이론을 확인할 수 있었다. U커브는 청소년기부터 청년기에 이르기까지 삶의 만족도와 행복지수가 높았다가 성인 중기인 40-59세까지 가장 낮다가 60세가 되면 다시 오르는 패턴(아래 그래프와 사진 참조)을 말한다.

　그 이유는 무엇일까? 레이첼 보이드(Rachel Boyd)와 같은 전문가들은 성인 중기의 성인이 성장한 자녀와 노령의 부모를 동시에 돌보아야 할 책임을 진 샌드위치 세대이기 때문이라고 그 이유를 밝힌다. 즉, 일반적으로 성인 중기의 사람들은 여전히 자녀와 나이 든 가족 구성원 돌보기 책임이 있고 여러 가지 변화로 인해 직장과 가정생활 간의 균형을 위해서도 노력해야 한다. 또 재정적인 부담이 가장 높은 시기로 이미 언급한 것처럼 급격한 신체적 변화를 겪으면서 건강도 살펴야 하고 이혼이나 사별과 같은 아픔을 겪을 수 있는 시기이기에 불안하며 두렵고 우울할 수 있다.

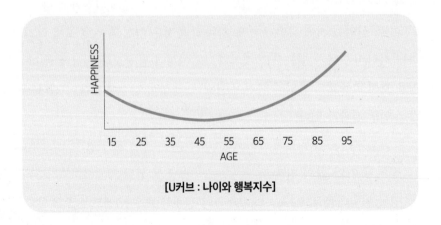

[U커브 : 나이와 행복지수]

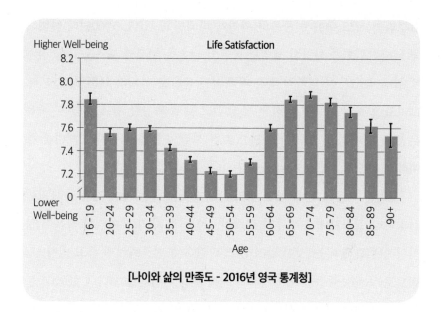

[나이와 삶의 만족도 - 2016년 영국 통계청]

죽음이 무엇인지 이해하는가?

죽음에 관한 정의

미국의 법률 전문사전인 『블랙 법률 사전(Black's Law Dictionary)』 7판에 따르면, 죽음은 '생명의 중지, 모든 생명 기능과 징후의 멈춤'을 말한다. 과학 기술의 발달로 장기이식률에 관한 관심이 높아지고 수요가 늘어감에 따라 새로운 죽음 정의가 사회적 합의가 필요했고 이에 뇌사를 죽음으로 인정하게 되었다. 회생 불가능한 뇌사 상태의 환자가 생명 연장을 위한 인위적 치료를 중단하고 장기이식을 통해 누군가를 살리는 일은 소중하고 가치 있는 일이다.

그러나 죽음에 관한 담론이 살아 있는 사람 위주로 돌아가고, 물화(物化)와 양화(量化) 현상이 겹쳐지면서 한 사람의 삶과 죽음을 분리하여 생각하려는 시도 속에서 죽음의 의미가 퇴색될 수 있다. 1960년대 하버드 대 뇌사위원회가 사람의 생명과 죽음의 담론을 연결해 새로운 죽음 정의에 불을 붙였듯이 의학적 혹은 육체적인 죽음뿐 아니라 사회적, 정신적, 그리고 영적인 죽음에 관한 논의를 깊고 넓게 확장할 필요가 있다. 죽음은 발달 단계의 맨 마지막 과정으로 한 사람의 삶을 정리하고 의미를 부여하는 귀중한 시간이기 때문이다.

'우리는 죽음에 관해 참된 정의를 내리지 못하는 것이 진짜 문제'라는 심리학자 엘리자베스 퀴블러 로스의 지적처럼 우리는 여전히 죽음이 무엇인지에 관해 아는 것이 많지 않고 다양하게 접근하지 못하고 있다. 그러므로 우리는 죽음을 이야기하기 위해 삶을 이야기할 수밖에 없고 그 부분에 관해서는 학자들 사이에 어느 정도 동의하는 부분이다. 이 장(章)에서는 제프 그린버그(Jeff Greenburg)와 같은 심리학자들의 공포관리이론과 철학자인 스티븐 케이브(Stephen Cave)가 연구한 죽음을 극복하고 싶은 인간의 욕망 네 가지를 살펴봄으로 인간의 죽음이 삶과 문명의 발달에 어떤 영향을 주었는지 살펴본다.

문명과 공포관리이론

미국의 사회 심리학자인 제프 그린버그, 셸던 솔로몬(Sheldon Solomon), 톰 피진스키(Tom Pyszczynski)는 문명과 공포관리이론(Terror Management Theory)을 정립했다. 그들은 인간의 가치 있는 삶의 추구와 행동의 근원적 원동력을 죽음에 관한 공포라고 주장하는 미국의 문화 인류학자인 어네스트 베커(Ernest Becker)의 주장을 토대로 공포관리이론을 정립하고 전개했다. 공포관리이론은 인간이 죽을 수밖에 없는 운명을 자각하면서 생긴 두려움을 방어하고자 하는 인간의 사유와 행동을 설명하는 이론이다.

인간이 죽음의 공포에 직면할 때 표출되는 정서적 반응 그리고 영원히 살수 있는 길을 찾으려는 인간의 욕망과 시도를 탐구한다. 죽음에 대한 공포, 죽음의 부정, 영원히 살고 싶은 욕망이 인류 문명의 탄생 및 개발과 관계가 있다는 것이다.

예를 들어, 고대에는 생존하기 위해 지속해서 작물을 재배하는 농업이 발달했고 추위, 더위, 그리고 위험한 산짐승으로부터 보호받기 위해 옷이 필요했으며 같은 이유로 머물 안전한 공간의 확보가 중요했다. 생존하기 위해 혹은 죽지 않기 위해 의식주(衣食住) 문제를 해결해야 했고, 그러는 가운데 농업, 건축업, 약초나 주술을 기초로 한 의학 등이 발달하게 되었으며 그것이 인류 문명의 형성과 발달에 초석이 되었다. 질병을 치료하고 노화를 예방하는데 필요한 약초(품) 혹은 불로초를 통해 늙지 않고 오래 살고자 했던 인류는 오늘날 호르몬 개발, 냉동보존술을 통해 그러한 욕망을 지켜 나가고 있다. 또한, 인류는 음악, 영화, 건축물, 책(기록물) 미술(벽화)과 마술 등과 같은 것을 통해 자신이 이 세상에 온 흔적을 남기고 싶어 하는데 이것 역시 인류가 영원히 살기 위해 고안해 낸 방법의 하나다.

인류가 죽지 않기 위한 네 가지 방안

죽지 않고 영원히 살 수 방법이 어디 있을까? 흡혈귀가 되면 가능할까? 아니면 영화 〈트랜센더스(Transcendence)〉가 보여 준 것처럼 지적 능력은 물론 자각 능력까지 갖춘 슈퍼컴퓨터에 접속해 나의 모든 기억과 정보를 전송받으면 영원히 살게 되는 걸까? 하나님의 나라, 혹은 낙원에 들어가거나 어느 종교에서처럼 스스로 신이 되는 건 영원히 사는 것이라 말할 수 있는 것일까? 철학자인 스티븐 케이브(Stephen Cave)는 위에서 언급한 공포관리이론을 인정하면서 영원히 살려는 인간이 집착이 불멸의 길을 찾으려 했고 사후에도 존재할 방법을 시도했다고 주장한다. 인간의 그러한 시도는 네 가지로 집약될 수 있다. 인류는 죽고 싶지 않은 욕망을 어떻게 실천해 왔는가? 그 네 가지 방식은 다음과 같다.

육체적 생존

사람들은 더 젊고 건강하게 장수하기 위해 부단히 노력한다. 이러한 욕망은 역사 속에서 다양한 방법으로 소개된다. 고대 사람들은 생명의 묘약과 같은 약초와 부적을 이용해 그리고 당시 발달한 의술과 주술을 통해 회춘하려 노력했다. 대표적인 인물로 진시황제를 꼽을 수 있는데 그가 불로초를 열심히 찾아다니며 만리장성의 성벽을 쌓고 풍부한 의학적 전통과 기술을 갖게 된 것은 죽음에 대한 불안과 두려움의 결과물이라 할 수 있다. 다이어트나 운동과 같은 자기 절제와 훈련에서부터 호르몬 요법과 성형 같은 의학적인 개입에 이르기까지 인류의 생명 연장 혹은 죽지 않으려는 욕망은 오늘날에도 다양한 방법으로 지속한다.

부활

유대교, 기독교와 같이 유일신을 숭배하는 종교에서 육체적 부활은 핵심적 교리이고 신앙이다. 미래의 언젠가 예수처럼 다시 살아날 수 있을 것이라는 믿음이 과학 기술의 발달과 연계되어 인체냉동보존술로 발달하였다. 인체냉동보존술은 "인간의 기억과 정신을 관장하는 역할을 하는 뇌를 냉동하여 보관하다가 과학 기술이 더 발전하면 다시 살아날 수 있을 것이다"라는 믿음 위에 기초한다. 고대에는 부활을 신봉했기에 미라를 만든 것이었다. 요즈음 이러한 아이디어와 기술이 부활하려는 사람의 욕망을 충족하며 시행되고 있다.

정신적 존재나 영혼으로 살아남기

세상의 모든 사람은 자신에게 영혼이 있다고 믿는다. 그래서 사람들은 물리적인 자극에 모형이 변형되거나 생명이 사라질 때 부패할 수 있는 육체와 달리 비(非)물질인 정신은 몸이 사라져도 살아남을 수 있다고 믿는다. 기독교에서는 '인간은 하나님 형상대로 창조된 존재로서 하나님으로부터 영혼을 부여받은 신과 교류할 수 있는 특권을 지닌 우월한 존재로 다른 생물을 돌볼 책임이 있다'라고 가르친다. 영혼을 믿는 사람들은 세속적인 것들을 포기하고 영적인 차원으로 채워질 미래를 믿는다. 카르마(업보)에 따라 다시 태어나는 불교의 환생론과 성육화된 영혼은 낡은 육신을 버리고 새로운 육신으로 태어나는 힌두교의 윤회론은 인간이 영혼으로 살아남으려는 욕망과 맥을 같이한다.

유산 남기기

'사람은 죽어서 이름을 남기고 호랑이는 죽어서 가죽을 남긴다'라는 속담처럼 인간이 이 세상에 자신의 것을 남김으로 사후 자아의 존재를 미래의 시간으로까지 확장하려는 가장 일반적인 방식이다. 사람은 결혼이란 제도를 통해 자신의 유전자를 지닌 자녀를 통해 대대손손 기억되고 그렇게라도 살고 싶어 한다. 명성, 권력, 재력, 기술, 헌신과 같은 무형의 유물뿐 아니라 작품, 건축물, 음악, 자원, 경제적 지원 등과 같은 유형의 유물을 남김으로 후손의 기억 속에 위대한 사람 혹은 훌륭한 업적을 남긴 사람으로 기억되고 싶은 것이다. 알렉산드로스 대왕은 정복한 땅을 유산으로 남겨 불멸의 존재가 되고자 했던 대표적인 인물이었다.

성인 중기에 해야 할 숙제와 과제

상실과 공허감 극복을 위한 새로운 계획 세우기

햄해진 머리숱과 희끗희끗한 머리카락 색, 선명한 주름살, 굴곡진 몸매 등 몰라보게 변한 자신의 모습을 보면서 지금 잘 살고 있는 것인지 그리고 앞으로 어떻게 해야 잘 살 수 있는지 의문이 든다. 여러 가지 만성질환에 노출될 때, 큰 질병에 목숨을 위협당하는 경우에는 절망스러울 수 있다. 혼란스럽다는 것은 지금 삶의 방향에 만족하지 못한다는 것이다. 시기적으로 인생의 중간 지점이라 할 수 있는 성인 중기에 그동안 살아온 세월을 돌아보고 계속 그렇게 갈지, 아니면 다른 삶에 도전할 지를 결정해야 한다.

사랑하는 사람들과 친밀한 관계를 위해 노력하기

이 시기에 어떤 사람은 자신의 직장에서 최고의 자리에 올라 성취감과 만족감이 최고조에 달하는 사람도 있지만, 조금 시간이 지나면 생체적으로 직장에서도 변화를 겪게 된다. 인생의 과도기에 있는 사람들은 일과 가족 돌봄의 균형을 위해 그리고 사랑하는 사람들과의 친밀한 관계 맺기를 위해 노력해야 한다. 또 삶의 우선순위를 재평가해야 한다. 앞서 U커브에서 밝혔듯이 여전히 성인 중기의 성인들은 부모와 자녀를 동시에 돌봐야 할 책임 때문에 삶의 무게가 더 무겁다고 느낄 수 있으나, 지혜롭게 대처할 방법을 찾아야 한다.

죽음을 제대로 봐 주는 시간

성인 중기의 성인들은 신체적 변화와 다양한 경험을 통해 자신들의 유한함과 이 세상에 영원히 머물지 못한다는 것을 느낀다. 또, 직계가족 혹은 친한 지인의 사망을 마주하면서 자기 죽음에 관해 깊게 생각한다. 한 연구에 따르면, 생애 주기에서 성인 중기의 성인들이 죽음에 관해 가장 두려워한다고 한다. 사람이 죽음에 대해 두려워하고 그러한 두려움과 불안이 삶에 부정적인 영향을 미치기도 하지만, 죽음에 관해 인지할 때 삶의 지혜와 긍정적인 요소를 얻을 수 있다.

죽음을 진지하게 볼 때 다른 사람의 어려움과 고통이 마음에 들어오고 더 나은 세상을 위해 내가 할일은 없는지, 즉 에릭슨이 소개한 생산성의 삶으로 나아가게 된다. 영국의 작가 찰스 디킨스의 중편 소설 『크리스마스 캐럴』을 읽어 보면 돈밖에 모르는 자린고비 스크루지 영감(구두쇠의 별명)은 천사의 손에 이끌려 자신의 과거, 현재, 미래의 삶을 보게 된다. 그리고 지금처럼 돈이 인생의 전부여서 끝까지 다른 사람에게 고약하게 굴면 죽은 후 지옥에 갈 것이라는 경고를 받게 되면서 개과천선한다. 심리학자 제이미 골든 버그(Jamie Goldenberg)는 죽음에 대해 인지한 후 사람들은 운동하려는 의지와 열정을 보였고 실제 운동량에도 큰 영향을 미친다고 주장한다.

긍정적인 효과도 있지만, 부정적인 효과도 있다. 만물의 영장인 인간이 죽을 수밖에 없다는 사실을 깨달은 후 고가 물건을 사들이거나 성공과 사회적 위치를 과시함으로 죽음으로 인해 상한 자존심에 심리적 보상을 받고자 한다. 자본주의는 이러한 인간의 심리(불안, 두려움, 자존심 하락)를 이용해 고가의 물건을 만들고 소비를 미덕과 쾌락으로 조장하기도 한다는 것이 심리학자 윌리엄 초픽(William Chopik)과 같은 심리학자들이 주장하는 바이다.

엘리자베스 퀴블러 로스의 죽음의 수용 단계

엘리자베스 퀴블러 로스는 『On Death and Dying』에서 죽어 가는 환자들과의 인터뷰 결과를 토대로 단계 이론을 제시한다. 모든 사람이 똑같은 과정을 밟는 건 아니지만, 일반적으로 자기 죽음을 수용할 때 다음과 같은 다섯 단계를 거친다고 설명한다.

단계	내용
부정	죽음에 대한 부정
분노	분노, 질투, 분개
타협	연장하려는 노력
우울	죽음을 인지하고 오는 마음의 상태
수용	죽을 준비
안식과 희망	천국에 대한 소망(알폰스 디켄 박사가 추가)

삶과 죽음의 경계에서 삶의 새 판 짜기

고대 그리스의 철학자 에피쿠로스(Epicurus)는 "죽음은 우리에게 아무것도 아니다. 우리가 존재할 때는 죽음이 존재하지 않고, 죽음이 존재할 때는 우리가 존재하지 않기 때문이다."라고 말했다. 죽음으로 인한 불안 혹은 두려움이 문명의 원동력이 되었다는 스티븐 케이브와 공포관리이론 학자들의 주장처럼 죽음에 관한 이야기는 삶에 관한 이야기일 수밖에 없고, 삶이 유한하니 그 시간을 더 유의미하게 살라는 메시지를 던진다. 더욱이 마틴 셀리그먼이 제안한 진정한 행복의 길을 되새기며 봉사 혹은 이타적인 삶을 생각해 볼 수 있다. 또한, 아직도 완성하지 못한 일 그리고 나만이 할 수 있는 가치 있는 일을 찾아볼 수도 있다. 누구에게나 예외 없이 찾아오는 죽음으로 인해 불가능성, 허탈, 죄책감, 두려움, 불안 속에서 살 수밖에 없지만, 이번 생이 유일한 생이고 죽음은 삶의 마지막 단계이고 삶의 완성임을 받아들일 때 죽음은 행복과 삶의 질을 높여 주는 열망, 열정, 그리고 의지로 변할 것이다.

상담 전문가인 낸시 메이어(Nancy Meyer)가 제안하는 성숙한 성인 중기를 위한 십계명에 스스로 어떤 자세와 태도를 견지하는지 표시하면서 자신을 돌아볼 수 있다.

번호	계명	표시하기
1	위기의 소리를 경청하라	○ ×
2	삶과 인생에 대한 현실감과 책임감을 가지라	○ ×
3	가치관과 인생의 목적을 다시 들여다보라	○ ×
4	새로운 습관과 놀이를 시작해 보라	○ ×
5	감정에 솔직해져 보라	○ ×
6	당신의 몸을 존경하라	○ ×
7	다른 사람의 말을 경청하라	○ ×
8	책을 가까이함으로 인생의 지혜를 얻어라	○ ×
9	휴식과 여유를 가지라	○ ×
10	하나씩 변화하라	○ ×

노년기

죽음준비교육

이기숙 한국다잉매터스 이사 前 신라대학교 가족노인복지학과 교수

노년기는 후기 성인기

65세 이후의 삶이란?

인간의 성장과 발달은 크게 두 단계로 나뉜다. 즉 보호를 필요로 하는 '어린 시기(childhood)'와 독립적 삶이 가능한 '성인기(adulthood)'로 나뉜다. 성인기(20세 이후)는 다시 초기 성인기(20~45세), 중기 성인기(45~65세), 후기 성인기(65세 이후)로 구분되며, 기준 연령은 생물학적화, 성과 가족, 사회활동 참여 등에 의해 구분된 평균적 수치일 뿐이다.

이번 장의 주제인 '노년기(old age : 65세 이후부터 사망까지의 시기)'는 후기 성인기에 해당되며, 통계청의 자료(2018)에 의하면 우리나라 전체 인구의 17.5%(약 820만 명)가 65세 이상 인구, 즉 노년기(노인)에 해당되며, 이 비율은 점점 높아질 것으로 예측된다(2030년, 그 비율은 약 25%에 이를 것으로 예측). 그러나 60대 노인과 80대 노인의 특성이 다르듯 노년기를 '단일 집단'으로 규정하기가 어려워 노인을 대상화 하는 연구, 교육, 사업 등에서는 노인 집단을 구분하고 있다.

즉 초기 노인(65세-74세), 중기 노인(75세-84세), 후기 노인(85세 이후)으로 구분한다. 전체 노인 집단에서 각 하위 집단별 비율은 2018년 통계청 자료를 보면 각각 50.3%, 38.2%, 11.1%이다. 성별로 구분해서 볼 때 연령이 높을수록 여성 비율이 높아, 후기 노인 집단에서는 약 80%에 이른다.

정리하면, 일반적으로 '노년기란 65세 이후 집단'을 말한다. 그러나 노인은 같은 나이일지라도 신체적, 정신적, 사회적 수준에서 개인별, 집단별(성별, 소득 수준별, 생애 경험별 등) 차이가 있다.

어떻게 늙을 것인가?

노화(老化, aging)란 초기 성인기부터 나타나서 일생 동안 진행되는 생물학적, 신체적, 정신적, 심리적, 사회적 변화를 말한다. 나이를 먹음에 따라 진행되는 자연스러운 늙음, 즉 노화과정을 '1차적 노화(primary aging)'라 하고, 질병·사건 사고·스트레스 등에 의해 추가되는 노화를 '2차적 노화(secondary aging)'라고 한다. 우리가 늙음을 조절할 수 있다는 것은 2차적 노화에 해당한다 - 병에 걸리지 않으려고 노력한다거나, 낙상 등 사고를 당하지 않는다거나, 긍정적 태도를 길러 일상의 심적 어려움 등에서 스트레스를 덜 받으려고 노력한다거나 하는 것은 노화를 더디게 해 준다. 즉 '늙음에 대한 인식과 태도, 건강관리, 자아실현의 욕구 등'에 의해 노화 속도는 조절할 수가 있다.

잘 늙는다는 것(aging well)은 어떻게 늙는 것인가? Baltes(1990)는 이를 설명하기 위하여 '성공적 노화(successful aging, active aging)'란 표현을 썼다 (이기숙, 2001). 즉 누구에게나 발생하는 '늙는다'라는 현상에 대해 '늙음을 고통적 쇠퇴라고 보는 관점'에서 벗어나 '늙어 감에도 불구하고 신체적, 정신적 건강을 유지하려고 노력하는 관점'을 그는 '성공적으로 늙어 가고 있다(성공적 노화)'고 표현했다. 성공적 노화에 관련 되는 변수로는 꾸준한 사회참여로 인한 자기효능감의 유지, 대인관계에서 오는 즐거움, 행복한 가족생활, 그리고 건강한 섭생(음식, 운동, 질병 대처, 정신적 평안 등)등이 밝혀지고 있다.

그러나 이런 노력에도 불구하고, 유기체인 인간의 몸은 마지막 쇠퇴에 이르게 되고 드디어 죽는다. 특히 후기 노인기에는 만성질환에 시달리면서 동시에 정신적, 인지적 차원에서 자아상실, 우울, 뇌질환이라 불리는 인지 장애(알츠하이머 등) 등이 자연스럽게 나타나면서 점점 죽음에 이르게 된다. 다른 발달 단계와 달리 노년기만의 발달 특성이 있지만, 이 중 가장 큰 차이가 '죽음에 가까이 가 있다'는 점이다. 각종 질병으로 일상생활 동작이 점점 어려워지면서 생애 마지막 과정인 '임종기(臨終期, terminal stage)'를 맞이하게 된다.

노년기에도(급성 질환이나, 사고 등에 의한) 급작스런 죽음도 일어나지만, 대부분의 노인들은 만성질환과 다양한 신체기능 상실을 경험하면서 자연스러운 죽음에 도달한다. '죽음'은 인간 발달의 마지막 과업(task)이다. 이 과업을 잘 수행할 수 있도록 준비하고 노력하는 태도가 노년기에는 더욱 필요하다.

노년기의 생활사건, 죽음

누구나 죽음준비교육이 필요하다

죽음은 노년기에 가장 높게 발생하는 '생활사건(life-events)'이지만, 다른 연령층에서도 나타난다. 즉 태아의 죽음, 어린이의 죽음, 청소년의 자살, 40-50대 중년기 남성들의 죽음 등 이다.

어린 시절(특히 유아기, 아동기, 청소년기)에 사랑하는 대상(부모, 형제자매, 조부모, 친구, 애완동물 등)을 잃으면 그 충격으로 일상의 삶이 지장 받는다. 그래서 그런 죽음을 경험한 사람들은 더욱 죽음에 대한 태도를 점검할 필요가 있으며, 성장 과정에서 개인적 혹 집단적으로 치유(상담, 치료)하는 과정이 필요하다. 성인기라 할지라도 갑작스럽게 '사랑하는 대상'을 사고나 질병 등으로 잃게 되면 역시 심리적 고통, 일상의 훼손 등이 나타나 개인적, 사회적 지원이 필요하다.

죽음으로 애착의 대상을 잃어버리는 것 뿐 아니라, 스스로 죽음을 생각하는(자살 구상) 연령이 되면 실제 개인적, 가족 환경적, 사회적 관계의 어려움 등으로 자살 시도 및 자살이 발생하기도 한다. '우리나라의 청소년 자살률 세계 1위'라는 뉴스는 청소년들의 일상이 행복하지 못하고 또 그들이 심한 억압에 놓여 있다는 것으로 해석되며, 그 해결점은 심리적 접근에 한정되지 않는 청소년을 행복하게 해 주지 못하는 사회 구조적 제도 등과 관련성이 높다.

우리나라 40-50대 남성사망률(질병, 사고사, 자살에 의한)이 높고, 또 노인 자살률이 세계 1위라는 자료(통계청의 자료에 의하면, 2015년 노인자살률은 인구 10만 명 당 58.6명으로 OECD 평균보다 3배 높다)들은 죽음준비교육이 노년기만의 '생애예비화(준비)교육'이 아님을 말해 준다. 어느 발달 단계에서든 발달 특성에 맞춘 죽음준비교육은 필요하다.

죽음준비, 현재의 삶이 중요하다

죽음에도 '예측 가능한 죽음(예견된 죽음, anticipated death)'과 '뜻하지 않은 죽음(sudden death)'이 있다. 예측하지 못했던, 갑작스런 죽음에서는 그 죽음 가까이 있는 사람들의 상실을 위로하고 슬픔에서 서서히 벗어나도록 지원해 주는 상담과 교육이 필요하다. 그러나 만성질병과 고령으로 인한 노화로 어느 정도 죽음을 예측할 수 있는 경우에는 가족들도 죽음교육이 필요하겠지만 무엇보다는 죽어 가는 과정에 있는 당사자들의, 죽음에 대한 인식이나 태도가 준비되는 것이 중요하다. 즉 당사자의 개인적 상황(질병 기간, 종류 등)과 가족환경(배우자 유무, 돌봄 기간, 가족 형태 등)에 따라 다를 수 있지만 가장 큰 목표는 '죽음을 수용'하는 것이다.

죽음준비교육의 최종 목표(상위 목표)는 죽음의 수용이다. 이 상위 목표에 도달하기 위해를 몇 개의 하위 목표인 세부적 목표가 창출된다. 즉 '삶과 죽음의 관련성 이해', '죽음의 사회문화성 이해', '필연적 생애사건인 죽음의 본질 이해', '발달 단계별 죽음인식의 이해', '죽음에 대한 성숙한 관점 키우기', '죽음의 자기 결정권 이해' 등을 제시할 수 있다.

어느 발달 단계에 속하는 대상으로 교육이 이루어지든지 간에, 위 교육 목표가 교육 내용에 반영되어야 한다. 그러나 아동기와 청소년기를 대상으로 하는 교육에서는 특히 '생명에 대한 이해'가 중요한 죽음(준비)교육의 목표로 더해져야 한다. 성인기 학습자들을 대상으로 하는 교육에서는 '자기 성찰', '삶의 성찰', '나의 죽음에 대한 생각' 등으로 그 목표가 수정되어도 된다. 모든 교육 목표는 결국 '삶과 죽음은 연결되어 있으며, 죽음에 대한 성찰을 통해 주체적 인간으로서의 현재의 삶이 매우 소중하다'는 것을 알 수 있게 해 주어야 한다. 이 교육 목표들은 구체적 교육 내용과 교육 방법에 의해 달성된다.

죽음준비교육의 하위 주제들

죽음준비교육에서 다루어야 되는 주요 교육 내용, 주제들은 죽음 관련 자료들에서 얻을 수 있다. 죽음학(Thanatology)은 학제적 접근(interdisciplinary approach)으로 그 학문적 구성 체계가 만들어져 있다. 즉 철학, 종교학, 윤리학, 인류학, 사회학, 심리학, 교육학, 사회복지학, 아동 및 가족학, 의학 및 간호학 등에서 '죽음과 죽어감(death & dying)'을 어떤 세부 주제로, 어떤 방법으로 연구하고 있느냐가 모여져 죽음학이 되고, 그중 '죽음 준비, 죽음 수용' 등을 주요 목표로 하여 죽음준비교육의 교육 내용, 교육 주제들이 결정된다.

미국죽음교육및상담학회(Association for Death Education and Counseling)에

의하면 죽음학은 '죽음과 문화 및 의례, 죽음 인식과 교육, 임종기 돌봄과 치료, 상실과 애도, 죽음교육 및 상담'으로 대별된다(ADEC 홈페이지, 2017).

조계화 외(2006)는 '죽음의 역사, 사회 속의 죽음, 죽음교육, 임종기 지원, 애도, 보건의료치료(호스피스 등), 장례, 생애 주기별 죽음, 윤리적 이슈, 영적 이슈 등'으로 죽음학을 구성하고 있다.

이기숙 외(2012)에서 제시하는 주요 죽음교육 주제로는 죽음에 대한 태도, 죽음의 사회문화성, 죽음 관리-건강의료시스템, 눈앞의 죽음, 죽음 결정, 유족과 상실감, 아동기와 청소년기에 겪는 죽음, 성인으로서 겪는 죽음, 사회적 죽음준비 등이다(번역 과정에서 생략하였지만 원본에서는 인종별 죽음전통, 미국의 죽음 의례, 죽음 관련 공공정책, 자살 등의 주제가 포함되어 있음).

각당복지재단(2017)의 죽음준비교육에서는 죽음(준비)교육, 죽음교육 지도자, 용서와 회복, 죽음과 종교, 영성, 법, 독서, 사회학, 미학, 문학, 사진, 의학 등, 용서와 화해, 애도와 애도상담, 청소년 자살, 추모양식, 품위 있는 죽음, 연명의료결정 등이 기본 교육 주제로 다루어지고 있다.

한국다잉매터스(2017)가 일반 시민 대상 강좌에서 다룬 주제는 한국인의 죽음관, 발달 단계별 죽음인식과 경험, 사회적 죽음, 죽음과 철학, 영화, 미술, 문학 등의 예술, 존엄사와 사전연명의료의향서, 애도와 상실, 한국의 죽음문화, 장례 등이다.

그 외 묘지·화장터 탐방, 죽음을 주제로 하는 시, 동화, 문학 작품, 영화, 미술 작품 등 나누기, 갑작스런 죽음 경험 나누기들과 같은 집단 활동(에리키 하야사키, 2014)이나 돌봄에 관한 주제들 이를테면, 임종기 환자 돌보기, 호스피스 활동 등이 주제로 포함된다. 그러나 애도상담, 호스피스는 이미 별도의 전문 교육 과정으로 분리 되어있어 죽음준비교육에서는 깊이 다루지는 않는다. '웰다잉 교육'이란 이름으로 실시되는 시민 대상

강좌들에서 다루고 있지 못하는 안락사, 조력자살, 보건의료체계에서의 죽음 관리 등도 향후 교육 매뉴얼이 개발되어 현장에서 교육 및 논의들이 필요한 주제들이다.

죽음준비교육에서 다루어지는 주제들은 교육 대상자의 발달 단계, 집단적 특성에 따라 다르게 조합되며, 교육 기관이나 강사의 배경 학문 분야에 따라 중요시 되는 주제가 다르기도 하다. 아직 발달 단계별 표준교육안이 개발되지 않았기 때문에 현재 한국의 죽음준비교육 내용은 다양하면서 혼란스러운 특성을 가지고 있다고 볼 수 있다.

잘 사는 것, 잘 늙는 것, 잘 죽는 것

교육의 배경

노인복지관, 평생교육원, 그 외 노인들이 많이 모여 있는 기관 등에서 죽음준비교육(웰다잉 교육)이 점점 증가하고 있다. 이 교육의 증가를 설명하는 배경으로 첫째, 교육을 받을 수 있는 대상이 증가하고 있는 점을 들 수 있다. 우리나라도 '고령 사회(65세 이상 인구의 비율이 14%에 도달한 사회)'를 지나 '초고령 사회(20%이상인 사회)'로 가고 있어 노인 인구 증가와 동시에 그들의 다양한 욕구들이 분출되고 있다.

둘째, 교육을 받으려는 의지가 크다. 지금의 노인들은 그들의 부모 세대에 비해 정규 제도권 교육을 받은 문해(文解) 집단으로, 한국의 성장 발전기를 거쳐 오면서 다양한 직군에 종사하였으며, 삶의 질도 부모 세대에 비해 높다. 지금 은퇴기를 맞이한 50-60년대 출생 세대들은 다양한 욕구를 분출하고 또 충족시키려는 의지가 강하며, 사회복지 현장의 발전과 함께 학습 현장이나 집단 활동으로 생활 반경이 확대되고 있다. 잘 사는 것 (well being), 잘 늙는 것(well aging), 잘 죽는 것(well dying)에 대한 관심이 증대되고 있는 세대이다.

셋째, 한국 사회의 발전은 동시에 한국 사회가 전반적으로 다양한 위험과 다양한 죽음에 더 노출되고 있는 결과를 만들고 있다. 예기치 않은 죽음들(급성질환, 사건사고 등에 의한 갑작스런 죽음), 가족구조의 변화로 인한 외로운 죽음들(고독사), 병마에 시달리며 살아야 하냐, 죽어야 하냐를 고민해야 되는 죽음(연명 의료 여부 결정, 호스피스 선택, 존엄사 선택 등) 등을 바라보면서 '생명 혹 죽음의 자기결정권'에 대한 인식이 높아지고 있다.

넷째, 자신의 삶을 되돌아보고 평가하고 싶다는 자전적 의지가 향상되고 있다. 사회적, 개인적으로 많은 것을 이룬 만큼 그 성취감을 후 세대에 전달하고 싶어 하며 동시에 자신의 삶을 평가하고 싶다는 의식을 가진 노인들이 증가하고 있다. 이는 '나의 자서전 적기' 등의 교육 참여 등에서 잘 드러나고 있다.

적극적인 죽음교육이 준비교육

노년기 죽음준비교육의 목표는 '죽음수용과 적극적 죽음교육'이다. 이 목표에 다다르기 위해서 몇 가지 하위 목표가 필요하며, 이 하위 목표를 달성할 수 있도록 교육 내용과 교육 방법이 구성되어야 한다.

첫째, 자아통합감 향상

매슬로우(Maslow)의 욕구위계설에 따르면 인간의 가장 높은 욕구 수준은 '자아실현'이다. 내가 뭘 하면서 살아왔는가에 대한 의문으로 시작된 교육들은 결국 내 인생의 의미를 찾게 해 주고, 나의 성취, 자아실현을 평가해 준다. 에릭슨(Erikson)의 심리사회발달론에 의하면 노년기의 주요 과업은 '자아통합감에 이르는 것'이다. 죽음준비교육의 최종 목표인 '죽음준비와 수용'에 다다르기 위해서 무엇보다 먼저 검토해야 되는 것은 자신의 삶에 대한 성찰이다. 즉 나의 과거와 현재의 삶의 의미를 이해하는 것이 중요하다. 이 단계 목표를 위해 '나는 누구인가?', '나는 어떻게 살아 왔는가', '나의 삶에서 가장 중요한 것은? 중요한 사람은?' 등에 관한 질문과 대답이 교육 내용으로 필요하다. 이 목표를 위해 생활만족도, 행복감, 사회 관계망 척도 등이 사용될 수도 있다. 자기 삶에 대한 성찰을 통해 '자기 인생의 의미'를 찾을 수 있으며, 나아가 앞으로의 삶에 대한 통찰과 계획을 수립할 수 있다.

둘째, 질병 관리와 돌봄의 준비

노년기 죽음준비교육에서 가장 실제적인 목표이며 생의 마지막 단계인 '임종기'에 대한 준비교육이다. 누구나 지금은 건강하지만 언젠가 아플 것이다. '내가 아프면 누가 돌보아 줄 것인가?', '일상생활 동작이 자유롭지 못하다면 어디에서, 누구의 도움을 받아야 하는가?', '과연 집에서 죽을 수는 있을까?', '요양 시설에 대한 정보가 필요하지 않을까? 예상 요양비는 어느 정도일까?', '말기 암이라는 진단을 받으면 가족과 어떻게 대화하며, 어떤 결정을 내려 하는가?' 등에 대한 성찰과 정보 제공, 가족 간의 대화, 자기 결정이 필요하다.

셋째, 죽음자기결정권에 대한 이해

죽음을 맞이한다는 것은 구체적으로 어떤 것인가? 죽음은 선택할 수 있는 것인가? 그렇다면 어느 시점에서, 어떤 방법으로 선택해야 하는가?

2018년 2월 4일부터 시행에 들어간, 소위 '존엄사법(연명의료결정법 : 호스피스·완화의료 및 임종 과정에 있는 환자의 연명의료 결정에 관한 법률)'이 만들어진 배경이 '죽음자기결정권(생명자기결정권이라고도 함)'이다. 건강할 때 나의 임종기 치료에 관한 나의 희망과 결정을 미리 작성해 두어야 되는 필요성에 대한 교육이다. 이 결정은 반드시 문서(文書 - 사전연명의료의향서)로 작성해 두어여 하며, 가까운 가족들이 나의 이 결정을 인지하고 있어야 한다. '연명의료' 대신 필요한 '호스피스'에 대한 이해도 높여야 하고, 그런 상황에서 미리 내가 준비해 두어야 하는 구체적인 생활 조건들은 어떠해야 하는가 등을 학습함으로 이 목표를 달성할 수 있다.

넷째, 죽음에 대한 성숙한 관점 지니기

누구나 죽음을 두려워한다. 그러나 노년기 발달 과업에서 '죽음준비'는 무엇보다 중요한 과제이다. 개인적으로 관련 책을 읽거나, 문상, 화장, 장례 등과 같은 의례에 보다 적극적으로 참여해 봄으로 나의 미래를 예측해 보기도 하고, '죽음에 대한 두려움'을 줄여 나가거나 나의 가치와 여건에 맞는 나의 죽음 처리를 미리 준비해 본다. 그리고 집단적으로 동년배들이 모여 죽음을 둘러싼 다양한 논의들, 이를테면 유언장 작성, 나의 짐 정리, 장례 절차, 애도 방식 등을 경험해 봄으로 스스로의 죽음관을 정립할 수 있고, 죽음을 맞이하는 당당한 태도를 지닐 수 있다. 특히 이런 집단 학습을 통해 요즘 같은 다원주의적 사회에서 개인이 처한 다양한 죽음과 다양한 죽음 관련 문화를 존중하는 태도를 기르는 것도 중요하다.

전문가의 양성과 자질, 누가 가르칠 것인가?

대학에서 학과(department) 단위의 죽음학(생사학, 사생학, Thanatology,

Studies on Death & Dying 등으로 표현되기도 함)은 개설되어 있지 않다. 단지 일부 대학의 대학원 과정에서 세부 전공으로 죽음학 관련 과정이 개설되어 있는 정도이다. 그러나 2000년 이후 관련 분야 즉 철학, 종교학, 교육학, 사회학, 심리학, 사회복지학, 가족학, 간호학, 의학 분야에서 학제적으로 '죽음' 주제의 논문 등이 꾸준히 발표되고 있다.

죽음은 모든 학문의 근본적 주제임에는 틀림없으나 학문적 재생산이 확산되지 못하다가 고령 사회 대두와 함께 노인들의 임종, 죽음 과정에 대한 인격적 성찰이 필요해지면서 사회적 공감대가 확산되었다. 한국의 경우 '보라매병원 사건(1997년), 김할머니 사건(2008년)' 등이 이미 선진국에서 논의 및 제도화되고 있는 '죽음의 자기결정권'에 대한 사회적 이슈를 생산한 계기를 만들어 주었으며, 그래서 죽음의 자기결정권을 수용한 관련 법의 제정(2018년)에 이르게 되었고, 죽음 및 관련 주제들을 강의할 수 있는 전문가가 필요해졌다.

죽음교육지도자 양성을 위한 과정은 학제적 접근으로 이루어지고 있으며 전문가들이 팀 티칭으로 강의를 맡고 있다. 예를 들면 철학 전공자는 '삶과 죽음이란 무엇인가?, 한국인의 생사관', 사회학 전공자는 '한국 사회의 죽음 인식과 태도, 한국 사회의 죽음의 질' 등, 심리학 전공자는 '상실과 애도', 사회복지학 및 가족학 전문가는 '돌봄과 슬픔 치유, 어린이의 죽음', 교육학 전공자는 특히 '청소년의 죽음교육' 등의 주제로 죽음교육에 참여하고 있다. 그 외 강사의 개인적 학문 배경에 따라 다양한 주제 접근이 가능하기도 하다. 통합예술적 관점에서 미술 치료나 영화 치료 전문가들은 '미술과 죽음, 영화와 죽음' 등의 주제로 강의에 참여하기도 한다.

교육 대상은 누구인가?

죽음교육 강좌 수나 참여하는 학습자가 증가한 배경에는 우리 사회에서 발생한 비극적 집단 죽음과 노인 교육 프로그램의 증가 등을 주요 요인으로 들 수 있다. 특히 일반인들의 죽음에 대한 관심은 무수한 '대형 사건·사고'마다 고조되었다. '2009년 용산 참사'와 '2014년 세월호 사건' 등에서 '죽음의 사회제도적 책무'라는 이슈가 촉발되었고, 그 뒤를 이어 '죽음을 다루는 문화, 죽음을 결정하는 권력, 좋은 죽음의 선택과 권리' 등이 부상되었고, 많은 사람이 타자의 비극적 죽음을 통해 '자신의 죽음'을 성찰하게 되었다.

지금 한국 사회는 어느 시기보다 죽음에 대한 관심이 높다. 동시에 최근 10여 년 사이에 증가한 '노인복지관'과 '지역 평생학습원' 등에 중노년기가 대거 참여하면서 그들의 생애 발달에 맞는 주제로 '죽음준비교육'이 개설되었다.

민간 차원의 '죽음준비교육지도자' 양성은 1991년부터 각당복지재단에서 최초로 시행하였다. 이후 웰다잉문화연구소, 한국싸나톨로지협회, 한국다잉매터스 등에서 죽음교육지도자 양성 교육이 이루어졌다. 이런 과정에 참여하는 분들은 우선 본인의 죽음관에 대한 성찰, 노년기 가족에 대한 이해 등을 목적으로 참여하지만 일부는 성인교육의 한 분야인 '노인교육전문강사'로의 역량 강화를 목적으로 참여하기도 한다.

교육 대상에 따라 교육 목표, 교육 내용(주제), 교육 방법(기법)은 달라져야 한다. 학습자가 노년기라 하더라도 60대, 70대, 80대는 생활 경험, 교육 수준, 죽음 지각 태도 등에서 다르다. 교육 대상이 소수일 경우에는 평균적 그 연령 집단의 특성에 맞게 교육 내용과 기법을 선택하여야 하고

(참여자 경험 중심), 대상이 30여 명 이상의 다수인 경우에는 강의 중심으로 기본 지식의 요점화(자료 배부, PPT 사용 등), 인식 개선의 예화(例話), 시청각 기자재 사용 등의 방법으로 전달성이 높아야 한다.

전문강사 양성인가, 시민교양강좌인가?

이기숙(2010)이 개발·실행한 '노년 대상 프로그램' 자료를 중심으로 노년기 대상 죽음준비교육에서 다루어지는 교육 내용을 살펴보고자 한다.

죽음준비교육이 시작된 초기에는 프로그램명에서 '죽음', '죽음교육'이란 용어가 사용되지 못했다 -2008년 부산 ○○복지관에서 시행된 죽음준비교육 기획 과정에서 기관 실무자는 프로그램 명에 죽음이란 단어가 들어가는 것을 반대하였다- '어르신들이 매우 싫어하신다'라는 것이 주요 이유였다. 이는 당시만 해도 죽음이 일상적으로 이해·정리되지 못한 막연하고 두려운 부정적 감정으로 남아 있음을 의미하며, 힘든 삶을 살다가 이제 복지관에 출석하면서 나름대로 행복해 하고 계시는 어른들에게 보다 긍정적 용어를 사용하여 삶의 희망을 더 드리고 싶다는 것이 이유였다. 그래서 붙인 제목이 '행복에의 초대-나의 과거와 미래'였다. 이런 현상은 다른 기관에서도 계속되다가, 2015년에 와서 비로소 부산 ○○대학교 평생교육원에서 '죽음준비교육'으로, 2017년 부산시 ○○도서관 시민교육에서 '나의 죽음을 생각하다-나는 어떻게 살았고, 또 어떻게 살아가야 할 것인가'로 홍보되면서 죽음을 프로그램 제목에 붙이게 되었다.

노인 대상 교육 내용은 기관별로, 참여자들의 연령층에 따라 다소 다르게 구성되어야 한다. 기관별로 볼 때, 대학교 평생교육원, 도서관 성인교육 프로그램, 노인복지관, 재가복지센터와 경로당 등은 대체로 삶의 경험이 다른 분들이 모여져 있음이 현실이다. 따라서 다루는 주제는 비슷하겠지만 그 전달 방법 즉 교육 방법(교수기법) 등이 다소 달라야 한다.

2015년 부산지역 ○○대학교 평생교육원의 죽음준비교육 과정은 총 15회기로, '죽어감과 죽음, 생애 주기별(어린이, 청소년, 성인기, 중노년기) 죽음 경험, 준비되지 못한 죽음, 동양사상에서 본 죽음, 서양사상에서 본 죽음, 영화로 나누는 죽음 이야기(주제는 고독사, 말기 암 가족), 완화치료와 호스피스, 임종기 환자 돌보기, 외상적 죽음, 의료윤리, 수업안 작성 이론과 실제, 발표' 등의 내용으로 구성되었다.

2016년 부산의 ○○도서관에서 수행된 죽음교육은 총 8회기로, '웰에이징-성공적 노화, 나의 죽음 경험과 인식, 영화와 그림으로 보는 죽음, 나의 인생노트 작성 1, 2, 3, 웰다잉법과 존엄한 죽음' 등의 주제로 구성되었다.

2017년 부산의 ○○노인복지관에서 이루어진 교육은 총 10회기로 '한국다잉매터스'가 제작한 '엔딩노트'를 가지고 시행되었다.

(1) 먼저 1, 2회기는 죽음인식에 대한 다양한 관점들을 나누는 시간으로 하였다.

(2) 3회기는 바로 엔딩노트를 가지고 '나는 어떤 사람인가'를 객관적 정보로 적어 보았다. 가족관계, 학력, 성장한 지역 등의 정보로 나를 다시 객관적으로 살펴보는 시간을 가졌다.

(3) 4회기는 '과거의 나'란 주제로 나의 성장에 대해 적어 보는 시간이었다. 어디서 태어났으며, 나의 10대와 20대는 어떠했으며, 결혼과 일은? 그러다 지금(주로 60-70대)에 까지 이르게 된 나의 삶을 되돌아보게 하였다. 인생 곡선이 도출되었다. 글쓰기 능력이 필요한 작업이었지만, 길게 적지는 못하더라도 단서가 되는 단어들을 적도록 하였다.

(4) 5회기는 준비한 사진을 가지고 다시 나의 지나온 삶을 다시 기술해 보는 시간이었다.

(5) 6회기는 나의 사회관계망을 그려보는 것이다. 내가 애정을 주었던 사람들에는 누가 있는가? 계속 잘 지내고 싶은 사람들은 누구인가를 찾아본다.

(6) 7회기는 영화 감상을 통해 주인공의 다급한 상황에서 어떤 도움이 필요한지를 토의한다.

(7) 8회기는 지금의 나의 상황을 적고 나누는 시간이었다. 나는 행복한가? 나의 일상에서 힘든 점은 무엇인가? 나의 희망은? 등의 내용이다.

(8) 9회기는 지금부터 나는 이렇게 살고 싶다는, 즉 나의 버킷리스트를 적어 보고, 그중 한두 가지를 골라 그 구체적 실천 방법을 모색해 보는 것이었다.

(9) 10회기는 나의 유언과 장례식을 주제로 적어 본다.

2019년 각당복지재단의 '죽음준비교육지도자 과정'은 15회기(회기당 4시간)로 죽음준비교육지도자의 역할과 비전, 어린이와 죽음, 청소년 죽음준비교육, 노년기의 죽음준비교육, 자기결정권과 사전연명의료의향서, 사별과 애도상담, 자살예방과 유가족 돌봄 등으로 다양한 30개의 소주제를 다루고 있다. 동시에 각당복지재단의 '애도상담전문가 과정(기초와 심화)'은 '상실, 애도, 슬픔 치유, 사별 가족, 개인상담, 집단상담' 등을 주요 주제로 하여 총 28회로 구성되어 있다.

교육 내용의 구성과 선정은 교육의 목적이 자격증 과정인가 전문강사 양성인가 아니면 시민 교양강좌인가 등에 따라 그 폭과 깊이에서 조절되어야 하며, 지역에서 강사 수급이 원활한 주제인가 등도 고려되어야 한다.

교육 대상에 따라 교수기법 구별하기

교수기법(teaching technics)은 다양하다. 개인중심기법, 집단중심기법, 정보중심기법(강의 등), 기능기술중심기법(워크숍, 현장 실습 등), 태도와 가치 중심기법(토론, 역할극, 브레인스토밍과 마인드매핑 등) 등이 있다.

교수기법은 교육 참여자의 인원수, 수업의 주제, 수업의 시간적 배치, 수업환경 등에 따라 다르게 적용된다. 이 중 수업의 시간적 배치 즉 수업 진행 과정(도입-전개-정리)에 따라 살펴본다.

- 도입 부분에서는 강사 인사, 프로그램 안내, 학습자 소개, 본시 교육 목표 등이 구두로 안내된다. 이때 서로 얼굴을 잘 알고 친밀감이 생기도록 함이 중요하다.
- 전개 부분에서는 교육 내용을 가장 잘 전달할 수 있는 교육기법을 선택하여야 한다. 강의, 학습자 구술 및 적기, 만들기(콜라주, 공예 등), 영상 보기, 토론 및 발표, minding mapping 등이 잘 사용되는 기법 등이다(강사는 성인교육론, 노인교육론, 교육공학 등을 학습해서 역량을 키울 필요가 있다).
- 정리 부분에서는 반드시 본시의 내용을 다시 간략히 정리해 주고 수업 소감을 발표케 하고, 다음 수업을 안내한다.

가급적 한 수업에 두 가지 정도의 기법을 사용함이 지루하지 않다. 강사는 교육기법 역량 강화를 위한 노력이 필요하고, 다양한 도구(책, 작품, 영상 등)를 준비하려는 노력을 한다. 특히 모든 교육에는 정보성(지식의 전달과 이해), 참여주도성(직접 발표, 구술 등), 상호작용성, 유희성, 시각화 등의 효과가 나타나야 한다.

노인 대상의 죽음준비교육에서는 짧은 정보 중심의 강의, 가치 중심(생각을 바꾸게 한다거나 태도 변화를 유도할 수 있는)의 이야기 나누기, 시청각 교육, 기술 중심의 글쓰기, 미술공예활동 등이 활용될 필요가 있다.

교육에 효과적인 평가 뒤따라야

평가는 강사가 스스로 하기도 하지만 주로 학습자가 평가한다. 평가는 일종의 피드백(feedback)으로, 향후 더 좋은 프로그램 계획과 프로그램 실행(교육)을 위해 반드시 필요하다.

평가 시기는 매 회기를 마친 후 즉시 실시되기도 하고, 전체 회기를 다 마친 뒤에 총괄적으로 실시되기도 한다. 평가 내용으로는 '총괄적 평가(교육 내용의 적합, 강사의 수업 전달, 교육 방법과 수업환경의 적절함 등에 대한 만족도)'와 '효과성 평가(이 교육을 통해 학습자의 어느 면이 변화되었는가를 '정성 혹 정량적'으로 평가가 하는 것으로, 예를 들면 죽음에의 불안이 감소되었는가? 자아통합성이 향상되었는가? 등)'가 있다. 특히 효과성 평가에서는 '죽음에 대한 태도' 등과 같은 척도로 정량 평가가 도출되는 것도 좋다.

토의점

(1) 나는 나이에 비해 늙어 보이는가? 젊어 보이는가? 어느 면에서 그러한지를 찾아보고, 왜 그러한지를 나름대로 설명해 본다.

(2) 누구나 자연스럽게 죽고 싶다고 한다. 이 '자연스러운 죽음'을 방해하는 것은 무엇인지를 서로 이야기 나누어 본다.

(3) 한국의 40-50대 남성사망률이 유독 높은 이유는 무엇이라고 생각

하는 가를 나누어 보고, 그 대책을 남성 개인, 가족, 기업, 국가의 입장에서 제기해 보자.

(4) 이 교재에서 제시된 죽음준비교육 주제들에서 특히 본인이 관심이 많이 가는 주제를 찾아보자. 그리고 다루면 좋을 것 같은 새로운 주제, 이슈 등을 제안해 보자.

(5) 자신이 죽음교육 강사라면, 교육의 효과를 위해 어떤 교수기법을 사용할 것인가를 나누어 보자.

[참고문헌]

기영화. 『평생교육프로그램 개발』. 학지사, 2004.

서혜경. 『노인죽음학개론』. 경춘사, 2009.

에리카 하야사키/ 이은주 역, 『죽음학 수업』. 청림출판, 2014.

이기숙 외 공역. 『성인발달과 노화』. 교문사, 2001.

이기숙. 『가족생활교육론』. 신정, 2010.

_____. 『가족생활교육-프로그램 개발과 실제』. 신정, 2010.

이기숙 외 공역. 『죽음-인생의 마지막 춤』. 창지사, 2012.

정옥분. 『성인노인심리학』. 학지사, 2008.

조계화 외. 『죽음학 서설』. 학지사, 2006.

호스피스 필요성

죽음 과정에서

정극규 동백 성루카 병원 진료원장, 전 모현호스피스 진료원장

웰다잉

인간의 죽음은 누구도 피할 수도 없고 한 번은 거쳐 가야 할 마지막 관문이라는 것은 다 알고 있는 사실이다. 죽음은 단순히 심장과 호흡기능의 불가역적 소실이라는 의학적 현상보다는 죽음에 이르기까지의 힘든 과정과 죽음 후 남겨진 자의 고통을 포함한 긴 여정으로 이해하여야 할 것이다.

죽음이라는 현상은 죽어 가는 사람의 입장에서는 그다지 고통스럽지 않다. 대부분 죽음의 시점에서는 의식이 저하되고 신체기능이 정상적으로 작동하지 않기 때문에 고통 자체를 느끼지 못한다. 실제로 죽음을 앞둔 많은 사람은 "죽음이 두려운 것보다 죽음에 이르는 고통이 더 두렵다."라고 말한다.

죽음의 유형에 따라 죽음에 이르는 과정의 고통이 미미할 수도 있지만 매우 극심한 고통을 경험할 수도 있다. 노쇠로 인한 자연적인 죽음은 고통이 거의 없을 수도 있다. 그러나 말기 암과 같이 육체를 파괴시키고 정신과 영성을 피폐하게 만들 수 있는 심한 고통의 과정을 겪어야 하는 죽음도 있다.

죽음이라는 똑같은 결과를 초래하지만 우리가 그 과정을 잘 이해하고 대처하면 어차피 겪어야 할 고통을 최소화시키면서 우리의 마지막 주어진 소중한 시간들을 의미 있게 보낼 것이다. 이런 대처 방법의 하나로서 호스피스가 사회적 관심을 받고 있으며 웰다잉(well-dying)이 국가건강정책의 일환으로써 앞으로 많은 연구와 발전이 필요할 것이라고 생각한다.

죽음 과정에서의 고통과 고통의 해소

육체적 고통

진행된 암 환자들이 호소하는 육체적 고통은 주로 통증과 견디기 힘든 증상들로서 일부는 의료적 치료로 완화시킬 수 있지만, 일부는 임종의 과정에서 나타나는 자연적인 현상으로서 의료적 도움이 별로 도움이 되지 않는 경우도 많다.

특히 육체적 고통 중 극심한 통증, 목을 조이는 것 같은 호흡곤란, 끊임없는 오심이나 구토 등은 환자로 하여금 한순간도 견디기 힘들게 만드는 극심한 고통에 시달리게 만든다.

극심한 육체적 고통은 도저히 참을 수가 없기 때문에 의료적 도움을 구하게 된다. 이런 고통은 너무나 직접적이고 파괴적이기 때문에 누구라도 이런 육체적 고통에 직면하면 한순간이라도 빨리 이 고통에서 벗어나길 원한다. 육체적 고통은 절대로 방치되어서는 안 되고 할 수 있는 모든 의료적 방법을 동원하여 완화시켜 주어야 한다.

대부분의 육체적 고통은 전문적인 완화치료(Palliative treatment)로 견딜 만한 정도로 완화시킬 수 있다. 실제로 대학병원의 응급실이나 호스피스 완화의료기관을 찾는 말기 암 환자의 대부분이 이런 극심한 육체적 고통 때문이다. 만일 이 육체적 고통을 적절하게 완화시켜 주지 못하면 이 환자는 임종할 때까지 육체적 고통에 시달리면서 임종하게 될 것이다.

비육체적 고통

비육체적 고통은 주로 초기의 육체적 고통이 완화되면 서서히 나타나는 본질적인 고통으로, 고통의 표현이 뚜렷하지 않다. 주로 "전신이 아프다, 답답하다, 힘들다, 이렇게 살 바에는 차라리 죽고 싶다." 등의 표현을 하며 이러한 고통을 평가하거나 치료하는 것은 힘들다. 의학적 접근방법으로는 근본적으로 해결할 수 없는 궁극적이고 본질적인 고통이므로 호스피스의 이념에 입각한 전인적 가료(加療)가 최선의 방법이다. 그들의 고통을 해결하기보다는 이해하고 고통을 스스로 극복할 수 있도록 격려하고 지켜 주어야 한다. 그러므로 육체적 고통이 우선적으로 해결되어야만 환자에게 내재된 본질적 고통, 즉 사회적, 정신적, 영적 고통들에 접근할 수 있다. 다시 말하면 육체적 고통을 빨리 해결하는 것이 고통이라는 방의 문을 열어 주는 열쇠와 같은 역할을 한다.

	육체적 고통	비육체적 고통
요소	암성 통증, 증상	정신적, 정서적, 사회적, 가족적, 경제적, 종교적, 영적 요소
빈도	말기 암 환자의 70%	말기 암 환자의 100%
표현	직접적, 아프다	간접적, 답답하다, 힘들다, 죽고 싶다
요구	아프지 않게 해 달라	빨리 끝내게 해 달라
시기	투병의 초기-중기	투병의 중기-말기, 육체적 고통이 완화된 후
완화	90% 이상 완화 가능	완화시키기 어려움
방법	주로 약물치료	상담, 전인적 케어
치료자	의사, 간호사	가족, 사회복지사, 영적상담자, 종교인, 자원봉사자

[육체적 고통과 비육체적 고통의 차이]

고통은 질병이 아니라 관념이다

환자가 자신의 고통을 잘 이해하고 인식하는 경우도 있지만 자신이 체험하고 있는 고통의 본질을 이해하지 못한 채 고통 속에서 지내는 경우도 허다하다. 고통의 본질을 이해한다는 것은 고통을 정확하게 진단하고 원인을 규명하고, 고통을 치료할 수 있는 방법을 모색하고 또한 그 고통이 어떻게 변화되고 자신의 몸과 마음에 어떤 영향을 미치는가를 알아내는 것이다.

고통은 하나의 질병이 아니고 인간이 느끼고 체험하는 관념이다. 보다 포괄적인 관점에서 설명한다면 고통이란 인간으로서의 완전함이 와해되고 위협받는 상태에서 느끼는 위기감으로 표현될 수 있다. 만일 뚜렷한 목적이 있다면 고통은 이겨 내어야 할 가치가 있고, 또한 고통을 참고 견디는 과정에서 행복, 희망, 자신감 등을 얻을 수 있으면 고통 자체를 삶의 긍정적인 부분으로 받아들일 수도 있다.

어떤 면에서 볼 때에 고통은 자기 초월의 수단, 즉 현실을 넘어서서 자기 자신을 매우 넓은 평화로운 세상으로 전이시키고 포함시키는 방법으로 이용할 수도 있다. 출산이나 예술 작품은 고통을 통하여 아름다운 결실을 맺을 수 있기 때문에 참고 견딜 만한 가치가 있다. 그러나 말기 암 환자들이 겪어야 할 고통들은 참아야 할 목표나 가치가 있는 것이 아니고 단지 인생의 마지막 단계에서 반드시 겪어야 할 일들이기 때문에 가능하면 이 고통들을 완화시키고 피해갈 수 있는 길을 찾는 것이 현명하다.

고통은 매우 주관적인 느낌이기 때문에 고통을 이해하고 평가하고 또한 대처하기 위한 방법을 환자에게 결코 강요해서는 안 된다. 그렇지만 고통이 효과적으로 해소된 상태의 평화로움을 경험하지 못하고 현재의 고통을 정상적인 체험으로 일상화시키게 되면 환자는 마지막 순간까지 고통과 함께 해야 하기 때문에 고통의 해소를 위한 노력 자체를 포기하는 것은 어리석은 일이다.

암 투병 말기, 고통을 해소하려면

어떠한 원인의 말기 환자이든 간에 그들이 견디어 내기에 너무나 힘든 고통이 있을 때에 그 고통을 종식시키기 위해 여러 가지의 방법을 생각하게 되는데 그 방법들은 모두 단시간 내에 고통을 없애는 극단적인 방법이 대부분이다.

자살

암 선고를 받은 후 치료를 하는 과정이나 더 이상 치료가 불가능하다고 판정을 받은 환자들은 여러 가지 원인으로 인하여 극심한 고통을 견디지 못하고 스스로 생명을 종식시키려는 자살이 점차 늘어 가고 있다. 우리나라와 미국의 연구에 의하면 암 환자들의 자살위험성은 일반인보다 약 3.3-4.4배 높다고 한다.

물론 짧은 시간에 고통을 없앨 수 있는 방법이지만 사회적으로, 윤리적으로 용인되지 않고 충동적이거나 극심한 우울증 때문에 자살을 하는 경우가 많기 때문에 말기 암 환자들의 자살 이유를 잘 분석하여 고통을 완화시킬 수 있는 대안을 반드시 찾아내서 제공해야 한다. 그리고 자살을 방지할 수 있는 효과적 방법과 계획을 제시하고 사회적 교육과 계도가 요구된다.

안락사

안락사(euthanasia)의 어원은 라틴어의 eu(좋은, 행복한)와 thanatos(죽음)

로 이루어진 합성어로서 현대적 의미로는 극심한 고통을 종식시키기 위해서 의학적 방법을 사용하여 의도적으로 생명을 종식시키는 행위를 말한다.

안락사는 실제 대부분의 나라에서 법적으로 금지되어 있지만 네덜란드에서는 2001년도에 합법화되고 2002년도부터 안락사가 시행되어 2016년에는 연간 6,091명이 안락사로 사망하여 해마다 안락사로 인한 사망자의 숫자가 늘어나고 있다. 물론 안락사를 시행하기 전에는 의사에 의해 불치의 병으로 진단 받아야 하고, 환자의 의식과 판단력이 정상이어야 하며, 환자의 자발적 요구가 있어야 하며 다른 의사의 동의가 필요하다.

현재 네덜란드뿐만 아니라 벨기에, 룩셈부르크, 콜롬비아에서도 안락사가 합법적으로 이루어지고 있으며 다른 나라에서도 안락사에 대한 논의가 꾸준히 제기되고 있다.

의사조력자살

1994년 미국 오레곤주 시민들의 자발적 요청에 의해 51%의 찬성으로 오레곤주 존엄사법(The Oregon Death with Dignity Act)이 발의되어 1997년 10월 27일 존엄사법이 법적 효력을 발효하였다. 이 법을 통하여 고통을 받는 말기 암 환자들은 자신이 스스로 투여할 수 있는 독극물을 의사로부터 처방받을 수 있기 때문에 '의사조력자살(Physician-Assisted Suicide)'로도 알려지고 있다. 현재 미국에는 오레곤주를 비롯하여 8개 주에서 시행하고 있고 점차 확산되는 분위기이다.

존엄사법 통계

1998년 처음으로 24명의 환자에게 독극물이 처방되었고, 그중 16명이 그해에 사망하였다. 이후 지속적으로 존엄사법에 의한 처방 및 사망이 증가되었다. 최근 2018년에는 249명이 처방을 받았고, 그중 168명이 사망하여 존엄사법을 통하여 사망하는 환자들이 계속 증가하고 있는 추세이다.

존엄사법에 의해 의사조력자살을 원하는 이유

2001년부터 2018년까지의 통계자료에 의하면 의사조력자살을 시행한 대상 환자 1,387명 중 95.5%가 자율성의 상실(Loss of Autonomy) 때문에 의사조력자살로 생명을 종식시킨다고 답했다. 그 외에 인생을 즐길 수 있는 활동을 더 이상 할 수 없기 때문(94.6%), 자신의 존엄성을 더 이상 지키기 힘들어서(87.4%), 신체기능을 조절할 수 있는 능력이 없어졌기 때문(56.5%), 가족이나 친구들에게 더 이상 부담을 주기 싫어서(51.9%), 통증 조절이 너무 되지 않아서(29.8%), 그리고 경제적 어려움 때문(4.7%)이라고 대답했다.

여기에서 주목해야 할 점은 말기 환자들이 고통을 호소하는 육체적 통증이나 기능 조절의 어려움은 의사조력자살의 주된 이유가 아니었다. 말기 환자들이 자신의 죽음을 앞당기고 싶어 하는 주된 이유는 자율성의 상실, 즐거움이 없는 인생 그리고 자신의 존엄성 훼손의 문제들이다. 그러므로 말기 환자들에 대한 가료의 초점은 의료적 대책으로 문제를 해결하려는 노력보다는 비의료적 접근이 보다 더 중요하다는 것을 알 수 있다.

호스피스 완화의료

호스피스와 존엄성

죽음을 앞둔 말기 환자들의 고통은 육체적, 정신적, 사회적 그리고 영적 고통을 망라하는데 이런 고통을 없애기 위해 대학병원의 집중적 치료를 선택하거나 극단적인 자살을 선택하기도 한다. 그리고 안락사나 의사조력자살의 방법을 시도하기도 한다. 실제로 말기 암 환자들은 고통을 견디다 못해 안락사를 요구하는 경우도 종종 있다.

의사조력자살을 시행한 환자들의 동기는 육체적 고통보다는 비육체적 고통이라는 사실은 통계에서도 분명히 나타난다. 그렇지만 대부분의 말기 환자와 가족들은 비육체적 고통을 통증과 구별하지 못하고 무조건 아프다고 호소하며 의료기관을 찾아 모든 고통을 의료적으로만 해결하려 한다. 앞서 말한 자율성의 상실, 일상의 무료함, 존엄성의 상실, 가족에게 부담이 되는 마음 등은 의료적 접근으로는 도저히 해결될 수 없는 문제들인데도 불구하고 그들은 의료진들에게 해결해 달라고 한다. 의료인들이 관심을 가지고 있는 분야는 통증이나 육체적 고통의 일부인데도 그들의 비육체적 고통을 의료기관에서 해결해 주기를 바란다. 이런 불합리한 접근 방식으로는 전혀 답을 찾기 못하기 때문에 환자의 이런 고통을 잘 이해하고 다스려 줄 수 있는 전문가들이 필요하다.

국제보건기구에서 호스피스란 죽음을 앞둔 말기 환자가 남은 여생동안 인간으로서의 존엄성과 높은 삶의 질을 유지하면서 삶의 마지막 순간을 평안하게 맞이하도록 환자와 그 가족을 신체적, 정서적, 사회적, 영적으로 도우며 환자의 임종 후에 사별가족들의 고통과 슬픔을 경감시키기 위한 총체적 돌봄이라고 정의했듯이 호스피스는 이 어려운 문제들을 근본적으로 해결해 주지는 못하지만 마지막 시간의 고통들을 조금이나마 완화시키기 위해 전문가들이 팀을 이루어 접근하는 형태의 서비스이다.

환자의 신체적 고통을 완화시킬 수 있는 완화의료 전문의사와 간호사가 필수적이며 사회복지사, 영적 상담자, 자원봉사자가 필요함은 물론이다. 또한 환자의 가족은 호스피스 팀원으로서 환자 가료에 동참하여야 하며 동시에 호스피스가료를 받아야 할 대상이기도 하다.

남은 시간을 가치 있게 돕는 호스피스

실제로 호스피스 완화의료 현장에서 시행하는 호스피스의 내용은 삶의 마지막 과정에서 자신의 죽음을 인정하고 자신의 삶을 잘 마무리하고 완성시킬 수 있도록, 남아 있는 시간을 의미 있고 가치 있게 사용하게 도와주는 작업이다.

호스피스에서는 생의 마지막 단계에 이른 환자로 하여금 남은 시간 동안 이제까지 다 하지 못했던 사랑, 감사, 용서 그리고 작별의 준비를 할 수 있도록 환자 자신과 그의 가족들을 도와주는 역할을 한다.

한 인간의 육체적 변화는 20-30대부터 서서히 하강 곡선을 그리면서 죽음에 이르는 시점에서는 육체적 기능이 극도로 저하되는 것이 정상적인 과정이다. 그러나 노쇠로 인한 사망이 아닌 현대의학으로 치료가 불가능한 말기 암과 같은 질환일 경우에는 1-6개월 정도의 극히 제한된 시간만을 가질 수밖에 없다. 이렇게 질병이 진행하는 경우에는 필연적으로 육체적 기능의 하락이 따르는데, 이때에는 영적 관심과 능력도 급격히 저하되어 육체적, 정신적, 영적 허탈 상태에 빠지는 사람들이 많다. 그러나 육체적 하락에도 불구하고 영적으로 또는 정신적으로 더욱 맑아지고 평화로움으로 가득 찬 사람들도 볼 수 있다. 육체적 기능 저하는 피할 수 없지만 정신적, 영적 부분은 얼마든지 고쳐시키고 성장시킬 수 있는 부분이기 때문에 말기 상태에서 어느 부분에 관심과 목표를 두느냐에 따라 고통스러울 수도 있고 평화로울 수도 있다.

호스피스는 죽음을 앞둔 모든 고통받는 사람의 육체적, 비육체적 고통을 경감시키고 자신의 인생을 잘 완성시킬 수 있도록 도와주는 전인적 돌봄으로 이해할 수 있다.

호스피스, 완화의료, 급성기병원의 차이

임종이 가까운 말기 환자들에게 제공되는 호스피스가료는 일반적인 질환을 치료하는 급성기병원의 치료나 완화치료와는 개념적 차이가 있다.

급성기병원은 질병치료가 목적이고 완화의학은 고통을 경감시키는 치료나 가료가 목적이지만 호스피스는 고통을 받는 사람이 대상이며 치료가 아니고 가료에 중점을 둔다. 그러므로 호스피스는 과학적 개념보다는 생명윤리학, 사회학, 철학, 종교에 관련되는 인문학적 개념으로 이해하여야 한다.

그러나 우리나라에는 말기 암 환자에 대한 호스피스가료가 법률(연명의료결정법)로 제도화 되면서 호스피스를 주로 의학적으로 해석하게 되고

종류	목적과 내용	대상
호스피스	인생의 완성	사람
완화의료	전인적 가료 > 의료적 치료	고통(통증과 증상)
급성기병원	의료적 치료	질병, 암세포

[호스피스/완화의료/급성기병원]

의료적 판단에 의해 호스피스가료의 대상 기준을 결정하게 된다. 연명의료결정법의 1장 2조 6호에서 '호스피스·완화의료(이하 '호스피스'라 한다)'라고 명기하여 '호스피스'를 '호스피스 완화의료'와 동일한 개념으로 설명하여 일반인들에게 호스피스를 의료의 분야로 오해하게 만들고 있다.

완화치료라는 말은 사용하지만 호스피스치료라는 용어는 사용하지 않는다. 엄밀한 의미의 호스피스는 의료가 아니므로 의료기관에서보다는 가정에서 주로 제공되어야 하며 주로 병동에서 이루어지는 호스피스는 실제로 호스피스보다는 완화의료가 대부분이다.

우리나라의 호스피스 완화의료 현황

우리나라에서 2017년 8월 4일 '호스피스 완화의료 및 임종 과정에 있는 환자의 연명의료결정에 관한 법률(연명의료결정법)'이 시행된 후 현재 전국적으로 100여 개소의 호스피스 완화의료기관에서 호스피스가료를 제공하고 있으며 점차 호스피스 활동이 확산되고 있다.

말기 암뿐만 아니라 후천성면역결핍증, 만성폐쇄성호흡기질환, 만성간경화 등의 비암성질환과 기존의 입원(병동)형 호스피스뿐만 아니라 가정형, 자문형 호스피스 유형으로 제공 범위가 확대되었다.

2017년 호스피스 신규 이용환자는 17,333명이었으며, 그중 암 환자는 17,317명으로 암 사망자의 22.0%가 호스피스 서비스를 이용하여 해마다 호스피스 이용이 증가하고 있다.

그렇지만 2017년 호스피스에서의 사망자는 입원형 호스피스를 이용한 환자가 90.0%로 가장 많았으며, 입원형과 가정 호스피스를 함께 이용한 환자는 4.7%, 가정 호스피스만 이용한 환자는 2.0%로 미국의 통계와 반대로 호스피스는 병동에서 이루어지고 극히 일부만 가정 호스피스를 이용하는 현실을 나타내고 있다.

호스피스 평균 이용기간은 입원형은 15일, 입원형과 가정형을 함께 사용한 경우는 33일, 가정 호스피스만 이용한 경우 17일 정도로 나타나서 호스피스로 전환되는 이상적인 시점인 3개월 정도에 훨씬 미치지 못하고 있음을 알 수 있다.

그럼에도 불구하고 호스피스 이용 사별가족의 만족도는 이전 치료기관의 만족도(69%)에 비하여 월등하게 높은 97%에서 만족도를 나타내어 호스피스 완화의료의 필요성을 확인하였다.

미국의 호스피스 제도

우리나라와는 달리 미국의 호스피스의료보험(Medicare Hospice Benefit)은 가료의 정도(Level of Care), 즉 가정에서 호스피스가료를 받을 수 있는 정도인지, 가정에서 집중적 가료가 필요한지, 가족들의 소진이 심하여 일시적 입원이 필요한지 아니면 환자의 상태가 가정에서 돌보기에 힘든 경우여서 반드시 병동에 입원해야 할 상태인지에 따라 가료의 내용이 달라진다. 98% 이상에서 가정 호스피스를 제공받으며 약 1.5%만이 병동형 호스피스를 이용한다. 2017년에는 의료보험(Medicare) 사망자의 48%가 호스피스를 통하여 사망하였다.

미국의 경우 호스피스가료는 환자가 자신의 집에 머물면서 가정 호스피스 팀이 방문하여 의료적 치료뿐만 아니라 정신적, 사회적, 영적 지지나 상담을 받을 수 있는 서비스이며 집에서 돌보기가 힘든 극소수의 경우에만 병동에 입원하여 치료받는 것이 일반적이다.

그런데 문화적으로 미국은 여러 인종들이 복합적으로 어울려 살아가는 다민족사회이기 때문에 개인적 성향이 강하고 가족들의 중요함을 우선적으로 생각하는 경향이 있다. 따라서 자신의 마지막 시간도 가족들과 가정에서 함께하는 것을 최선으로 여기기 때문에 가정 호스피스가 발전하고 있다. 이런 가정 호스피스에 필요한 재정적 지출은 병동에 입원하여 치료받는 병동형 호스피스보다 훨씬 절감되기 때문에 정부에서도 가정 호스피스 제도를 적극적으로 지원하고 지지하고 있다. 이러한 추세에 따라 가정에서도 병동과 마찬가지의 수준으로 의료적 도움을 줄 수 있는 기술과 시스템이 적용되는 것은 물론이다.

그러나 우리나라는 역사적으로 단시간 내에 급속한 산업사회로 발전했고 경제적 성과를 이루어 내었기 때문에 이 과정에서 우리는 경제의 가치, 상업주의의 팽배, 물질문명의 신봉, 과학의 신뢰, 할 수 있다는 신념과 자신감이 가득 찬 사회적 분위기에 젖게 되었다. 그로인해 질병은 이겨 낼 수 있는 대상이고 투자한 만큼 얻을 수 있다는 신념으로 말기 암 환자의 경우에도 끝까지 싸우는 것을 가치가 있다고 생각하고 있다. 그러므로 가정에서 가료를 받는 것에 대한 불신으로 대부분의 말기 환자들은 대학병원에서의 치료를 더 선호하고 있다.

한편 일반인들은 호스피스를 반드시 병동에 입원하여야 하고 이 병동은 마지막에 죽으러 가는 곳이라고 부정적으로 인식하고 있기 때문에 최대한 호스피스 완화가료를 받는 시기를 미루려고 하고 있다. 마찬가지로 일부 전문가들조차도 거의 죽음이 임박한 시기에야 호스피스로 전원시키고 있기 때문에 호스피스의 접근성을 방해하고 있다.

또한 죽음은 일회성의 경험이기 때문에 의료적 치료나 처치로 집중했던 대학병원의 응급실이나 중환자실에서의 죽음에 대한 나쁘고 고통스럽고 힘들었던 경험들은 죽음과 동시에 없어지고 또한 기억하고 싶지 않기 때문에 이러한 기계적 죽음의 형태는 관행적으로 계속 이어질 것이다.

그러나 호스피스가료를 받으면서 임종하신 일부 유가족들에 의해 고통이 완화된, 존엄성이 존중된 자연적인 임종의 과정이 알려짐으로써 서서히 호스피스의 긍정적 의미가 부각되고 호스피스를 찾는 말기 암 환자들도 늘어나고 있다.

완화의료

완화의료(Palliative Medicine), 완화돌봄, 완화치료는 적용되는 상황에 따라 다르게 명명되지만 근본적인 완화의 의미는 동일하다.

국제보건기구(WHO, 2005)에 의하면 "완화가료(Palliative Care)는 생명을 위협받는 질환으로 인한 문제점들에 직면한 환자와 가족들에게 그들의 육체적, 정신 사회적, 영적 고통을 조기에 확인하고 철저하게 평가하고 치료함으로써 그들의 고통을 예방하고 완화시킴으로써 그들의 삶의 질을 개선시킨다."라고 정의하고 있다.

또한 완화의료의 대상은 말기 상태의 환자와 가족으로서 그들의 삶의 질을 개선하기 위하여 고통을 경감시킬 수 있는 모든 방법을 동원하고 완화의료는 가능하면 질병의 치료 초기에서부터 적용되어야 한다고 강조한다(National Cancer Institution).

완화시켜야 할 고통은 환자의 육체적, 정신적, 정서적, 가정적, 사회적, 경제적, 영적, 종교적 문제 등의 인생의 삶과 죽음에 관련된 모든 부분이 망라된다. 완화의료는 말기 환자들의 고통을 다루는 의학의 전문적인 분야에 속하지만 사회적, 제도적 필요에 따라 호스피스와 서로 호환되어 사용되고 있다.

맺음말

죽음에 이르는 고통은 다양한 요소로 구성되어 있으며 특히 파괴적인 말기 암으로 인한 고통은 이루 말할 수 없이 힘들다. 호스피스 임상에서 환자들은 "죽음은 두렵지 않지만 죽음에 이르는 고통은 너무 무섭다."라고 말한다. 이런 고통을 빨리 없애기 위해 자살을 시도하거나 안락사를 요구한다. 죽음을 앞둔 환자들, 특히 말기 암 환자들은 마지막까지 의료기관에서 의료적 치료에 매달리다가 안타깝게 죽음을 맞이하는 경우가 많은 것이 현실이다. 인간의 생명은 유한한데 이를 인정하지 않고 죽음과 맞서 극복하려고만 한다. 모든 고통을 감수하고 난 후, 마지막 순간에야 자신이 살아온 인생을 아무 것도 완성시키지 못하고 정리하지 못했다는 사실을 깨닫지만 이미 너무 늦었다는 것을 후회하게 된다.

헛된 치료와 욕심에만 매달려서 귀중한 시간을 허비하는 것보다 이 시간을 자신의 완성, 그리고 영적 성숙에 사용하는 것이 훨씬 현명하다는 사실을 알아야 한다. 이런 삶을 살 수 있도록 도와주는 작업이 호스피스이다.

[참고문헌]
국립암센터 제5차 국민건강조사(2010-2012).
계수연 외, 『2017 호스피스·완화의료 현황』, 보건복지부, 2019.
정극규 외, 『알기 쉬운 임상 호스피스·완화의료』, 마리아의 작은 자매회, 2018.
Cancer Pain Relief and Palliative Care. Technical Report Series 804. Geneva: World Health Organization, 1990.
Cassell EJ. (1991). *The nature of Suffering and the Goals of Medicine*. New York : Oxford University Press.
Zaorsky, Nocholas G. et al. "Suicide among cancer patients." Nature Communications Vol 10 (2019). Article number: 207.
Medicare Benefit Policy Manual Chapter 9.
NHPCO's Facts and Figures, Hospice Care in America 2018 Edition.
Oregon Death with Dignity Act 2018 Data Summary, Health Authority 2019.

3

웰다잉,

죽음을
준비하는
다양한 통로

제도＊법률＊
문화＊예술

11 강의 · 존엄한 죽음과 연명의료결정 제도 - 이윤성

12 강의 · 유언과 상속의 법률 효과 - 신현호

13 강의 · 한국 현대미술에 나타난 죽음 이미지 - 박영택

14 강의 · 죽음은 문인가, 벽인가? - 정현채

15 강의 · 죽지 않으면 행복할까? · 영화와 죽음 - 구미정

연명의료결정 제도 44)

존엄한 죽음과

이윤성 한국보건의료인국가시험원 원장, 전 국가생명윤리정책연구원 원장

존엄사에 대한 논의

우리나라에서도 존엄사(尊嚴死, death with dignity)에 관한 논의가 시작된 지는 꽤 오래되었으나, 구체적인 제도와 절차로 널리 알려진 것은 2016년 2월에 공포한 「호스피스·완화의료 및 임종 과정에 있는 환자의 연명의료결정에 관한 법률」(약칭 : 연명의료결정법, 이하 '이 법'이라 한다) 때문이다. 이 법은 호스피스-완화의료와 연명의료결정을 함께 규율하는데, 연명의료결정 부분은 2년의 준비 기간을 거쳐 2018년 2월 4일에 시행되었다. 시행한 지 1년이 지나지 않아 두 번 개정하였다.

연명의료결정 제도는 비교적 자리를 잘 잡아간다는 평을 받았지만, 아직 개념에 혼동이나 오해가 있고 기존의 문화나 제도 때문에 현장에서는 어려움이 있다.

안락사, 소극적 안락사, 존엄사, 의사조력자살은 어떻게 다른가?

아직도 이 법을 존엄사법이라거나 웰다잉법이라고 부르는 사람도 많고 언론의 표현도 있다. 이런 용어들의 의미는 무엇이고 어떻게 다른가? 여러 가지 용어가 있지만 삶을 마무리 하는 단계에 적용하는 행동 유형은 크게 다음의 네 가지가 있다.

(1) 연명의료결정

(2) 조력사망

---

44) 이 글은 2017. 11. 14. 국립중앙의료원 공공보건의료발전 제5차 심포지엄 〈올바른 연명의료 결정 문화 정착을 위한 공공의료기관의 역할〉에서 「연명의료 법과 문화」라는 제목으로 발표한 글을 바탕으로 수정하고 보완하였다.

(3) 자발적 안락사

(4) 비자발적 안락사 등

연명의료는 거의 모든 나라에서 특별히 법으로 정하지 않고 의학적 판단과 환자의 자기결정을 존중하는 관행이나 지침으로써 이행하고 있으며, 법을 만들어 허용하거나 금지하는 것은 거의 '조력사망'이다. '자발적 안락사'는 네덜란드와 벨기에, 룩셈부르크에서만 엄격한 전제를 두고 허용하고 있다. 비자발적 안락사를 허용하는 나라는 없다.

안락사

안락사(安樂死, euthanasia)는 가장 오래된 용어이고 본디 '편안한 죽음'을 의미한다. 라틴어 'eu-'는 'well, 좋은, 편안한'의 의미를 갖는다. 'thanatos'는 죽음이다. 언뜻 괜찮은 의미를 가지고 있지만 편안한 죽음의 결과를 얻으려면 누군가가 의도적인 행동을 해야 한다. 따라서 자비 살해(mercy killing)일 수 있다. 또한 안락사는 나치 정권에서 유태인 학살의 이론적 근거로 사용하기도 하였다. 지금은 아주 제한적으로 '목적이나 합법성과 무관하게 죽음을 앞당기기 위하여 적극적인 행위로써 죽음의 시기를 앞당김'을 의미한다. 다만 아주 오래 썼던 용어이므로 삶의 마무리 돌봄(End-of-Life Care, EOL Care) 단계에 시행하는 모든 조치를 통틀어 일컫기도 한다.

예를 들어 가톨릭교리서(Catechism of the Catholic Church)는 'euthanasia' 항에서 불필요한 연명의료(§2278)에 관하여 가르치고, 세계의사협회(WMA)의 [Declaration on Euthanasia]는 안락사를 비윤리적 행위로 정의하면서 "질병의 말기에 환자의 요구에 따라 자연스러운 죽음의 과정을 의사가 허용하는 것을 금지하지 않는다"고 하였다. 매우 엄격한 전제를 두고 자발적, 적극적 안락사(Voluntary active euthanasia, 환자의 자발적인 요구에 따라 회생가능성이 없는 환자에게 의료인 등이 약물을 직접 투여하는 등으로 사망의 시기를 앞당김)를 허용하는 나라는 극히 적다.

소극적 안락사

일부 학자들은 무의미한 연명의료 중단(유보를 포함한다. 이하 같다)을 소극적 안락사(Passive euthanasia)로 부르기도 한다. 그러나 '소극적'은 '부작위(不作爲, undoing)에 의한'을 의미하며 연명의료 중지뿐 아니라 생명유지에 필요한 어떤 조치도 하지 않음으로써 사망을 초래하는 것을 포함한다. 예를 들어 아주 심한 선천성 기형을 갖고 태어난 아이를 부모가 병원에 데려가지도 않음으로써 사망하게 하는 행위도 소극적 안락사에 속한다. 요컨대 죽음을 목적으로 하는 용어로써 안락사를 사용하지 않아야 한다는 주장도 크다.

존엄사

안락사에는 살해의 의미가 포함되지만, 존엄사(尊嚴死, Death with dignity)는 회복하지 못하고 오로지 고통(pain and suffering)만을 겪어야 하는 과정을 환자의 뜻에 따라 해소하기 위한 경우를 특정하기 위한 용어다. 예를 들어 일본의 안락사회는 이름을 존엄사회로 바꾸었다. 무의미한 연명의료 중단이 주된 목표다. 그러나 외국의 존엄사법(Death with Dignity Act)은 대개 연명의료의 중단과 의사조력자살을 포함한다. 두 상황 중 한 가지만을 의미하고자 할 때 이 용어를 쓰면 혼란을 부를 수 있다.

연명의료 중지와 보류

연명의료 중지와 보류(Withdrawal and Withholding of Life Sustaining Treatment)는 삶의 마지막 단계에서 무의미한 연명의료를 중지(앞에서와 같이 보류를 포함한다)함으로써 자연스럽게 삶을 마무리하도록 배려하는 의료행위를 의미한다. 중환자 의료의 발전으로 위험에 처한 생명을 구하는 일이 많아졌지만, 그 이면에 지나친 연명의료 때문에 자칫 훼손되기 쉬운 인간의 존엄이나 가치를 보호하기 위하여 전 세계적으로 통용되고 있는 의료행위 기준이다. 다만 이를 '소극적 안락사', '존엄사', '좁은 의미의 존엄사' 등으로 표현하여 혼동을 초래하기도 한다.

조력사망

조력사망(Assisted Dying, Aid-in-dying, PAS: Physician Assisted Suicide)은 삶의 마지막 단계에서 고통을 줄이기 위하여 의사가 처방하는 약을 복용하거나 의사가 제공하는 기구를 사용하여 환자 스스로 삶을 마감하는 행위다. 의사는 먼저 환자의 생존가능성, 고통의 정도, 환자의 의사 등을 면밀하게 조사하고 파악하여야 한다. 이를 법률로써 허용하는 나라는 네덜란드, 벨기에, 스위스, 캐나다 등이며, 미국의 오리건, 워싱턴, 버몬트, 몬태나, 콜로라도, 캘리포니아, 하와이주 그리고 워싱턴DC 그리고 오스트레일리아의 빅토리아주도 법으로 허용한다. 조력사망은 애초에 의사조력자살(Physician Assisted Suicide)로 널리 알려졌다.

자연사

자연스러운 삶의 마감을 보장하자는 의미로 연명의료 중지나 유보를 의미하는 용어로 생겼지만, 극단적인 자연주의자들이 일체의 인위적인 치료도 거부하는 것을 자연사(自然死, Natural Death)라고 부르고, 법률 용어로써 자연사는 이미 사법권이 개입할 필요가 없는 병사(病死)를 의미한다.

웰다잉

웰다잉(Well-Dying)은 기존에 널리 쓰던 Well-being(복지, 행복, 안녕)을 변형하여 행복한 죽음이라는 의미를 가진 신조어다. 미국이나 영국의 전통 있는 사전에는 없는 용어다. 결국 euthanasia를 풀어쓴 것과 같다.

왜 이 법을 만들었는가?

이 법이 만들어진 연유에 반드시 '보라매병원 사건'과 '세브란스병원 김 할머니 사건'이 거론된다. 두 사건에 대해 간단하게 언급한다.

보라매병원 사건

1997년에 58세 남자(만성 알코올 중독)가 시상정맥동(sagittal sinus) 파열을 수반한 '급성 경막하출혈, 급성 경막외출혈'로 밤새 40pint 이상 수혈하는 큰 수술을 받고 중환자실에서 인공호흡기로 치료를 받고 있었는데, 늦게 나타난 환자의 부인은 퇴원을 요구하였다. 부인은 의료비를 감당하기 어려웠고, 혹시 살더라도 많이 보살펴야 할 중증 장애 상태로 생존하기보다는 '차라리 죽는 것이 낫다'는 생각을 가졌다고 한다.

한편 담당 신경외과 의사는 애써 힘들여 수술하고 난 뒤에 나타난 부인의 퇴원(치료 중지) 요구가 터무니없어 거절하였으며 심지어 "돈이 걱정이면 환자가 나은 뒤에 몰래 도망가도 된다."고까지 하였다고 한다. 그러나 부인은 지속하여 퇴원을 요구하였고, 환자의 상태가 의학적으로도 치명적 합병증(DIC)의 초기 단계 징후를 보이는 등 회복가능성이 없어지자,

의사는 수술을 받은 지 48시간도 지나지 않은 환자의 퇴원을 허락하였다(DAMA Discharge Against Medical Advice).

앰부백을 달고 퇴원한 환자는 곧 사망하였고, 우여곡절 끝에 경찰이 부인을 '살인 혐의'로 수사하여 검찰에 송치하였고, 검찰은 담당 의사들마저 '살인'의 공범으로 기소하였다. 의료계는 여러 방면으로 담당 의사들을 위하여 방어하였지만 1심과 항소심에 이어 2004년에 결국 대법원에서도 담당 의사는 '살인방조죄'로 유죄 판결을 받았다.

대법원 판결보다 훨씬 이전 1심 판결 당시에 이미 의료계에는 '인공호흡기를 떼면 살인죄'라는 인식이 퍼졌고, 이런 두려움은 대법원 판결 이후에는 거의 확고한 법률 지식(?)인 듯 의료계에 퍼졌다. 그 이후에 중환자실 등에서 회복가능성이 없고 사망이 임박한 환자임에도 연명의료를 중지하지 않음으로써 사회 문제가 되었다(집착적 의료, Medical Tenacity).

이 사건에서 중요한 사실은 검찰이나 법원이 일관성 있게 '환자는 생존가능성이 있다'고 보았다는 점이다. 법원은 의료계가 그토록 회복가능성이나 생존가능성이 없음을 주장했지만 몇 가지 이유로 이를 인정하지 않았다. 요컨대 계속 인공호흡기를 적용하는 등의 의료행위로써 생존가능성이 있는 환자인데도 부인의 요구를 받아들여 인공호흡기를 중지함으로써 환자가 사망하였다는 의미였다. 의료계는 이와 같은 전제 사실과 무관하게 오로지 인공호흡기를 떼면 살인죄라는 인식을 가졌다.

세브란스병원 김 할머니 사건

77세 여자가 특별한 증상은 없지만 의원에서 폐에 병변이 있는 듯하니 대학병원에서 정밀 검사를 받으라는 권유를 받고 기관지경 검사를 하는 도중에 갑자기 걷잡을 수 없는 '기관지 출혈'이 생겼고 적극적인 조치에도 결국 '지속적 식물 상태'가 되었다. 이런 상태가 지속되자 가족들은 병원에 "인공호흡기를 떼어 달라"고 요구하였다. 평소 깔끔하던 할머니가 예전에 연명의료를 원치 않는다는 말을 하였고, 더욱이 남편이 사망하는 과정을 거치면서 그 같은 뜻을 밝혔다고 하였다. 병원 측은 의식이 전혀 없고 회복할 가능성도 없지만 활력징후 등이 안정된 환자에게 인공호흡기를 제거하는 행위는 허용할 수 없다고 주장하였다.

결국 대법원은 2009년에 인공호흡기를 제거하라는 판결을 하였다. 환자의 상태가 이미 회복할 수 없고 사망의 단계에 있으며 환자의 평소 의지가 이런 연명의료를 원하지 않았다고 추정할 수 있으므로, 이러한 의료행위는 환자의 존엄을 해지는 것이라는 의미였다. 결국 인공호흡기를 제거하였는데 약 200일을 더 생존하였지만 의식이 돌아오거나 호전되는 과정 없이 사망하였다.

그 후 사회 활동

김 할머니 사건 이후에 대법원의 판례를 기준으로 의료계가 관행적인 집착적 의료행위를 자율적으로 해소하리라는 기대가 있었지만 변화는 없었다. 대한의사협회-대한병원협회-대한의학회가 공동으로 「연명치료 중지에 관한 지침」(2009. 10.)을 제작하여 홍보하였으나 역시 큰 변화가 없었다. 한국보건의료연구원(NECA)도 애써 제안하였고, 보건복지부가 〈무의미한 연명치료 중단에 대한 사회적 협의체〉를 운영하고 연구비를 들여 결과를 제시하였지만 역시 큰 변화는 없었다.

2012년 대통령 소속 국가생명윤리심의위원회가 〈무의미한 연명치료 중단 제도화를 위한 특별위원회〉를 구성하였고, 특별위원회는 2013년 5월에 권고안을 제시하였으며, 같은 해 7월에 국가위원회는 최종 권고안을 통하여 법을 제정하도록 보고하였다. 공청회, 법률안 제정, 몇 번의 공청회와 특별위원회 등을 거쳐, 2015년 7월 7일에 김재원 국회의원이 대표로 이 법의 안을 발의하였다. 그 동안 발의되었던 유사한 법률안을 통합 심의하기 시작하여, 2016년 1월에 이 법이 국회 본회의를 통과하고 2016년 2월 3일에 정부가 공포하였다.

이 법의 내용은 무엇인가?

이 법이 담고 있는 몇 가지 정의(定義)와 의료인들과 직접 관련되는 내용을 설명한다. 이 법은 호스피스 완화의료와 임종 과정에 있는 환자의 연명의료와 연명의료 중단 등 결정 및 그 이행에 필요한 사항을 규정함으로써 환자의 최선의 이익을 보장하고 자기결정을 존중하여 인간으로서의 존엄과 가치를 보호하는 것을 목적으로 한다. 따라서 이 법의 기본 원칙에 따라 인간으로서 존엄과 가치를 침해하지 않도록 환자는 스스로 결정할 권리를 보장하고, 의료인은 최선의 의료를 제공하고 정확하고 자세하게 설명하며 환자의 결정을 존중하여야 한다.

일반적으로 사망하는 사람은 모두 임종 과정을 거친다. 모든 임종 과정에 대하여 이 법이 적용되는 것은 아니다. 이 법의 대상은 여기에서 정의한 내용이다.

임종 과정

사망하는 사람은 누구나 임종하는 과정을 거치지만, 이 법이 정한 임종 과정(Dying process)은 (1) 회생의 가능성이 없고(Irreversible), (2) 치료에도 불구하고 회복되지 아니하며(Not responsive to active treatment), (3) 급속도로 증상이 악화되어(Rapidly deteriorating) 사망에 임박한(Imminent death) 상태를 말한다.

본디 이 법의 대상 환자는 이보다 넓었다. 다만 안정적인 PVS(Persistent Vegetative Status)나 ALS(Amyotrophic Lateral Sclerosis) 환자 등을 대상에서 제외하기 위하여 범위를 매우 좁혔다. 이에 대하여 일부 의료 측의 항의도 있다.

연명의료를 유보(留保, Withholding)하거나 중단(中斷, Withdrawal)하는 행위는 법률적으로나 윤리적으로 같은 책임과 의미를 가진다. 일부 의사들은 중단은 어렵게 하더라도 유보는 덜 어려운 기준을 갖추어야 한다고 주장한다. 그러나 다수 학자는 둘 사이에 법률로나 윤리로써 차이가 없다고 한다. 실제로 중단이 더 어렵다면 낮으나마 회생가능성이 있는 환자에게 연명의료를 적용하지 않는, 즉 유보할 우려가 크기 때문에 달리 평가하여서는 안 된다고 본다.

임종 과정에 있는 환자

담당 의사와 해당 분야의 전문의 1명(합계 2명)이 판단하여야 한다. 오판의 가능성을 줄이기 위하여 최소한 2명의 의사가 판단하도록 하였다. 개정된 법(2018. 2. 28.에 국회본회의를 통과한 연명의료결정법. 이하 같다.)에서는 호스피스 전문기관 말기 환자는 담당 의사의 판단으로 갈음할 수 있도록 하였다.

이 법의 대상은 의사가 판단한 임종 환자다. 예를 들어 45세 남자가 승용차가 전복한 교통사고로 응급실에 도착하였을 때에 이미 머리뼈 바닥 골절 등 손상으로 임종 과정에 있었고 곧 사망하였다면, 비록 임종 과정을 거치기는 하였지만 의사들이 미처 임종 과정에 있다고 판단하지 않았으므로(그럴 필요도 없었다) 이 법에서 정한 '임종 과정에 있는 환자'가 아니며 이 법의 적용 대상이 아니다.

연명의료

임종 과정에 있는 환자에게 하는 심폐소생술, 혈액 투석, 항암제 투여, 인공호흡기 착용을 의미한다. 애초에는 '등'이라는 용어를 붙여 ECMO나 승압제 투여처럼 의료의 발전에 따라 추가할 수 있도록 하였으나 우여곡절 끝에 '등'이 빠졌다. 요컨대 '전문가와 장비를 사용하는 특별한 중환자의료로써 치료 효과보다는 임종 기간만을 연장하는 의료행위'를 의미한다. 일반적으로 연명의료는 중환자의료 또는 집중치료실의료와 같은 내용이지만 대상 환자가 연명하기 위하여서 적용되는 의료행위다. 이 법은 유보하거나 중단할 수 있는 대상으로써 몇 가지 의료행위만을 제한하여 연명의료라고 정의하였는데 이 법을 개정하여 복지부장관이 추가로 정할 수 있도록 하여, 현재는 승압제 투여, 수혈, 체외혈액산소화 처치 등도 포함한다.

연명의료계획서

말기 암 환자 등의 뜻에 따라 담당 의사가 환자에 대한 연명의료 중단 등 결정 및 호스피스에 관한 사항을 계획하여 문서로 작성한 것을 의미한다. 제정 당시에는 '말기 환자 등'에는 임종 과정에 있는 환자와 네 가지 원인 질환에 의한 말기 환자만을 의미하였는데 개정된 법에서는 원인 질환과 무관하게 말기 환자를 포함하도록 하였다. 원인 질환이 무엇이든 말기 환자라면 그리고 자신의 질병에 관하여 예후 등을 설명 받고 스스로 결정할 수 있으면 (언제든지 변경하거나 취소할 수 있는) 연명의료계획서(LST plan)를 작성할 수 있다. 연명의료계획서는 POLST(Physician's Orders for Life

Sustaining Treatment 또는 MOLST)를 차용하였다. POLST와는 다르게 환자 본인의 뜻만을 반영한다.

사전연명의료의향서[45]

사전연명의료의향서(AD, Advance Directives 사전지시서)는 성인이라면 자신의 연명의료 중단 등 결정이나 호스피스에 관한 의사를 직접 문서로 작성한 것이다. 연명의료계획서와 큰 구별은 치명적인 결과가 예상되는 상병이 없는 건강한 때에 등록기관에서 작성하는 것이다.

환자의 뜻은 어떻게 확인하는가?

이 법 제17조는 환자의 의사 확인에 관한 사항을 아래의 표와 같이 정하였다.

[연명의료에 관한 환자의 의사]

구분	주요 내용
명시적 의사	• 연명의료계획서 • (예전에 작성한)사전연명의료의향서 + 담당 의사의 확인
추정 의사	• (예전에 작성한)사전연명의료의향서 + 의사 2명의 확인 • 가족 2명 이상의 진술 + 의사 2명의 확인
최선의 이익	• 적법한 대리인의 결정 + 의사 2명의 확인 • 가족 전원의 합의 + 의사 2명의 확인

---

45) 생전유서(Living Will)와 크게 다르지 않다.

명시적(Clear Evident) 의사

의사결정능력이 있는(competent) 사람의 적절한 의사 표시가 해당한다. 이 법에서는 인정하는 두 가지 서식은 다음과 같다.

- 의료기관에서 작성된 연명의료계획서
- 의사가 확인한 사전연명의료의향서

추정(Presumed) 의사

비록 결정할 때에 환자의 명시적 의사를 확인할 수는 없지만 환자가 의사를 표현할 수 있다면 표현하였을 것으로 추정하는 환자의 뜻을 의미한다. 예를 들어,

- 의사결정능력이 없지만 환자가 이전에 작성한 사전연명의료의향서
- 가족 2명 이상의 일치된 진술(단 배치되는 다른 가족의 진술이나 다른 객관적 증거가 없어야 한다. 개정된 법에 따르면 가족이란 배우자와 부모, 자식을 말하며, 이런 가족이 한 사람도 없으면 나머지 직계비속과 직계존속을 말하며, 그도 없으면 형제자매를 말한다.)

위 내용은 담당 의사와 해당 분야 전문의가 합리성을 확인해야 한다.

최선의 이익(Patient's Best Interest)

환자의 명시적 의사도 없고 추정할 만한 자료도 없다면 누군가가 환자를 대신해서 환자에게 최선의 이익이 무엇인지를 판단해야 한다.

환자가 미성년자라면 법정대리인(친권자), 환자가 성인이라면 가족 전원의 합의 등이다.[46]

위 내용은 담당 의사와 해당 분야 전문의가 합리성을 확인해야 한다.

이 법이 기대하는 절차와 과정

건강한 때

죽음은 누구에게나 당연한 일인데 피하려 하고, 직면해야 하는데 만나기 두려워하고, 어쩔 수 없는데 모면하고자 한다. 생애의 여러 시기에 알맞고 어릴 때부터 시작하여 연령별 수준에 맞는 죽음교육이 필요하다.

무엇보다 죽음에 대해 거론하고 논의함으로써 죽음을 금기로 여기지 않는 문화가 만들어져야 한다. 죽음은 누구에게나 언젠가는 닥칠 일이고 거론한다고 해서 앞당겨지는 일은 없다. 일반적으로 죽음준비를 한다는 것은 다음을 포함한다.

(1) 후회하지 않을 삶을 사는 것
(2) 죽음 맞은 나를 위한 장례와 제사에 관한 것
(3) 죽은 뒤 남을 가족을 위한 것, 예를 들어 유산이나 화해와 용서 등
(4) 죽음의 과정에 관한 것, 즉 연명의료 결정 등에 관한 것

건강한 때에 연명의료에 관한 결정을 할 수 있는 방법으로 사전연명의료의향서를 작성할 수 있다. 보건복지부장관이 지정한 등록기관에서 사전연명의료의향서를 작성한다. 전국에 있는 등록기관은 연명의료관리기관의 누리집(https://www.lst.go.kr)에서 찾을 수 있다. 사전연명의료의향서는 언제라도 철회하거나 변경할 수 있고, 연명의료관리기관에서 관리하는 전자 공간에 보관하므로, 어디에서도 인터넷으로 본인 또는 권한을

---

46) 가족도 없고 의사결정능력이 없는 환자, 예를 들어 무연고자 독거노인 환자라면 의료기관윤리위원회가 대신 결정할 수 있도록 권고하였으나, 최종 법 제정 단계에서 삭제되었다.

가진 의료기관 관계인이 확인할 수 있다.

중한 병에 걸렸을 때

환자는 의료기관에서 적극적으로 치료를 받는 한편, 당해 상병이 치명적일 수도 있다면 의사결정능력이 있는(competent) 적당한 시기에 자신의 질병 상태, 앞으로 예정된 치료와 조치, 예후나 여명, 호스피스 완화의료 또는 연명의료의 종류나 시행 시기 등에 대하여 설명을 요구하거나 또는 의료인이 적극적으로 환자에게 설명한 뒤에 '호스피스이용동의서'나 '연명의료계획서'를 작성할 수 있다.

연명의료계획서는 일종의 '설명 받은 동의(Informed Consent)'이고 의료 문서며, 언제든지 철회하거나 변경할 수 있고, 사전연명의료의향서와 마찬가지로 연명의료관리기관 전자 공간(http://intra.lst.go.kr)에 보관됨으로 어디서나 접근하여 확인할 수 있다.

말기 상태이거나 임종 과정일 때

질병의 상태가 위중하여 환자가 병의 말기 상태이거나 임종 과정에 이르렀다면, 미리 정하여 표현한 내용에 따라 호스피스 병동을 이용하거나 가정 호스피스를 이용하거나 병동에서 자문 호스피스를 받을 수 있다. 그리고 임종 과정에 있으면 의료인은 환자의 뜻을 존중하여 의학적 판단에 따라 적절하게 연명의료 등에 관하여 결정하여 시행한다.

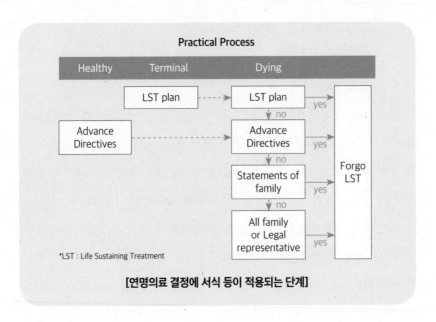

[연명의료 결정에 서식 등이 적용되는 단계]

연명의료 관련 문화 조성

이 법은 보라매병원 사건 이후로 지나친 연명의료를 줄이기 위하여 제정되었다고 보는 사람도 있다. 어찌되었든 이 법으로써 누구나 맞이할 죽음에 대하여 터놓고 얘기하고 스스럼없이 자신의 요구를 밝히며, 삶의 마지막을 스스로 정리할 수 있는 기회를 갖는 문화가 조성되기를 기대한다. 국가생명윤리심의위원회 특별위원회가 권고한 내용을 소개한다.

(1) 호스피스 완화의료 제도 확립과 시설 확충

　- 대상 질환 확대, 지정 의료기관 확대

　- 호스피스 병동, 가정 호스피스, 자문 호스피스

(2) 죽음에 대한 의료인의 교육과 의식 개선

　- 이 법을 충분히 이해하지 못하여 느끼는 불안감 해소

- 소통 기술이나 대화법 훈련, 전문가 양성

- 병원 문화

(3) 죽음에 대한 일반인의 인식 개선

- 사전연명의료의향서 문화 확대

- 당하는 죽음이 아니라 맞이하는 죽음으로 인식 개선

(4) 의료기관(병원)윤리위원회 활성화

- 구성, 역할, 기능

(5) 임종 환자에 대한 경제적 지원

임종 문화로 승화해야

연명의료결정법은 보라매병원 사건 이후로 왜곡된 삶의 마무리 단계 돌봄을 바로잡고자 마련된 법률이다. 법률은 완고한 규정이므로 삶의 마무리 또는 사망의 단계처럼 사람마다 다르고 환경에 따라 다른 다양한 상황을 규율하기에는 부적절할 수도 있다. 그래도 분명한 기준을 제시함으로써 이를 바탕으로 새로운 문화나 기준, 원칙을 만들 수도 있다. 연명의료결정법에 의한 연명의료결정제도는 임종 문화로 승화해야 한다. 한 사람의 죽음은 의료기관에서 일어나는 여러 의료적 사건 가운데 하나가 아니라, 한 사람과 그 사람을 둘러싼 가족이나 사회에게는 매우 중요한 행사임을 널리 인식하기를 기대한다.

작은 실천으로써 의사결정능력이 있을 때에 자신의 의사를 미리 정하여 사전연명의료의향서로 남기는 일부터 시작하자.

유언과 상속의

법률 효과

신현호 변호사, 법학박사, 고려대학교 법무대학원 겸임교수

유언

유언은 유언자의 사망과 동시에 법률 효과를 발생시킬 목적으로 법률에 정한 방식에 따라서 행하는 단독의 의사표시이다. 유언은 상대방의 동의나 승낙을 받을 필요가 없다. 유언자 본인의 독립된 의사에 의하여야 하고, 대리인을 통하여 할 수 없으며 사망 전까지 언제든지 자유롭게 철회하거나 변경할 수 있다.

유언의 방식

유언은 사망 후에 공개되고, 효력이 발휘되는 것이므로 유언자의 진정한 의사를 확인하기 어렵기 때문에 생전에 엄격한 요건을 갖추고 작성된 경우에 한하여 유효하다. 민법은 자필증서, 녹음, 공정증서, 비밀증서, 구수증서에 의한 유언 다섯 가지에 한하여 효력을 인정하고 있다.(민법 제1065조) 법정의 방식에 따르지 않은 유언은 무효이다.

자필증서에 의한 유언(민법 제1066조)

자필증서에 의한 유언은 유언자가 그 전문과 연월일, 주소, 성명을 자서하고 날인하여야 한다. 자필증서에 문자의 삽입, 삭제 또는 변경을 함에는 유언자가 이를 자서하고 날인하여야 한다.

녹음에 의한 유언(민법 제1067조)

유언자가 유언의 취지 및 성명과 연월일을 구술하고, 이에 참여한 증인이 유언의 정확함과 그 성명을 구술하여야 한다. 다만, 미성년자·금치산자·한정치산자와 유언으로 이익을 받을 자 및 그 배우자와 직계 혈족 등은 유언에 참여하는 증인이 될 수 없다.

공정증서에 의한 유언(민법 제1068조)

공정증서에 의한 유언은 유언자가 증인 2인이 참여한 공증인의 면전에서 유언의 취지를 말로 하고, 공증인이 이를 필기, 낭독하여 유언자와 증인이 그 정확함을 승인한 뒤 각자 서명 또는 기명, 날인해야 한다. 유언의 효력을 가장 확실하게 나타낼 수 있는 방법이다.

비밀증서에 의한 유언(민법 제1069조)

비밀증서에 의한 유언은 유언자가 필자의 성명을 기입한 증서를 엄봉, 날인하고, 이를 2인 이상의 증인 면전에 제출하여 자기의 유언서임을 표시한 뒤, 그 봉서 표면에 제출 연월일을 기재하고 유언자와 증인이 각자 서명 또는 기명, 날인하여야 한다. 이 유언봉서는 그 표면에 기재된 날로부터 5일 내에 공증인 또는 법원서기에게 제출하여, 그 봉인 위에 확정일자인을 받아야 한다.

증인의 서명날인이 없거나, 확정일자를 받지 못한 경우 등이라고 할지라도 유언자가 그 전문과 연월일, 주소, 성명을 자서하고 날인한 경우에는 자필증서에 의한 유언으로서 효력이 있다. (민법 제1071조)

구수증서에 의한 유언(민법 제1070조)

구수증서에 의한 유언은 질병 기타 급박한 사유로 위의 네 가지 방식에 의할 수 없는 경우에 유언자가 2인 이상의 증인의 참여로 그 1인에게 유언의 취지를 받아쓰고, 받아쓴 자가 이를 낭독하여 유언자와 증인이 그 정확함을 승인한 뒤, 각자 서명 또는 기명, 날인하여야 한다.

이 유언은 증인 또는 이해관계인이 급박한 사유의 종료일로부터 7일 이내에 법원에 그 검인을 신청하여야 한다. 7일 이내에 검인받지 아니한 경우 유언은 무효가 된다.

구수증서에 의한 유언은 임종이 가까운 급박한 상태에서 하게 되므로 의사(醫師)가 유언청취에 참여할 수 없는 경우가 대부분이므로, 민법 제1063조 제2항에 의한 '의사가 심신 회복의 상태를 유언서에 부기하고 서명날인'을 하지 않아도 된다.

증인의 제한(민법 제1072조)

유언에 참여하는 증인은 '미성년자, 피성년후견인과 피한정후견인, 유언으로 이익을 받을 사람, 그의 배우자와 직계혈족, 파산선고를 받고 복권되지 아니한 사람, 금고 이상의 실형을 선고받고 그 집행이 끝나거나 집행을 받지 아니하기로 확정된 후 5년이 지나지 아니한 사람, 금고 이상의 형의 집행유예를 선고받고 그 유예기간이 끝난 날부터 2년이 지나지 아니한 사람, 금고 이상의 형의 선고유예를 받고 그 유예기간 중에 있는 사람, 법원의 판결에 따라 자격이 상실되거나 정지된 사람, 탄핵이나 징계에 의하여 파면 또는 면직 처분을 받거나 변호사법에 따라 제명된 날부터 5년이 지나지 아니한 사람, 징계에 의하여 해임 처분을 받은 날부터 3년이 지나지 아니한 사람'은 증인 결격사유에 해당되므로 증인능력이 없다. 증인능력이 없는 사람이 증인이 된 경우 유언은 무효이다.

유언의 철회

유언자는 언제든지 유언 또는 생전행위로써 유언의 전부나 일부를 철회할 수 있고, 유언을 철회할 권리를 포기하지 못한다.(민법 제1108조)

재산증여를 유언한 후 그 재산을 처분하는 등 유언 후의 생전행위가 유언과 저촉되는 경우에는 그 저촉된 부분의 전 유언은 이를 철회한 것으로 본다.(민법 제1109조) 유언자가 고의로 유언증서 또는 유증의 목적물을 파기 하거나 훼손한 때에는 그 부분에 해당되는 유언은 이를 철회한 것으로 본다.(민법 제1110조)

아버지가 전 재산을 장학재단에 유증하면서 첩의 생존기간 동안 생활비를 지급하도록 하였으나, 장학재단이 첩의 생활비를 주지 아니한 경우 상속인 또는 유언집행자는 상당한 기간을 정하여 이행할 것을 최고하고 그 기간 내에 이행하지 아니한 때에는 법원에 유언의 취소를 청구할 수 있다.(민법 제1111조)

유언의 효력

유언은 유언자가 사망한 때로부터 그 효력이 생긴다.(민법 제1073조) 유언에 정지조건이 있는 경우에 그 조건이 유언자의 사망 후에 성취한 때에는 그 조건성취한 때로부터 유언의 효력이 생긴다.

유증을 받을 자(수증자)는 유언자의 사망 후에 언제든지 유증을 승인 또는 포기할 수 있다.(민법 제1074조) 수증자가 유증을 승인하거나 포기한 때에는 이를 취소하지 못한다.(민법 제1075조) 수증자가 의사표시를 하지 아니한 경우 유증의무자나 이해관계인은 상당한 기간을 정하여 그 기간 내에 승인 또는 포기를 확답할 것을 수증자 또는 그 상속인에게 최고할 수 있다.(민법 제1077조)

유언의 집행

자필증서, 비밀증서 등 유언의 증서나 녹음을 보관한 자 또는 이를 발견한 자는 유언자의 사망 후 지체 없이 법원에 제출하여 그 검인을 청구하여야 한다.(민법 제1091조) 공정증서나 구수증서에 의한 유언은 법원의 검인을 받을 필요가 없다.

법원이 봉인된 유언증서를 개봉할 때에는 유언자의 상속인, 그 대리인 기타 이해관계인의 참여가 있어야 한다.(민법 제1092조) 유언자는 유언으로 유언집행자를 지정할 수 있고 그 지정을 변호사 등 제3자에게 위탁할 수 있다.(민법 제1093조) 지정된 유언집행자가 없는 때에는 상속인이 유언집행자가 된다.(민법 제1095조) 유언집행자가 없거나 사망, 결격 기타 사유로 인하여 없게 된 때에는 법원은 이해관계인의 청구에 의하여 유언집행자를 선임하여야 한다.(민법 제1096조) 유언집행자가 수인인 경우에는 임무의 집행은 그 과반수의 찬성으로써 결정하고, 다만 보존행위는 각자가 이를 할 수 있다.(민법 제1102조)

유류분

법정상속인에게 최소한의 범위 내에서 상속받을 권리를 보장해 주는 제도이다. 유언자유의 원칙에 따르면 유언자는 모든 재산을 임의로 처분할 수 있으나, 이럴 경우 상속인의 생계가 위협받을 수 있기 때문에 법정상속인들에게 법정상속지분의 50%를 보장해 주고 있다.

유류분권리자 및 지분

(1) 유류분권자 : 피상속인의 직계비속, 배우자, 직계존속, 형제자매 등이다.(민법 제112조)

(2) 지분 : 피상속인의 직계비속 및 배우자는 법정상속분의 1/2, 직계존속 및 형제자매는 법정상속분의 1/3씩 유산상속원을 갖는다.

(3) 유류분산정기준 : 유류분은 피상속인의 상속개시 시에 있어서 가진 재산의 가액에 증여재산의 가액을 가산하고 채무의 전액을 공제하여 이를 산정한다.(민법 제1113조) 증여재산은 상속개시 전의 1년간에 행한 것에 한하여 산정하고, 당사자 쌍방이 유류분권리자에 손해를 가할 것을 알고 증여를 한 때에는 1년 전에 한 것도 상속가액에 가산하여 산정한다.(민법 제1114조)

상속

상속의 개시

상속은 자연적으로 사망한 즉시 시작된다.(민법 제997조). 상속권이 참칭상속권자로 인하여 침해된 때에는 상속권자 또는 그 법정대리인은 상속권 침해를 안 날부터 3년, 상속권의 침해행위가 있은 날부터 10년 이내에 상속회복청구의 소를 제기할 수 있다.(민법 제999조)

상속인

상속순위

상속은 피상속인의 직계비속, 직계존속, 형제자매, 4촌 이내의 방계혈족 순으로 이루어지고(민법 제1000조), 피상속인의 배우자는 직계비속 또는 직계존속과 동순위로 공동상속하고, 직계비속이나 직계존속이 없을 때는 단독상속한다.(민법 제1003조)

대습상속

상속인이 될 직계비속 또는 형제자매가 상속개시 전에 사망하거나 결격자가 된 경우에 그 직계비속이 있는 때에는 그 직계비속이 사망하거나 결격된 자의 순위에 갈음하여 상속인이 된다.(민법 제1001조) 예를 들어 직계비속이 3명 있는데, 그중 큰아들이 먼저 사망한 경우 큰아들의 직계비속이 대습상속한다.

상속인 결격사유

상속인이 '고의로 직계존속, 피상속인, 그 배우자 또는 상속의 선순위나 동순위에 있는 자를 살해하거나 살해하려한 자, 고의로 직계존속, 피상속인과 그 배우자에게 상해를 가하여 사망에 이르게 한 자, 사기 또는 강박으로 피상속인의 상속에 관한 유언 또는 유언의 철회를 방해한 자, 사기 또는 강박으로 피상속인의 상속에 관한 유언을 하게 한 자, 피상속인의 상속에 관한 유언서를 위조·변조·파기 또는 은닉한 자'일 경우에는 상속을 받지 못한다(민법 제1004조)

상속의 효력

상속인은 상속개시 된 때로부터 피상속인의 재산에 관한 포괄적 권리의무를 승계하고(민법 제1005조), 상속인이 수인인 때에는 상속재산은 그 공유로 한다.(민법 제1006조)

공동상속인 중에 피상속인으로부터 재산의 증여 또는 유증을 받은 자가 있는 경우에 그 수증재산이 자기의 상속분에 달하지 못한 때에는 그 부족한 부분의 한도에서 상속분이 있다.(민법 제1008조)

공동상속인 중에 상당한 기간 동거·간호 그 밖의 방법으로 피상속인을 특별히 부양하거나 피상속인의 재산의 유지 또는 증가에 특별히 기여한 자가 있을 때에는 이를 기여분으로 계산한다. 기여분에 대한 협의가 되지 아니하거나 협의할 수 없는 때에는 가정법원에서 기여의 시기·방법 및 정도와 상속재산의 액, 기타의 사정을 참작하여 기여분을 정한다. (민법 제1008조의2)

상속분

동순위의 상속인이 여러 명 있을 때에는 그 상속분은 똑같은 비율로 나누고, 피상속인의 배우자의 상속분은 5할을 가산한다. (민법 제1009조)

공동상속인 중에 그 상속분을 제3자에게 양도한 자가 있는 때에는 다른 공동상속인은 그 가액과 양도비용을 상환하고 그 상속분을 양수할 수 있고, 양수청구권은 그 사유를 안 날로부터 3월, 그 사유 있은 날로부터 1년 내에 행사하여야 한다. (민법 제1011조)

상속재산의 분할

유언에 의한 분할방법지정

피상속인은 유언으로 상속재산의 분할방법을 정하거나 이를 정할 것을 제3자에게 위탁할 수 있고 상속개시의 날로부터 5년을 초과하지 아니하는 기간 내의 그 분할을 금지할 수 있다. (민법 제1012조)

협의에 의한 분할

피상속인이 유언으로 분할방법을 지정하니 아니한 경우 상속재산은 공동상속인 사이에 협의에 의하여 분할할 수 있다. (민법 제1013조)

사실혼관계에서 출생한 자 등이 상속개시 후의 인지 또는 재판의 확정에 의하여 공동상속인이 되어 상속재산의 분할을 청구할 경우, 다른 공동상속인이 이미 분할 기타 처분을 한 때에는 그 상속분에 상당한 가액의 지급을 청구할 권리가 있다. (민법 제1014조)

상속재산분할의 소급효

상속재산의 분할은 상속 개시된 때에 소급하여 그 효력이 있다. 그러나 제3자의 권리를 해하지 못한다. (민법 제1015조)

상속의 승인 및 포기

상속승인 및 포기 기간

상속인은 상속개시 있음을 안 날로부터 3월내에 한정승인 또는 상속포기를 할 수 있다. 상속인이 상속채무 초과사실에 대하여 중대한 과실 없이 알지 못하고 단순승인을 한 경우에는 그 사실을 안 날부터 3월 내에 한정승인을 할 수 있고(민법 제1019조), 승인이나 포기를 하면 취소하지 못한다. (민법 제1024)

상속인이 피성년후견인 등 제한능력자인 경우에는 그의 친권자 또는 후견인이 상속이 개시된 것을 안 날부터 3개월 내에 한정상속, 상소포기를 하여야 한다. (민법 제1020조)

단순승인

상속인이 단순승인을 한 때에는 제한 없이 피상속인의 권리의무를 승계하고(민법 제1025조), '상속인이 상속재산에 대한 처분행위를 한 때, 기간 내에 한정승인 또는 포기를 하지 아니한 때, 한정승인 또는 포기를 한 후에 상속재산을 은닉하거나 부정소비하거나 고의로 재산목록에 기입하지 아니한 때'에는 단순승인 한 것으로 간주한다. (민법 제1026조)

한정승인

상속인은 상속으로 인하여 취득할 재산의 한도에서 피상속인의 채무와 유증을 변제할 것을 조건으로 상속을 승인할 수 있고(민법 제1028조), 상속인이 수인인 때에는 각 상속인은 그 상속분에 응하여 각각 한정승인 할 수 있다. (민법 제1029조)

상속인이 한정승인을 하고자 할 때에는 기간 내에 상속재산의 목록을 첨부하여 법원에 한정승인의 신고를 하여야 한다. (민법 제1030조)

한정승인자는 신고한 채권자와 한정승인자가 알고 있는 채권자에 대하여 자기책임 하에(민법 제 1031조), 각 채권액의 비율로 변제하여야 하고 (민법 제1034조), 이를 위반한 경우 그 손해를 배상하여야 한다.

상속포기

상속인이 상속을 포기할 때에는 제1019조 제1항의 기간 내에 가정법원에 포기의 신고를 하여야 하고(민법 제1041조), 상속의 포기는 상속 개시된 때에 소급하여 그 효력이 있다. (민법 제1042조)

상속인이 수인인 경우에 어느 상속인이 상속을 포기한 때에는 그 상속분은 다른 상속인의 상속분의 비율로 그 상속인에게 귀속된다. (민법 제 1043조)

재산의 분리 및 상속인 부존재

부부공동명의로 아파트를 소유하고 있는데 배우자 일방이 사망한 경우 상속채권자나 유증받은 자 또는 상속인의 채권자는 상속 개시된 날로부터 3월 내에 상속재산과 상속인의 고유재산의 분리를 법원에 청구할 수 있다.(민법 제1045조)

행려병자나 고아 등 상속인의 존부가 분명하지 아니한 때에는 법원은 제777조의 규정에 의한 피상속인의 친족 기타 이해관계인 또는 검사의 청구에 의하여 상속재산관리인을 선임하고 지체 없이 이를 공고하여야 한다.(민법 제1053조)

상속재산관리인은 공고 있는 날로부터 3월 내에 상속인의 존부를 알 수 없는 때에는 지체 없이 일반상속채권자와 유증받은 자에 대하여 2개월 이상의 기간을 주고 그 채권 또는 수증을 신고할 것을 공고하여야 한다.(민법 제1056조) 위 기간이 경과하여도 상속인의 존부를 알 수 없는 때에는 법원은 관리인의 청구에 의하여 상속인이 있으면 1년 이상의 기간을 주고 그 권리를 주장할 것을 공고하여야 한다.(민법 제1057조) 제1057조의 기간 내에 상속권을 주장하는 자가 없는 때에는 가정법원은 피상속인과 생계를 같이 하고 있던 자, 피상속인의 요양간호를 한 자, 기타 피상속인과 특별한 연고가 있던 자의 청구에 의하여 상속재산의 전부 또는 일부를 분여할 수 있다.(민법 제1057조의2)

한국 현대미술에 나타난

죽음 이미지

박영택 경기대학교 교수, 미술평론가

미술에서 말하는 죽음의 의미

미술에서 이야기하는 죽음은 객관적 사실이나 사건으로서의 죽음이 아니다. 운명으로서의 죽음 또는 자연 현상으로서의 죽음을 이야기하려는 것도 아니다. 남다르고 의미 있는 죽음을 통해서 그 의미를 찾고, 죽음이 끼치는 영향, 죽음을 통해서 깨닫게 되는 진리, 죽음을 넘어서는 새로운 삶 등을 이야기하려는 것이다. 생물학적으로 동일한 현상인 죽음은 한 사회가 함유하고 있는 가치기준에 따라 다르게 인식된다. 그래서 죽음은 문화적 현상이 되는 것이다. 죽음은 인간의 중대 관심사이며 학문의 중요 과제이다. 당연히 미술에서도 중요한 문제다. 더불어 죽음은 삶을 바라볼 수 있는, 성찰할 수 있는 거울이다. 보다 인간적인 삶이 무엇인가를 질문하는데 있어 죽음은 피할 수 없는 문제가 된다. 죽음은 누구나 말하기 싫어하는 금기이다. 그럼에도 이를 피하거나 외면할 수 없는 것이 사실이다.

그러나 그간 한국 현대미술사에서 죽음을 다룬 이미지는 많지 않다. 오랫동안 미술은 죽음과 무관한 것이라고 생각해 왔다. 그런 가운데 80년대 광주에서의 죽음을 계기로 많은 작가가 그 죽음을 애도하는 한편 이후 한국 사회에서 일어나는 다양한 죽음을 어떻게 볼 것인가를 형상화하려는 여러 시도가 전개되고 있다.

전체적으로 살펴본 결과, 한국 작가들이 죽음을 다룬 현대미술은 무엇보다도 한국인들이 지니고 있는 전통적인 생사관(특히 무속적인 생사관)에 입각해 죽음을 다룬 시각이 많았다. 그 다음은 가족의 죽음이라는 치명적 상흔을 형상화하는 작업, 정치적인 죽음을 고발하고 이를 위무하는 차원의 작업이 뒤를 이었다. 사회에서 일어나는 여러 죽음을 대상으로 하는 경우도 있지만 드문 편이다.

죽음은 인간의 삶에서 가장 충격적이고 극적인 사건이다. 죽음에 대한 경험은 작가의 삶에 적지 않은 영향을 끼치고, 그것은 미술 속에서 여러 가지 모습으로 반영될 수밖에 없을 것이다. 그러나 한국 현대미술은 아직 이 부분에서 취약한 형편이다. 여전히 미술은 죽음과는 별개의 것으로 아름다움이나 미술내적인 문제를 해명하는 것이어야 한다는 믿음들이 있다. 개별적으로는 삶과 죽음에 대해 매일 생각할 것이고 더불어 주변에서 일어나는 여러 죽음과 맞닥뜨리면서도 정작 그 문제에 대해 미술은 오랫동안 침묵을 유지해 왔다.

그러나 최근 들어 그 죽음에 대한 여러 다양한 발언들이 나오고 있다. 이는 우리 삶이 그만큼 불안하고 공포스럽다는 사실을 반영하는 동시에 미술이 그런 문제와 결코 무관할 수 없다는 인식에 기인하는 것 같다. 현재 우리 세계가 죽음을 전적인 타자로서만 만나고 있다고 보이는데 이를 통해 죽음의 공포가 만연하고 있다.

오늘날은 오로지 삶에만, 살아 있는 몸에만 관심을 갖고 있으며 영혼에는 관심이 없다. 지금 우리에게 죽음은 시간적으로든 공간적으로든 철저하게 타자화되어 있다. 따라서 필요한 것은 삶 속에서 부단히 직접적으로 죽음과 마주치는 훈련이다. 미술 속에서 재현된 죽음은 그런 의미 있는 훈련이기도 하다. 우리는 일상의 삶 속에서 지속적으로 죽음이 무엇인가에 대한 질문을 던져야 한다. 그것이 바로 삶이 무엇인지를 규명하는 일이자 의미 있는 삶의 추구일 것이다.

죽음에 대한 저항으로서 이미지

죽음이란 생물의 생명이 소실되어 어딘가로 사라지는 것이다.[47] 원래 없던 내가 다시 본래의 자리고 되돌아간다. 나는 사실 부재였다. 완전한 무였다. 그러니 죽음이란 결코 밑질 일이 아니다. 태어나기 이전의 상태로 회귀한다고 해야 한다. 살아 있는 모든 것은 반드시 죽는다. 이것만큼 엄정한 진실은 없다. 한순간을 산다는 것이 생명체의 조건이다. 누구도 그 조건을 위반하거나 거스를 수 없다. '생자필멸'인 것이다.

그러니 생은 유한한 시간을 살아간다는 조건 속에서 삶이 펼쳐진다. 언젠가는 끝나지만 그것이 언제 종료할지는 누구도 모른다는 점이 또한 아이러니하지만 매력적이다. 이 순간을 산다는 의식, 모든 것이 순식간에 사라질지도 모른다는 쓸쓸한 심정이야말로 인간의 인간다움이다. 그래서 그리스 신들은 그러한 인간을 질투했다고 한다. 영원히 사는 신들은 결코 느낄 수 없는 감정 말이다. 나는 결코 불사와 불멸을 원하지 않는다. 영원한 삶을 구원처럼 약속하는 종교인은 결코 될 수 없는 성격이다.

인간은 죽음을 겪고 이를 의식하기 시작하면서부터 비로소 사유하는 존재가 되었다. 죽음을 본 그 어느 날, '만드는 인간'은 '생각하는 인간'이 된 자신을 보게 되지 않았을까? 사랑과 추억이라는 것도 생겼으리라. 모든 이미지는 죽음을 환생시키고자 하는 열망에서 나온다. 매장풍습을 처음으로 행한 이들은 네안데르탈인이다. 그들은 비로소 죽음을 발견하고 시신을 삶의 공간, 영역으로부터 배제시키기 시작했다. 무덤이란 두 가지

---

47) 오바라 히데오/ 아카데미서적 편집부 역, 『만물의 죽음』(아카데미서적, 1997), 139.

기능을 행한다. 하나는 죽음을 기념하는 장소이고 다른 하나는 죽음을 두려워하기에 일상적 삶의 공간에서 멀리 떨어뜨려 놓는 것이다. 비로소 지상은 산 자의 공간이 되었고 지하는 죽은 이의 공간이 되었다.

인간은 죽음을 좀 더 세련되고 정치적으로 이해하기 시작했고 죽음 이후를 꿈꾸기 시작했다. 모든 문화는 그 죽음을 어떤 식으로든 해명하기 위해 나온 것이다. 우리가 죽음을 정의하고 이해하며 처리하는 방식 역시 항상 역사적이며 사회적이고 정치적이란 사실은 자명하다. 인간에게 죽음은 단순한 생리학적 현상이 아니라 '믿음, 정서, 의례 등이 결부되는 복잡한 현상'이다.[48] 그러기에 아리에스는 "죽음은 한 개인의 소멸에 그치는 것이 아니라 한 사회 집단에 상처를 입히는 것이므로 그 상처를 치유해야 한다… 죽음은 늘 사회적이고 공적인 사실이었다."고 말한다.[49]

한 사회, 공동체 안에서의 치명적인 상처인 죽음은 오랫동안 미술에서 가장 중요한 주제가 되었다. 이미 네안데르탈인들은 무덤을 만들어 죽은 이를 애도했고 무덤 주변에 꽃을 뿌리기까지 했다. 이후 인류의 가장 가까운 조상인 크로마뇽인들은 동굴 벽화에 죽음을 묘사했다. 그것은 죽음의 공포를 이기고, 욕망하는 것을 호명하는 가운데 탄생된 것이었다. 제의이자 주술이었던 것이다. 이처럼 애초에 이미지는 죽음에 대한 공포로부터 출발했다. 그것은 부재에 저항하고자 하는 심리적 욕망이다. 그러니까 잔인한 시간의 승리 앞에 사라져버린 모든 것을 안쓰럽게 추억하고 가슴에 담아 두기 위해 이미지는 필요했을 것이다.

그렇다면 그 이미지란 것은 시간의 힘과 죽음에 대항하고 저항하려는

---

48) 이창익, "죽음의 연습으로서의 의례-이중 장례식의 구조와 의미" 「역사와 문화」 19호(2010), 13.
49) 필립 아리에스/ 고선일 역, 『죽음 앞의 인간』(새물결, 2004), 984.

인간의 의지였지 않았을까? 죽음을 피할 수 없다면 이를 받아들이되 대신 이미지를 빌어 그 죽음/시간에 저항한다. 그러니까 인간은 "죽음의 파괴에 '이미지'라는 재생으로 맞선다."[50] 부패와 소멸, 죽음을 넘어서서 상처를 보존시키고 방부 처리하고자 하는 욕망. 시간의 지배를 거스르고 시신에 방부 처리를 해 썩어 가는 냄새를 지운 것이 바로 최초의 미술 작품에 해당하는 이집트의 미라[51]였다. 시신이 부패하는 끔찍한 연쇄과정을 차단하려는 시도였다.

이후 조각, 그림, 사진이 그 뒤를 이었다. 최초의 조각은 시신을 돌에 새기는 일이었다. 당시 사람들은 돌이라는 물질이 이 세상에서 가장 단단하고 영속적인 것으로 믿었다. 당연히 돌에 새겨진 육체는 불멸할 것으로 확신했다. 어쨌든 이미지는 결코 부식될 이유가 없었고 믿을 만한 그 어떤 것이 되었다. 이미지를 통해 인간은 비로소 영생과 불멸의 삶을 살 수가 있었다. 주검이 주는 공포를 극복하기 위한 하나의 장치였던 이미지는 죽음의 해체에 이미지에 의한 구성으로 맞선 것이다.

그러나 이미지는 결국 환영에 불과한 것이다. 이미지의 어원은 '이마고(imago)'로 그것은 귀신, 유령이라는 뜻이다. 죽은 이의 얼굴을 밀랍으로 떠 낸 것을 지칭하는 이마고는 장례식에서 마치 영정사진처럼 내놓거나 자기 집 안마당 벽감 또는 비밀창고나 선반에 모셔 두는 것이기도 했다. '피구라(figura)'는 원래는 귀신이라는 뜻이었다가 나중에 형상이라는

---

50) 레지스 드브레/ 정진국 역, 『이미지의 삶과 죽음』(글항아리, 2011), 37.
51) 이집트인들은 방부 처리를 심오한 종교적 행위로 여겼다. 그들은 모든 이가 젊음과 활력과 아름다움을 끝까지 유지하는 곳(낙원)에 다시 태어나 영생을 누리려면 개인의 영적인 힘과 생명력이 자신의 육신을 알아보고 그것과 재결합할 수 있어야 한다고 생각했다. (히더 프링글/ 김우영 역, 『미라』(김영사, 2003), 51) 이집트에서 이 미라만들기(mummification)는 원래 땅이나 공기의 건조작용에 의한 자연적 결과물이었다가 이후 인공적인 미라 제작기술로 옮겨갔다.

말이 되었다. '우상(idol)'은 '에이돌론(eidolon)', 즉 사자의 망령이나 유령을 뜻하는 말에서 나왔다. 기호(sign)라는 말은 묘석을 뜻하는 '세마(sema)'에서 왔다. 아울러 종교의례에 사용하는 말이었던 '재현(representation)'은 '장례의식을 위해 검은 포장이 덮인 텅 빈 관'을 가리킨다. 그것은 중세 장례식에서 고인을 대신하는, 손으로 빚은 채색된 형상이란 뜻도 있다.[52]

과연 이미지란 무엇인가? 그것은 결국 죽음으로부터 소멸되어 사라지는 인간 육체를 안쓰럽게 환생시키고자 마련된 장치다. 비로소 이미지를 통해 인간은 위안을 얻고 시간과 죽음에 저항하고 견뎌 낸다. 이제 '진정한 생명'은 허구적 이미지 속에 있는 것이지 실제 몸속에 있는 것이 아니다.

재현물은 사라진 사람을 단순히 물질로 재현한 것이 아니다. 여전히 그 육신의 생리를 간직한 사람의 일부이자 궁극적인 연장이었다. 그래서 바슐라르는 "죽음은 무엇보다도 이미지이고 또 이미지로 산다."고 말했다. 구석기 시대 동굴 벽화에서부터 이집트의 고분, 로마 시대의 석관과 르네상스 시대의 초상화, 17세기 네덜란드의 정물화(바니타스)를 거쳐 오늘날까지도 죽음은 미술에서 매우 중요한 주제였다. 물론 현대미술에 와서는 이전처럼 죽음의 공포를 전면적으로 다루지는 않게 되었지만 여전히 인간 삶에서 본질적인 죽음을 완전히 외면해 오지는 않았다고 본다. 프란시스 베이컨, 앤디 워홀 및 현존하는 데미안 허스트 같은 작가들의 작업은 일관되게 죽음이란 테마를 다루고 있는 중요한 사례들이다.

---

52) 레지스 드브레, 26-28.

한국 전통과 현대미술에서 죽음 이미지

우리의 경우 전통 시대의 미술/이미지는 앞서 언급한 것처럼 모두 죽음과 긴밀히 연관된 도상들이다. 당시의 신화와 종교는 결국 당대인들의 생사관을 해명하고 죽음 이후를 약속해 주는 이데올로기였다. 따라서 그 시대의 모든 이미지는 그 이념의 도상화이자 주술적 이미지였던 것이다.

고구려 고분미술은 죽은 이의 공간을 장엄하는 이미지로서 죽음 이후의 세계를 가시화하고 불사와 불멸에 대한 약속을 욕망하는 것들이다. 신라시대 무덤 안에 넣은 토우는 성행위를 하는 남녀상과 출산하는 임산부의 모습을 형상한 것인데 여기서 성은 생산의 상징이자 풍요의 상징이요 고인이 부활하기를 바라는 남은 자들의 마음이다. 민화(십장생) 역시 무병장수를 꿈꾸는 도상들이고 인물산수화 안에는 신선에 대한 염원이 깃들어 있기도 하다. 한결같이 불사와 불멸에의 강한 희구를 드러내는 의미로 충만한 도상들이다. 그것은 늘상 죽음을 극복하고자 한 시도이다. 그러니 전통 시대의 이미지는 모두 죽음과 맞닿아 있었던 셈이다.

반면 한국 현대미술에서는 그 죽음을 다룬 이미지를 만나기가 쉽지 않다. 죽음이란 구체적인 사건이나 경험 혹은 근원적인 부재에 대한 사유를 반영하는 미술 작품이 의외로 많지 않다는 점은 의아하다. 한국 현대미술에서 죽음과 같은 컴컴하고 무시무시한 것은 가능한 배제되어야 한다고들 믿었다.

근대기에 형상된 '순수미술'은 미술이 오로지 아름답고 감각적인 것들을 다루는 것이어야 한다는 인식을 강제했다. 그래서 살아 있는 누드와 싱싱한 과일과 꽃 등이 반복해서 그려졌으며 생명 있는 것들만이 예찬되었다. 어둡고 죽은 것들은 추방되었다. 근대성은 합리성과 과학이란 이름으로 우리 주변의 삶에서 죽음이란 단어를 지우고자 했다. 이전에 신의 영역이었던 죽음은 의학의 발전으로 인해 극복할 대상으로 변해버렸으며 나아가 '삶의 기쁨'만이 충만한 현실 세계에 대한 강박과 집착이 죽음을 금기의 대상으로 만들었다. 그래서 근대는 '영성의 문화'를 '물성의 문화'가 지배한 과정으로 이해한다.[53]

시각적인 아름다움이나 미술 내적인 문제만을 형식적으로 다루기 시작한 이후 한국 현대미술 또한 인간과 존재에 대한 근본적인 가치들로부터 점차 멀어졌다. 사회와 현실 문제를 반영하는 것도 미술에서 배제되었다. 미술이 '개념'이라는 가장 기본적인 근거만으로 모든 것을 끌어들이며 영역을 확장시킨 결과 인간 존재의 문제는 더더욱 예술가들로부터 소외되었다.

외부세계를 미적으로 재현하는 구상과 서구 모더니즘미술의 수용과 번안으로 강제된 그간의 한국 현대미술이 죽음과 같은 인간 존재의 본질적인 주제를 다루려는 시도가 거의 없었다. 이는 서구 현대미술과도 조금은 구별되는 우리의 특별한 경우이다. 아마도 분단 상황과 반공 이데올로기, 그리고 권위적인 정치 권력과 통제된 사상, 그리고 일제 식민지 시대부터 이어져 온 순수주의 미술관이 강제한 결과라고 여겨진다. 더불어 우리가 그만큼 미술을 장식적이고 아름다움 속에서만 이해해 온 결과이기도 하다.

일제 식민지 시기와 한국전쟁, 분단, 4·19와 5·16, 70년대 군사독재와 80년 광주를 거치면서 오늘에 이르기까지 무수한 죽음과 폭력, 희생을

---

53) 주강현, "한국무속의 생사관," 『동아시아 기층문화에 나타난 죽음과 삶』(민속원, 2001), 73.

경험한 한국 근현대사에서 죽음을 정면으로 다룬 이미지가 거의 부재했다는 사실은 매우 아이러니하다. 80년대 후반을 거치면서 사적인 경험과 동시대 현실에서 마주하는 다양한 죽음에 대한 인식을 다룬 작업이 비로소 가능하게 되었다.

이렇듯 금기시되던 죽음이 다시 관심의 대상이 된 이유가 있을 것이다. 죽음이 오늘날 새삼 성찰의 대상으로, 문제적 대상으로 부상하고 있다는 점은 여러 원인이 있겠지만 무엇보다도 근대성 자체에 대한 반성의 측면이 있을 것이고 미술의 경우라면 미술이 결국 자신의 삶에서 유래한 모든 문제를 시각적으로 해명하는 작업이라는 인식 아래 정치와 현실, 여러 문화적 현상과 인간의 삶과 욕망, 죽음 등을 본격적으로 문제시하려는 최근 인식에 따른 결과로 보인다. 미술이 인간다운 삶과 진정한 행복을 추구하려는 본능적인 욕망의 실현에서 자유롭지 못하다면 죽음과 죽음으로 이끄는 모든 것에 대해 저항하고 반성하려는 것은 당연한 시도로 보인다. 나아가 인간 존재에 대한 깊은 성찰과 사유를 보여 주려는 미술은 결코 죽음을 회피할 수 없을 것이다.

한국 현대미술에 나타난 죽음 이미지

한국 현대미술에 나타난 죽음 이미지는 몇 가지 주제로 분류해 볼 수 있다. 우선 '존재의 무상성'이다. 죽음이란 사건은 원래 어떤 생물 개체를 구성하는 전체 조직 세포의 생활 기능이 정지되는 것을 일컫는 말이다. 물론 인간에게 죽음이란 그렇게 단순한 생물학적 현상에만 그치는 것은 아니다. 그것은 문화적인 현상이다.

그러나 우선적으로 죽음을 생각할 때 대다수 작가는 사라짐과 부재, 상실과 소멸이라는 관점에서 죽음을 다루고자 한다. 그래서 죽음을 다룬 작업에서 우선적으로 만나는 것은 소멸될 수밖에 없는 존재의 무상성을 드러내는 것이다. 시간이 지나면 지상에 존재하는 생명 있는 것들은 결국 사라진다. 사라질 수밖에 없는 존재가 바로 생명이다. 상당수 작가는 그러한 자연의 섭리, 엄정한 자연법칙 아래 소멸되고 사라지는 존재에 대한 성찰을 통해 인간이란 존재, 나란 존재에 대한 여러 상념을 부풀려 내면서 이를 작업 안으로 자연스럽게 호명하고자 한다. 이런 사례가 죽음에 대한 우선적으로 만날 수 있는 인식이라고 보인다.

그 다음으로는 '삶과 죽음은 하나'라는 인식이다. 죽음은 삶의 끝이고 생각이 멈추는 지점이다. 죽음은 출생과 함께 인생의 가장 중대한 사건이다. 사람의 일생은 출생으로부터 시작하지만 인간의 삶은 죽음을 향해 나아가는 여정이기도 하다. 살아가는 것이 죽어 가는 것이다.

생각해 보면 삶의 뒷면이 죽음이고 죽음의 앞면이 삶이다. 동양의 유가나 도가에서는 개별 생명체를 자연의 기(氣)의 응집으로 여기며, 따라서 죽음은 응집된 기가 혼비백산(魂飛魄散)으로 흩어서 자연으로 되돌아가는 과정으로 간주한다. 자연으로부터 왔다가 다시 자연으로 되돌아가는 것을 우주만물의 당연한 이치로 본 것이다. 불교는 개체(생명체)가 죽을 때 오온은 흩어져 멸하여도 그 개체가 지은 업의 힘이 업력으로 남아 그 다음의 오온을 형성하므로 죽음을 단순한 끝이라고 보지 않는다. 흔히 불교에서 말하는 색즉시공은 세간이 허공 속에 있다는 것, 즉 삶이 죽음의 바탕위에 있다는 것을 뜻하고 공즉시색은 허공 속에 세간이 그려진다는 것, 즉 죽음이 삶의 바탕이라는 것을 뜻한다.[54] 생사일여의관점이다. 즉 "탄생과 죽음은 서로 대립되거나 방해하지 않는다."(도원선사)

더불어 한국의 '전통적인 생사관'을 반영하는 작업을 꼽을 수 있다. 한국인의 죽음에 대한 전통적인 인식 태도는 서양인의 합리적이고 분석적인 태도(죽음을 '나의 것'으로 바라보고 가능성을 지닌 한 현상으로 파악하는 과학적이고도 객관적인 성찰과 죽음을 현존재의 본래성으로서의 실존성 획득의 한 수단으로 간주하는 실용적인 인식 태도)와는 달리, 다분히 '관조적'이고 '관념적'이다. 한국인은 저승을 이승의 연장선상에서 항상 파악한다. 죽음을 새로운 삶의 시작이며, 생명의 전이로 해석하고 있다. 사람이 죽으면 영혼은 세 가지로 분류되는데, 즉 혼과 귀와 백의 핵분열이 일어나게 된다는 것이다. 혼은 승천하고, 백은 땅으로 스며드는데 비해, 귀는 공중에서 떠돌아다니다가 기일이 되면 제사에 참석하게 된다. 이 중 귀와 백은 항상 산 자와 관련을 맺으며, 풍수지리설과 연관되어 지속적으로 산 자(자손들)에게 중대한 영향을 미친다고 믿었다. 이렇게 볼 때 죽는다는 것과 산다는 것은 존재 전이일 뿐, 별반 차별이 없는 것으로 해석된다.

　　이처럼 한국인의 사생관은 '현세적이면서도 내세적'이고 '내세적이면서도 현세적'이라는 데 그 특징이 있다고 지적된다. 한국인의 내세관에 있어서의 특징은 죽음을 '현실 극복을 위한 이상향'으로 설정하고 동경하고 있다는 점이다. 서양인들이 죽음이나 내세를 공포, 불안의 요소로 간주하고, 단지 현세의 본래성을 되찾기 위한 방안으로만 죽음을 사색하는 데 비해, 무속에 뿌리를 두고 있는 한국인은 죽음을 전혀 두려워하지 않을뿐더러, 저승을 하늘이 준 복수를 다 누린 후에는 가야 할 이승의 연장으로 사고하는 관계로 행복하고 편안하게 죽음을 맞아들이는 점도 커다란 차이점이다.

---

54) 박찬욱, 『죽음, 삶의 끝인가 새로운 시작인가』(운주사, 2011), 17.

무엇보다도 한국인의 전통적인 생사관에서는 우주적 생명과 인간의 생명은 유기적이라 생각해 왔다. 따라서 인간 중심의 생사관은 애초부터 없다. '우주로의 환원적 사고 속에는 인간이 살고 있는 땅과 공간으로서의 우주가 하나로 연결되고 있으며, 그럼으로써 삶과 죽음은 유기성을 얻는다.'[55] 예를 들어 한국의 무속에서는 인간의 영혼을 믿는데 그에 따라 사후에 영혼이 저승으로 건너가서 영생하거나 아니면 다시금 현세로 환생한다. 우주적 생명과 인간의 생명이 하나라는 것이 다름 아닌 무속의 세계관이다. 무교는 한국인의 원초적 종교 심성을 결정하는 종교이기에 그렇다.

그 다음으로는 '사회적 죽음'에 대한 관심의 반영이다. 우리 사회에서는 온갖 죽음이 창궐한다. 매일매일 다양한 죽음을 현기증 나게 접하고 있다. 질병과 자살을 비롯해 온갖 다양한 사고로 죽은 이들 그리고 데모와 시위, 분신 등으로 희생된 이들도 부지기수다. 정치적, 사회적 문제와 갈등으로 인해 초래된 다양한 죽음에 관한 성찰과 이를 소재로 다룬 작품들은 1980년대 이래로 증가하고 있다.

삶과 죽음은 하나다

통상적으로 사람들은 죽음을 한 생명체가 세상에 태어나서 일정 기간의 생애를 끝내고 사라지는 것으로 간주한다. 그들은 죽음을 현재하는 존재의 삶의 마감, 그 이상의 의미로 여기지 않는다. 하지만, 하이데거에 의

---

55) 주강현, 앞의 글, 75.

하면 죽음이란 '현존재'의 실존적인 삶과 무관한 먼 미래의 사건이 아니다. 죽음은 본래적 삶의 방향을 결정하는 절대적인 힘으로서 현존재의 삶에 구체적으로 작용한다. 죽음은 일상인들의 세속적 시간을 깨뜨릴 수 있는 유일한 '사건'인 것이다. 모든 현존재가 죽음에 대해 '불안'을 갖는다는 하이데거의 말은 사실이다.

하지만 현존재의 죽음에 대한 '불안'은 자신이 세상에서 사라질 것이라는 두려움 때문이 아니다. 오히려 존재와의 관계 훼손, 즉 '자신의 존재 능력을 죽음이라는 최대의 한계상황 앞에서 상실하지 않을까 하는 데서 오는 정서'다. 그러한 실존적 정서로 말미암아 현존재는 죽음으로 끝나는 자신을 최대한으로 긍정하며, 그것을 그대로 순수하게 보전하려고 최선을 다하는 것이다. 실존에게 죽음은 일종의 '봉인된 영역'이다. 동시에 모든 인간에게 죽음이란 불가피하며 불가해하다.

따라서 죽음이 없는 삶이란 결코 존재하지 않으며 의미화 되지도 않는다. 모든 인간은 예정된 죽음을 살고 있으며 모든 존재가 마지막으로 체험하는 것, 아니 마지막으로 체험되는 것이 바로 죽음인 까닭이다. 생명체들의 삶 속에는 이미 죽음이 내재화되어 있는 것이다. 이런 측면에서 죽음의 전제 조건은 곧 생명이라고 할 수 있다.

그러나 살아 있는 존재는 결코 '사실로서의 죽음'을 경험하거나 이해할 수 없다. 존재가 이해할 수 있는 것은 고작해야 삶에 내재화되어 있으면서 삶을 따라다니는 '확신'으로서의 죽음이다. 그럼에도 죽음은 받아들여져야 하는 것이다. 따라서 죽음의 의미화는 죽은 뒤에 일어나는 것이 아니라, 항상 살아 있을 때, 그것이 '바로 지금-여기'의 삶에 어떤 영향을 미치는가에 의해서 나타나게 된다. 죽음은 한시적인 삶을 완성하여 영속적인 것으로 만드는 것이며, 개체를 전체에 통합하여 보편성을 갖게 하는 것이다. 자아는 죽으면서 더 큰 자아(세계)에 포섭된다.

　인간은 삶과 죽음을 한 몸 안에서 겪어 낸다. 타자 역시 동일한 일을 행하고 있다. 산다는 것은 죽음을 전제로 이루어지는 일이기에 그 죽음이라는 종료가 없다면 지금의 생의 지속은 의미가 없다. 그러니 죽음이 있기에 인간은 이 주어진 한계적 삶을 절실하게, 의미 있게 살고자 한다. 삶속에 이미 들어와 있는 죽음인 것이다.

[참고문헌]

김영재. 『귀신 먹는 까치 호랑이』. 들녘, 1997.

레지스 드브레/ 정진국 역, 『이미지의 삶과 죽음』. 글항아리, 2011.

박영호. 『죽음공부』. 교양인, 2012.

박영택. 『가족을 그리다』. 바다출판사, 2010.

_____. 『얼굴이 말하다』. 마음산책, 2010.

_____. 『테마로 보는 한국현대미술』. 마로니에북스, 2012.

_____. 『애도하는 미술』. 마음산책, 2014.

박찬욱. 『죽음, 삶의 끝인가 새로운 시작인가』. 운주사, 2011.

오바라 히데오/ 아카데미서적 편집부 역, 『만물의 죽음』. 아카데미서적, 1997.

이창익, 「죽음의 연습으로서의 의례-이중 장례식의 구조와 의미」, 『역사와 문화』19호, 문화사학회, 2010.

주강현. "한국무속의 생사관." 『동아시아 기층문화에 나타난 죽음과 삶』. 민속원, 2001.

필립 아리에스/ 이종민 역, 『죽음의 역사』. 동문선, 1998.

히더 프링글/ 김우영 역, 『미라』. 김영사, 2003.

죽음은 문인가,

벽인가?

정현채 한국내과학연구지원재단 이사장, 한국죽음학회 이사

죽음은 영적 자각

로마의 철학자인 키케로는 "지혜로운 사람에게는 삶 전체가 죽음에 대한 준비이다"라고 했다. 죽음을 내포하고 있는 생명의 본질과 삶의 의미에 대한 깊은 인식에 이르게 되면, 살면서 부딪히게 되는 고난과 역경을 이제까지와는 정반대의 시선으로 바라보게 된다. 자신에게 주어진 여러 모습의 어려운 상황과 여건들을 오히려 영적인 성장의 기회로 껴안게 되고, 보잘 것 없어 보이는 작고 평범한 것에서도 감사함을 느끼게 된다.

죽음의 자리에서 종종 일어나는 중요한 영적 현상인 근사체험과 삶의 종말체험에 대한 이해는, 우리는 죽음으로 소멸되는 것이 아니며, 우리 모두가 영적인 존재라는 자각으로 이끈다. 나아가 영적으로 서로 연결되어 있다는 유대감과 영속성에 대한 인식은, 천둥과 번개의 실체를 파악한 뒤부터는 공포감으로부터 벗어날 수 있었듯이, 죽음에 대한 두려움을 덜어 줄 것이다.

1995년 6월 29일 삼풍백화점이 붕괴하면서 501명이 사망하였고, 바로 전 해인 1994년 10월 21일에는 성수대교 중간이 끊어져 내려앉는 바람에 출근하던 직장인과 학생 30여 명이 사망하였다. 그들 중 어느 누구도 자신이 곧 죽게 되리라는 걸 미리 알고 있었던 사람은 없었을 것이다.

길모퉁이를 돌아서면 죽음을 마주치게 되는 날이 내일일지, 1년 후일지, 아니면 10년 후일지 아는 사람은 아무도 없다. 그렇기 때문에 언제 닥칠지 모를 자신의 죽음에 대해 평소에 늘 성찰하고 준비해야 하는데도, 우리들 대부분은 귀를 막고 눈을 감은 채 정신없이 살아간다. 오늘이 내 생애의 마지막 날일 수도 있다고 생각하면 그 귀한 시간을 미워하고 싸우느라 허비할 수 없게 되고, 1분 1초를 의미 있게 쓰려고 노력하게 되지 않겠는가?

죽음을 어떻게 바라볼 것인가?

우리나라 영화 〈내 사랑 내 곁에〉는 루게릭병에 걸린 주인공이 점차 사지가 마비되면서 맞게 되는 임종을 잘 그리고 있다. 장례지도사인 여자 친구는 바람직한 죽음 문화의 정착을 위해 입관체험 행사를 열면서 경로당 노인들에게 관 속에 들어가 볼 것을 권유하지만, "이게 지금 나보고 죽어 보라는 거야, 뭐야? 노인네들 모아 놓고 희롱하는 거야? 뭐야 도대체?" 하는 폭언과 함께 폭행까지 당한다.

"형제 벗이 많다 헌들 어느 누가 내 대신 갈거나? 이승의 이 길을 하직하고 저승에 갈라니 내 못가겠다. 일만 하다가 나는 가오. 일만 하다가 갈라고 허니 못 가겠소 못 가겠소. 참말 원통해 못 가겠소."

이 노랫말은 1988년 전남 완도에서 채록된 상엿소리의 일부인데, 죽음은 삶의 일부분이며 마지막 성장의 기회여서 삶을 잘 마무리해야 한다는 내용은 전혀 없고, 개똥밭에 굴러도 이승이 낫다는, 지극히 현실주의적이고 물질주의적인 우리나라 사람들의 가치관을 고스란히 드러내고 있다.

이처럼 우리나라 사람들이 죽음에 대해 보이는 반응은 무관심과 부정, 회피 그리고 혐오인 경우가 많다. 젊고 몸이 건강할 때, 좋은 죽음이란 어떤 것이며 자신의 죽음을 어떻게 맞이할 것인가 하는 문제에 대해 생각해 보면서 사는 사람은 손에 꼽을 정도인 것 같다. 종교학자인 이화여대의 최준식 교수는, 우리나라 사람은 평소에 죽음에 관해 완전히 방치

된 상태로 있다가 본인이나 가족의 죽음이 닥치면 벌렁 나자빠진다고 말한다.

죽음에 대한 이러한 태도는 외국의 경우도 크게 다르지 않은 모양이다. 프랑스 영화 〈여름의 조각들(Summer Hours)〉은, 어머니의 75세 생신을 축하하기 위해 두 아들과 딸 그리고 손자 손녀들이 모이는 장면으로 시작된다. 어머니는 언제 닥칠지 모를 자신의 죽음에 대비하려고 장남에게 유품의 정리와 인계에 대해 얘기하지만, 죽음에 대해 언급하는 것조차 불편하게 받아들이는 장남은 강한 거부감을 보이며 어머니의 얘기를 흘려버린다. 생일잔치가 끝나고 자녀들이 떠난 후 혼자 남겨진 어머니는 쓸쓸하게 독백을 한다.

"죽는 얘기… 당연히 할 말인데… 내가 떠날 땐 많은 것이 함께 떠날 거야. 기억들, 비밀들… 사랑하는 모든 것을 언젠가는 떠나보내야 해."

그 후 얼마 지나지 않아 어머니의 부고를 듣고 달려온 장남은 묘지 자리를 둘러보고 돌아오는 길에 차를 세운 채 흐느껴 운다. 몇 번이고 더 생일잔치를 해 드리게 될 줄 알았지만, 그런 날은 다시는 오지 않게 된 것이다. 부모가 머지않아 맞게 될 자신의 죽음을 자식에게 준비시키고 싶어 하지만 자식이 받아들이지 않는 현실을 보여 준다.

한편, 우리 현실에는 이와 정반대의 상황도 많다. 웰다잉 책을 읽고 인터넷 서점 감상평에 글을 올린 어느 독자는 "고혈압에 의한 합병증으로 어느 날 갑자기 장애인이 되셔서 불편한 몸으로 살아가시는 아버지께 농담 반 진담 반으로 이제는 미리 유언장도 작성해 놓으시고 마음의 준비도 하시라고 말씀드리면 버럭 화를 내시곤 한다. 이 책을 읽고 아버지께서 죽음을 두려워하지 않으시기를 마음속으로 기도해 본다."라고 했다.

요즘은 꽤 많은 사람이 자신의 집이 아닌 병원의 중환자실에서 죽음을 맞는다. 죽음을 바라보는 사회적 시각의 변화가 그대로 반영된 것이라고 볼 수 있다. 수십 년 전만 하더라도, 세상을 떠나는 가족의 마지막 삶을 가족 구성원이 옆에서 보살피고, 할아버지나 할머니의 죽음을 손자와 손녀가 다 지켜보는 등, 죽음이 일상사에 포함되어 있었다.

미국의 사진작가 유진 스미스의 1951년 작품 〈후안 라라의 장례식〉에는, 가족과 가까운 친지들에 둘러싸인 채 임종을 맞는 노인의 모습이 담겨 있다. 이런 광경은, 수십 년간 같이 살아 온 가족과 격리된 채 대형병원의 중환자실에서 외롭게 삶의 마지막 시간을 보내고 세상을 떠나는 현대인의 모습과 크게 대조된다.

1347년 유럽 전역을 휩쓸었던 흑사병으로 인해 7,500만 명, 그러니까 당시 유럽 인구의 1/4이 사망했다. 실정이 이렇다 보니 교회에서도 일일이 다 성직자를 보내 줄 수 없었는데, 15세기에 윌리엄 캑스턴이라는 출판업자가 〈죽음의 기술〉이란 제목으로 책을 찍어 내어 각자 임종을 잘 맞이하는 법을 알려 주었다. 또 중세 유럽에서는 전염병 등에 의한 죽음이 흔했기 때문에, '너도 언젠가는 죽는 것을 기억하라'는 뜻의 '메멘토 모리' 사상이 유행했다.

이러던 분위기가 20세기에 들어서 과학이 발달하고, 유물론이 우세해지며, 생명연장 의료기술이 발달함에 따라 죽음을 터부시하는 방향으로 흐르게 된다. 의료진도 죽음을 삶을 마무리하고 정리하는 중요한 한 단계로 보기 보다는 의료의 패배나 실패로 보는 경향이 짙어지게 되었다. 환자와 가족 모두에게 고통만을 주게 되는 무의미한 연명치료에 환자의 가족이나 의료진이 매달리는 것도 이러한 가치관의 영향이 크다고 볼 수 있다.

가족의 마지막 시간을 돌보는 일을 병원에서 대신하게 된 까닭에, 죽음이 임박한 환자가 보이는 증상을 잘 모르는 경우가 대부분이다. 죽음이 가까워 오면, 소변 배출량이 감소하고, 호흡 변화와 함께 가래 끓는 소리가 나며, 혈액순환 장애로 피부에 푸른빛이나 자줏빛 반점이 나타난다. 또 떨림, 진전, 발작, 근육경련이나 정신착란 등의 증상을 보이기도 한다.

이때 정신이상 증세를 보이면, 병원에서는 뇌 MRI 같은 정밀검사를 한다거나 간질을 억제하는 주사약을 투여하게 된다. 환자의 죽음이 임박했다는 것을 예측하는 상황이어도 의료진은 어떻게든 치료를 할 수밖에 없는데, 그렇게 하지 않았을 경우 의료진이 살인죄로 환자의 가족들에게 고소당하는 일이 종종 벌어지기 때문이다. 오랫동안 옆에서 간병을 해 온 가족들은 상황을 다 파악하고 받아들이지만, 평소에 얼굴 한 번 비치지 않던 가족이 갑자기 나타나 큰소리를 치거나 의료진을 위협하는 일이 심심치 않게 일어난다.

죽음은 피할 수 있는 일인가?

일반적으로 죽음과 관련된 단어를 보거나 듣는 것조차도 재수 없다고 여기거나 너무 두려워 외면하는 경우가 많다. 그런데 과연 죽음이란 것이 그렇게 외면하기만 하면 자신과 무관해지고 피할 수 있는 일일까?

철학을 전공한 유호종 박사는 『죽음에게 삶을 묻다』에서, 죽음을 똥으로 볼 것인가 또는 된장으로 볼 것인가에 따라 죽음을 대하는 태도가 전혀 달라진다는 점을 얘기하고 있다. 둘의 공통점은 그 냄새가 몹시 이상하다는 점이다. 마음 수양을 아무리 오래 했어도 똥을 한 숟가락 퍼서 입에 넣고 구수하다고 생각할 수는 없기에, 만일 죽음이 똥과 같은 것이라면, 그날이 오기 전까지는 절대로 생각을 하지 않고 지내는 것이 상책일 것이다. 그러나 된장은 처음에는 냄새가 고약하지만 찌개를 해서 먹어 보면 아주 맛있는 음식이라는 것을 알게 되듯이, 죽음이 된장과 같은 것일 가능성이 있지 않겠는가 하고 묻는다.

또 많은 사람은 죽음이 TV를 보다가 전원이 꺼져 화면이 깜깜해진 상태와 같다고 생각하는데, 그게 아니라 죽음은 이제까지 보던 채널과는 다른 채널을 보게 되는 것과 같은 게 아닌지 생각해 보자고 제안한다.

필자의 오랜 임상 경험으로 볼 때, 말기 암으로 인한 극심한 통증으로 괴로운 나날을 보내다가도 임종 직전과 직후에는 얼굴 표정이 평화로운 것을 보면, 죽음은 똥보다는 된장일 가능성이 더 많아 보인다. 그리고 유호종 박사가 죽음을 TV의 다른 채널로 옮겨 가는 것에 비유했는데, 우리를 구성하는 본질이 파동이라는 사실에 비추어 본다면 무척 설득력이 있어 보인다.

죽음은 꽉 막힌 벽인가, 열린 문인가?

일본 영화 〈굿바이(good & bye)〉는, 오케스트라의 첼로 연주자인 주인공이 악단이 갑자기 해체되는 바람에 실직한 후 고향에 내려가 일자리를 찾는다. 여행 도우미를 구한다는 광고를 보고 찾아가 보니 사실은 '영원한 여행' 도우미, 즉 시신을 염습해 입관하는 일을 하는 곳이었다. 보수를 후하게 줄 테니 함께 일하자는 사장의 제안을 엉겁결에 받아들인 후 염습사로서 겪게 되는 여러 에피소드를 가슴 뭉클한 감동과 함께 보여 준다.

주인공의 어릴 적 친구 어머니가 갑작스럽게 사망하고, 주인공의 경건하고도 정성을 다한 염습을 마친 후 시신은 화장터의 화장로로 옮겨진다. 고인의 오랜 친구이자 긴 세월 화장로의 불을 지피는 일을 해 온 노인은 뒤늦은 후회로 흐느껴 우는 고인의 아들에게 슬픔을 누르며 이야기한다. "여기 화장터에서 오래 일하면서 알게 됐지. 죽음은 문이야. 죽는다는 건 끝이 아니야. 죽음을 통과해 나가서 다음 세상으로 향하는 거지. 난 문지기로서 많은 사람을 배웅했지."

미국에서 발간된 방대한 내용의 죽음학 책, 『The Last Dance: Encountering Death and Dying(생의 마지막 춤 : 죽음, 죽어감과 대면하기)』의 서문에서도, 죽음을 벽으로 볼 것인지 문으로 볼 것인지의 관점에 대해 질문을 던지고 있다. 죽음을 꽉 막힌 벽으로 여길 것인지 아니면 벽에 나 있는 문으로 여길 것인지에 따라, 삶을 살아가는 태도와 방식이 크게 달라진다. 중세의 바니타스 그림 등을 보면, 죽음을 벽으로 보는 당시 사람들이 느꼈을 삶의 허무함과 덧없음과 공포를 여실히 엿볼 수 있는 데 반해, 영화 〈굿바이〉의 노인처럼 죽음을 문으로 보는 죽음관은 우리의 일상생활에 긍정적이고도 심대한 영향을 끼친다.

스위스 출신의 정신과 의사이자 분석심리학을 창시한 칼 구스타브 융은 그의 수제자였던 폰 프란츠 여사를 통해 "죽음은 사라지는 게 아니라 알 수 없는 세계로 가는 것이다"라는 말을 남겼다. 또한 융 자신도 생전에 썼던 편지에서, "죽음의 저편에서 일어나는 일은 말할 수 없이 위대해서 우리의 상상이나 감정이 제대로 파악하기조차 어렵다"고 했다.

의학 연구로서의 근사체험

'죽음의 저편'에서 일어나는 일에 대해 조금이나마 엿볼 수 있는 기회가 1970년대 중반부터 열리기 시작했다. 세계를 유물론적으로 해석하는 현대 과학과 의학 기술이 발전하면서 아이러니하게도 소위 비과학적인 영역이 베일을 벗기 시작한 것이다. 심폐소생술이 발전하게 되면서, 심장과 호흡이 멎었던 사람들이 다시 살아나는 일이 생겼고, 이들 중 일부가 자신이 죽어 있는 동안 경험한 '근사체험' 혹은 '임사체험'을 보고하기 시작했다.

이에 관한 연구의 물꼬를 튼 사람은 미국의 정신과 의사인 레이먼드 무디 주니어이다. 그는 원래 철학과 심리학을 전공한 후 대학에서 철학을 가르치던 교수였는데, 이런 체험을 한 학생들과 주위 사람들을 여럿 만나게 되면서 이를 본격적으로 연구하기 위해 의과대학에 들어갔고, 후일 정신과 의사가 되는데 이 과정 중에 근사체험자 150명을 8년간에 걸쳐 면담한 후 1975년에 낸 책이 『다시 산다는 것(Life after Life)』이다.

스위스 출신의 정신과 의사로서 죽음학의 효시로 알려진 엘리자베스 퀴블러 로스 박사는, "인간의 육체는 영원불멸의 자아를 둘러싸고 있는 껍질에 지나지 않는다. 따라서 죽음은 존재하지 않고 다른 차원으로의 이동일 뿐이다."라고 일관되게 주장했다. 어린이 환자를 비롯한 수많은 환자가 임종 때 경험하는 공통된 현상과 연령, 성별, 인종, 종교의 유무나 종류에 무관하게 일어나는 근사체험을 수십 년간 관찰해서 얻은 결론이었다. 『사후생(死後生, On life after death)』에는 근사체험과 삶의 종말체험의 수많은 사례가 쓰여 있다.

평소 로스 박사는 죽어 가는 어린이 환자들을 돌볼 때면 고치 벌레 형태로 있다가 뒤집으면 날개가 달린 아름다운 나비로 변하는 헝겊인형을 늘 갖고 다녔는데, 이 인형을 통해 비유적으로 죽음을 설명해 주면서 임종이 임박한 어린이들을 위로했다고 한다.

그리고 2004년 타계했을 때 그녀의 장례식에서, 사회자의 안내에 따라 모든 참석자가 들고 있던 봉투를 열어 그 속에 들어 있던 형형색색의 나비들을 일제히 날려 보냈다는 유명한 일화는, 생전에 그녀가 갖고 있던 죽음에 대한 생각을 그대로 보여 준다.

로스 박사는 우리나라에서는 『인생수업』, 『상실수업』, 『생의 수레바퀴』라는 베스트셀러의 작가이기도 하고, 그녀가 제창한 '죽음을 받아들이는 다섯 단계'는 유명한 이론으로 우리나라에도 잘 알려져 있으며, 미국의 시사 주간지인 〈타임(TIME)〉지에서 20세기 100대 사상가 중의 한 사람으로 선정되기도 했다.

『사후생』에 소개된 근사체험의 한 사례를 소개한다. 심장과 호흡이 정지해 사망 판정을 받은 뒤 심폐소생술로 회생한 어린이가 자신이 죽어 있던 동안 경험한 것을 어머니에게 이야기한다. "너무 아름다운 경험을 했기 때문에 되돌아오고 싶지 않았어요. 그곳에는 모든 것을 감싸는 포근함과 놀라운 사랑, 그것을 실어 나르는 빛이 있었어요. 게다가 오빠가 있어서 자상하게 잘 대해 줬어요. 그런데 나는 오빠가 없잖아요?"

아이의 이 말에 어머니는 울기 시작하면서 "한 번도 얘기를 못 해 줘 미안하구나. 사실은 네가 태어나기 3개월 전 죽은 네 오빠가 있었단다."라고 진실을 얘기해 준다. 이 아이는 자신의 오빠가 있었다는 사실을 전혀 모르고 있다가 죽어 있던 짧은 순간에 오빠를 만난 것이다. 이러한 현상은 근사체험에 대한 회의론자들이 얘기하는 환상이나 환각, 꿈 등으로는 도저히 설명되지 않는다.

심장박동이 멈추어 뇌로 피가 흘러가지 않으면 10-20초 후부터는 뇌파가 기록되지 않는다. 즉, 뇌의 활동이 없다. 우리의 의식이 뇌에 국한되어 있다고 믿는 많은 과학자와 의사들은 이때 기억이나 체험 같은 것은 있을 수 없다는 입장이다. 그들은 간질에 대한 치료로 뇌수술을 할 경우 뇌의 측두엽에 전기 자극을 가하면 환자가 빛 같은 것을 보기도 하고, 마취제나 환각제를 투여했을 경우나 저산소증일 때에도 비슷한 경험을 할 수 있기 때문에, 근사체험은 뇌가 헷갈리는 현상일 뿐이라고 주장한다.

그러나 근사체험을 오래 연구한 학자들의 견해는 다르다. 약물이나 물리적 자극의 경우에는 기억이 조각나 있고 정리되어 있지 않으며, 공포나 기괴한 체험인 경우가 많다. 또 근사체험에 동반되는 생의 회고가 없으며, 죽음에 대한 두려움의 감소나 삶의 심대한 변화도 일어나지 않는다. 따라서 근사체험은 전기 자극이나 약물이나 저산소증으로 인해 일어나는 착각이나 환각이 아닌, 실제로 일어나는 영적 현상이라고 반박한다.

근사체험 혹은 임사체험을 지칭하는 'Near death experience'라는 용어는 레이먼드 무디 주니어가 처음으로 만들어 사용했다. 일시적인 죽음의 체험이라고도 하고, 최근에는 사실상의 죽음의 체험이라고 부르기도 한다. 심장이 멈추고 호흡이 정지하며 동공반사가 없는 사망의 정의에 들어맞기 때문이다. 심폐소생술로 회생한 모든 사람이 다 경험하는 것은 아니고, 10-25%에서 체험하게 된다. 체외이탈을 해서 자신의 육체를 바라보게 되는 것도 중요한 체험요소 중의 하나이다. 인간의 의식은 반드시 뇌에 국한되지 않을 수 있다는 것을 반증하는 현상인데, 현재는 세계적으로 수천 건 이상의 근사체험 사례들이 축적되어 있다.

네덜란드의 여러 병원에서 많은 근사체험자를 대상으로 한 연구가 2001년 저명한 의학학술지인 〈랜싯(Lancet)〉에 실렸다. 〈랜싯〉은 1823년 영국에서 창간된 전통 있고 권위 있는 학술지인데, 학술지의 영향력을 나타내는 지표(Impact factor)가 15.3으로 전 세계에서 발간되는 107종의 의학 학술지 중 3위를 차지한 바 있다.

연구자들은 심폐소생술로 다시 살아난 344명을 조사했더니 18%인 62명이 근사체험을 했다는 사실을 발견했다. 근사체험의 열 가지 요소는, 자신이 죽었다는 인식(50%), 긍정적인 감정(56%), 체외이탈 경험(24%), 터널을 통과함(31%), 밝은 빛과의 교신(23%), 색깔을 관찰함(23%), 천상의 풍경을 관찰함(29%), 이미 세상을 떠난 가족과 친지와 만남(32%), 자신의 생을 회고함(13%), 삶과 죽음의 경계를 인지함(8%)이다.

게다가, 이 연구는 근사체험이 체험자들의 삶에 어떤 영향을 미쳤는가를 2년 뒤와 8년 뒤까지 조사하는 전향적인 연구를 했는데, 병원에 있던 의무기록을 사건이 일어난 한참 후에 찾아서 하는 후향적인 연구가 여러 가지 오류가 개입될 가능성이 많은 데 비하여, 미리 철저한 계획서를 작성해 놓고 시작하는 이러한 전향적인 연구는 훨씬 신뢰할 만하다.

이 연구에서는 근사체험자 23명과, 소생하기는 했지만 근사체험을 하지 않은 15명을 비교했는데, 무경험자에 비하여 근사체험자는, 다른 사람에 대해 공감과 이해를 더 하게 되고, 인생의 목적을 더 잘 이해하며, 영적인 문제에 더 관심을 가지며, 죽음에 대한 두려움은 큰 폭으로 감소하고, 사후생에 대한 믿음과 일상사에 대한 감사의 마음이 크게 증가했다. 몇 분밖에 안 되는 짧은 순간의 체험이 8년 뒤까지도 큰 영향을 준 것이다.

2011년 3월 18일 방영된 KBS 금요기획 〈죽음에 관한 세 가지 시선〉

에서 소개한 '어웨어 프로젝트(AWARE project)'는 체외이탈현상을 증명하기 위해 미국과 유럽의 25개 의료기관에서 3년간 15,000명의 환자를 대상으로 실시한 연구이다. 2014년 종료 예정이었으나 연구 기간이 연장되어 미국과 영국, 유럽의 18개 병원에서 현재도 공동연구가 진행 중이다.

연구진은 체외이탈현상의 진위를 밝히기 위해, 심장 정지가 자주 발생하는 응급실이나 중환자실에서, 아래에서는 절대로 볼 수 없는 천장 가까운 곳 선반 위에 사진과 기사를 올려놓고 환자가 깨어나길 기다린다. 죽었다가 다시 살아난 사람들의 증언에 의하면, 죽음을 경험하는 동안 평화로운 마음으로 천장에 떠서 아래의 모든 풍경을 내려다 볼 수 있었다고 한다. 그래서 심장 정지를 경험한 환자가 깨어난 후 이 사진과 기사를 기억한다면, 죽어 있는 동안 의식이 활동하는 것을 인정할 수 있게 된다고 미국 뉴욕 웨일코네일 메디컬센터 응급의학과 의사인 샘 파니아 박사는 이야기한다. "수많은 연구사례를 통해 밝혀진 사실 중 가장 흥미로운 것은, 죽었다가 다시 살아난 사람들 중 최소한 10%에서 20%는 그들이 죽은 후, 즉 뇌 활동이 멈췄을 때에도 의식이 있었다는 겁니다. 이제 우리는 죽음을 다르게 생각해야 합니다. 어쩌면 죽음은 우리의 의식에서 일어나는 현상과 그 과정을 통해 정의되어야 할 것입니다. 왜냐하면 여러 증거를 통해, 사망 후에도 의식이 지속됨을 알았기 때문입니다."

의료진이나 환자를 간호하는 사람은 누구보다도 더 이러한 체외이탈이나 근사체험에 대해 알고 있을 필요가 있는데, 그렇지 않을 경우 체험자를 정신이상으로 몰아 위축시킬 위험이 있고, 체험 후에 일어날 수 있는 삶의 심대한 변화를 저해할 수 있기 때문이다. 또 근사체험은 자살방지 상담에도 효과적으로 활용할 수 있을 뿐 아니라, 사후세계 존재 유무나 환자의 신앙 유무에 관계없이, 임종에 임박한 환자가 갖게 되는 죽음에 대한 불안과 공포를 덜어 주는 효과가 있다.

죽음과 관련한 또 다른 영적 체험

삶의 종말체험도 죽음과 관련하여 일어나는 대단히 중요한 영적인 현상인데, 근사체험과는 조금 다르다. 죽음이 임박한 환자의 눈에 먼저 세상을 떠난 가족이나 지인이 보이거나(Vision), 세상을 떠나는 사람이 그 순간 멀리 떨어진 가족이나 지인 앞에 모습을 나타내기도 한다. 호스피스 실무 경험자들은 이미 이러한 현상에 익숙해져 있는데, 임종하는 사람과 가족들 모두에게 편안한 느낌을 주기 때문에 '마지막 선물(Final gift)'이라고 부르기도 한다.

영국의 정신과 의사인 피터 펜윅 박사는 영국과 스코틀랜드에서의 이러한 체험을 수집하여 『죽음의 기술』이라는 제목으로 책을 발간했다. 책에 나오는 사례 중의 하나가 1926년 아일랜드의 물리학자였던 윌리엄 바렛의 부인의 경험담이다.

바렛의 부인은 산부인과 의사였는데, 진료하던 환자가 건강한 아이를 출산한 후 과다 출혈로 죽어가고 있었음에도 얼굴에 상냥한 미소를 띠고 허공에 있는 무엇인가에 시선을 두고 있어서, 옆에서 간병하는 사람이 무엇을 보고 있느냐고 물어본다.

그러자 이렇게 대답한다. "사랑스러운 빛, 경이로운 존재들, 아니 아버지잖아. 오! 내가 온다고 너무 반가워하시네. (다소 당혹스러운 표정을 지으며) 그런데 아버지가 동생과 같이 있어요." 환자의 동생은 3주일 전에 세상을 떠났으나 가족들은 환자의 몸 상태가 좋지 않아 이 사실을 알려 주지 않았던 것이다.

결국 이 환자는 자신의 임종이 다가오자, 오래 전에 타계한 아버지와 3주일 전에 세상을 떠난 동생의 마중을 받았던 것이다. 이 얘기를 전해 듣고 충격을 받은 바렛은 이러한 사례들을 수집하여 『죽음의 자리에서 나타나는 비전들(Deathbed visions)』이라는 제목의 책을 출간한다.

임종을 앞둔 환자들이 이런 증상을 보일 때 정신 차리라고 진정제 주사를 놓기 쉬운데 그래서는 안 된다. 환자 눈에는 먼저 세상을 떠난 지인들의 모습이 실제로 보이는 것일 수 있고, 그 같은 삶의 종말체험은 죽음에 대한 두려움을 완화시켜 주고 마음을 편안하게 해 주기 때문이다. 따라서 환자를 위축시키지 말고 격려해 주는 게 중요하다.

이와 관련해 40대 초반의 한 영문학도로부터 경험담을 들은 바 있다. 어머니의 임종이 다가왔을 때 어머니가 먼저 세상을 떠난 분을 만나는 삶의 종말체험을 하고 있는 것이 확실했는데, 다른 가족은 당황해 했으나 자신은 『한국인의 웰다잉 가이드라인』에 쓰여 있는 삶의 종말체험에 대해 이미 알고 있었기 때문에 어머니를 격려해 드릴 수 있었다고 한다.

우리 눈에 보이지 않는 세계에 대한 논의는 우리가 사는 3차원보다 높은 차원을 이해하는 것만큼이나 어려운 일일 것이다. 정신세계사 네이버 북카페에 올려진, 외국의 한 물리학자가 만든 동영상을 보면, 앞뒤와 좌우만이 존재하는 2차원에 사는 존재들은 구나 사면체, 육면체와 같은 것들을 이해하지 못한다. 앞뒤, 좌우가 전부인 줄 알던 평면적인 존재가 어떤 계기로 인해 위아래가 있다는 것을 깨닫는 일은 우물 안 개구리가 우물 밖에 장엄한 바다가 있음을 알게 되는 사건에 비유할 수 있을 것이다.

물리학자는 말한다. "사람들은 모르는 것, 알려지지 않은 것을 두려워 하는데, 만일 우리가 알고 있는 것만을 볼 수 있다면, 새로운 것들과 알려 지지 않은 것들을 어떻게 알 수 있겠는가? 이제까지 전혀 몰랐던 다른 차 원을 이해하려면 알고자 하는 용기가 필요하다. 재미있지 않은가? 우리 를 가장 두렵게 하는 것이 우리를 가장 가슴 뛰게 만든다는 것이."

좋은 죽음을 맞기 위하여

죽음과 직면하면서 비로소 삶의 의미를 찾게 되는 대표적인 이야기가 일본영화 〈이끼루〉(生きる, 1952)이다. '이끼루'는 '살다, 살아 있음'이라는 의미이나, 사실은 죽음을 다루고 있다.

'미이라와 같은 삶'을 살던 시청의 말단 과장인 주인공은 위암 말기 판 정을 받은 후 실의에 빠져 있던 중, 몇 달 안 남은 마지막 삶에서 자기가 할 수 있는 일을 하나라도 끝마치고 떠나야겠다는 생각에 이르고, 주민들 의 숙원이던 공원 조성 사업을 온갖 난관을 이기고 이뤄낸 후, 공원 개장 전날 밤 그네에 앉아 나지막하게 노래를 부르다 숨을 거둔다.

주인공이 저녁노을을 바라보며 "저녁노을이 이렇게 아름다운 걸 모르 고 30년을 살아 왔네. 그러나 이제는 시간이 없구나." 하고 말하고는 고개 를 푹 숙인 채 힘없이 발걸음을 옮기는 장면은 무척 인상적이다.

1970년대부터 일본에서 교수로 재직하며 바람직한 죽음문화의 정착 에 힘써 온 독일인 알폰스 디켄 신부는 이 영화에 대해 "주인공은 죽음에 임박하여 타인에 대한 사랑을 통해 기쁨과 만족감을 느꼈고, 죽음에 직면 함으로써 비로소 보다 바르게 살 수 있었다."고 평했다.

2012년 4월 27일자 조선일보, 윤희영의 'News English'에는 미국의 심리학자가 한 연구가 소개됐다. 사는 게 힘들게 느껴진다면 공동묘지를 걸어 보라는 내용이다. 그러면 삶에 긍정적인 변화가 생겨 자신과 남에 대한 해악을 최소화하는 생각과 자세를 갖게 된다는 것이다. 죽음에 대한 자각이 높아져 인내심, 평등의식, 연민, 감정이입 그리고 평화주의에 대한 동기가 부여되는 것이 아닌가 한다. 건축가 승효상의 "우리는 묘지가 일상 가까이에 없어서 도시가 경건하지 못하다"라는 생각과 같은 맥락이다.

나가는 말

고생물학과 지질학을 전공한 과학자였던 프랑스의 샤르댕 신부(1881-1955년)는, "우리는 영적 체험을 하는 인간이 아니라 인간이 된 체험을 하는 영적 존재다"라는 말을 남겼다. 직업의 고하나 재산의 많고 적음에 관계없이, 한 사람 한 사람이 고귀한 영적 존재이다. 그리고 고귀한 영적 존재인 우리는 촘촘하게 짜인 그물의 씨줄과 날줄로 서로 긴밀하게 연결되어 있다. 상호 연결성과 영속성 속에서 삶과 죽음을 바라보게 된다면, 이제까지와는 사뭇 다른 의미로 나라는 존재를 대하게 될 것이다.

[참고문헌]
김건열·정현채·유은실. 『의사들, 죽음을 말하다』 북성재, 2014.
정현채. 『우리는 왜 죽음을 두려워할 필요 없는가』 비아북, 2018.
최준식. 『너무 늦기 전에 들어야 할 죽음학 강의』 김영사, 2014.
퀴블러 로스, 엘리자베스/ 최준식 역, 『사후생』 대화문화아카데미, 2009.
한국죽음학회. 『한국인의 웰다잉 가이드라인』 대화문화아카데미, 2010.
한국죽음학회 웰다잉 가이드라인 제정위원회. 『죽음맞이』 모시는 사람들, 2013.

죽지 않으면 행복할까?

구미정 숭실대학교 교수

영화와 죽음

죽음은 언제나 삼인칭

살아 있는 모든 것은 죽기 마련이다. 죽지 않는 것은 애당초 살아 있다고 말할 수도 없다. 살아 있는 것들은 반드시 죽기 때문에 오히려 아름답다. 잠시 한 철 피었다 지는 꽃에 우리가 매료되는 건 그 때문이다. 영원히 피어 있을 것 같으면 우리 눈에 특별히 아름답게 포착될 이유가 없다.

그래서 20세기 화학이 낳은 최악의 발명품인 플라스틱은 도무지 아름답지 않은 것이다. 편리하다는 이유로 인류가 마구 소비해 온 플라스틱은 살아 있지 않기 때문에 죽지도 않는다. 사진작가 크리스 조던(Chris Jordan)이 북태평양 미드웨이섬에서 찍은 알바트로스의 주검을 보라.[56] 육지로부터 3천 킬로미터나 떨어진 섬, 이른바 '천혜의 자연'이라고 불릴 법한 그 청정지역에 사는 알바트로스의 배를 가득 메운 플라스틱은 얼마나 추하고도 무서운가! 썩지도 않는 이 고약한 물건이 어떻게 거기까지 흘러 들어가 그토록 길고 우아한 부리와 날개를 지닌 알바트로스를 죽음에 이르게 했는지 생각하면 섬뜩하기 그지없다. 지구 행성의 역사에서 지금을 '홀로세'가 아니라 '인류세'로 불러야 한다는 유발 하라리(Yuval Noah Harari)의 주장이 일리 있는 대목이다.[57] 다른 생명체를 멸종 위기로 몰아넣고 저 혼자 영원히 살 것처럼 군림해 온 호모 사피엔스 역시 그 종말이 머지않았다는 지적은 예언으로까지 들린다.

영국 작가 윌리엄 서머셋 모옴(William Somerset Maugham)의 『사마라에서의 약속』[58]은 죽음 앞에서 필사적으로 도망치려는 인간의 어리석음을

---

56) 2019년 제16회 서울환경영화제에서 '국제환경영화경선-특별언급' 부문을 수상한 크리스 조던의 다큐멘터리 〈알바트로스〉를 참고할 것.

57) 유발 하라리/ 김명주 역, 『호모 데우스』(김영사, 2017), 107.

다음과 같이 풍자한다.

바그다드의 어느 상인이 하인더러 시장에 가서 물건을 사 오라고 시켰다. 그런데 시장에 갔던 하인이 새파랗게 질린 얼굴로 되돌아와 이렇게 말했다.

"저는 지금 사람들이 붐비는 시장에서 한 여인과 마주쳤는데, 바로 사신(死神)이었습니다. 저를 보고 위협하는 얼굴이 어찌나 무섭던지…. 그러니 주인님, 제발 저에게 말을 내어 주십시오. 바그다드를 떠나 멀리 사마라로 도망가서, 사신이 저를 찾지 못하게 숨겠습니다."

상인은 하인에게 말을 내어 주었고, 하인은 전속력으로 달려갔다. 하인이 떠난 후, 상인은 시장에 가서 사신을 찾아 물었다.

"오늘 아침에 내 하인을 만났을 때, 어찌하여 그를 위협하셨습니까?"

그러자 사신이 대답하기를,

"위협한 적 없습니다. 단지 놀랐을 뿐이지요. 왜냐하면 그 친구를 오늘 밤 사마라에서 만나기로 되어 있었는데, 바그다드에서 보았기 때문입니다."[59]

이 이야기에서 사신이 여성으로 묘사된 것은 라틴어로 죽음을 뜻하는 '모르스(mors)'가 여성 명사이기 때문이다. 아씨시의 성 프란시스코가 죽음을 '나의 누이'라고 부른 것도 같은 이유다. 그런가 하면, 하인이 '시장

58) John O'Hara, An Appointment in Samara, as retold by William Somerset Maugham(New York : Harcourt, Brace & Company, 1934).
59) 양재섭·구미정, "뇌사 담론에 내포된 생명관," 「한국의료윤리학회지」 9권 2호(2006), 234.

통'에서 사신(死神)을 만났다고 한 것이나, 성 프란시스코가 죽음을 '가족 언어'로 부른 것은 모두 죽음의 일상성을 의미한다고 볼 수 있다.

죽음은 남의 일이거나 먼 장래의 일이기만 한 것이 아니다. '모든 인간이 언젠가는 반드시 죽는다'는 명제만큼 공평하고도 자명한 것이 없다. 세상의 많은 것이 아무리 불확실해도 인간이 죽는다는 사실 만큼은 확실하다. 독일의 실존주의 철학자 마르틴 하이데거(Martin Heidegger)가 말했듯이, 인간은 어쩔 수 없이 '죽음을 향해 가는 존재(Sein zum Tode)'다.[60] 누구나 어김없이 '사마라에서의 약속'을 지켜야 한다. 이 사실을 받아들이는 사람만이 자신의 고유한 존재와 마주할 수 있다. 삶이 생생한 의미와 가치로 다가오는 것도 그때다.

거듭 확인하건대, "살아 있는 것은 살아 있다는 사실 때문에, 그리고 그러한 사실을 충족시키기 위해서라도 죽어야"[61] 한다. 그것이 생명의 현실이고 조건이다. 그럼에도 인간은 죽음을 피하려 한다. 자기의 죽음, 곧 일인칭 죽음은 말할 것도 없고, 자기와 가까운 이의 죽음, 곧 이인칭 죽음에 대해서도 선뜻 인정하기를 꺼린다. 죽음이 '자애로운 누이'이기는커녕 '난폭한 폭군'처럼 여겨진다. '자연사'니 '호상'이니 하는 말들도 위로가 되지 않는다. 인간의 죽음은 본질상 모두 '피살(被殺)'이라고 울부짖으며 가해자 찾기에 골몰한다.

하여 인간이 승인하는 죽음은 언제나 삼인칭일 수밖에 없다. 나와 별상관없는 이의 죽음만 입에 올리려 한다. 이렇게 죽음과 거리두기를 해야

---

60) 박찬국, "하이데거 : 죽음은 인간 개개인의 가장 고유한 가능성이다," 『철학, 죽음을 말하다』 (산해, 2004), 189-212 참고.
61) 정진홍, 『만남, 죽음과의 만남』(궁리출판, 2003), 20.

삶을 더 잘 살 수 있을 것으로 생각하지만, 실상은 그렇지 않다. 남의 집 불구경하듯 멀찍이 떨어져 있는 죽음, 그런 만큼 나에게 무감각하며 비현실적으로 여겨지는 죽음, 이름하여 '물화(物化)된 현상'[62]으로 내 인식 안에 자리 잡은 죽음은 내 삶마저 물화시킨다.

이러한 전 이해를 바탕으로 이 글은 우리 시대의 공상과학영화에 나타난 죽음의 문제를 다루고자 한다. 물화된 죽음이 어떻게 인간의 삶을 황폐하게 만들고 인간성을 왜곡시키며 나아가 인간종의 종말을 가져올 수 있는지 고찰할 것이다.

죽지 않으면 행복한 삶이 보장되는가?

하나님 콤플렉스

죽고 싶지 않다는 인간의 열망을, 종교는 '영생' 따위의 추상화된 언술로 그럴듯하게 포장하는 반면, 과학은 '복제'라는 구체적인 기술로 적나라하게 구현할 것처럼 선동한다. 〈아일랜드〉(2005) 같은 영화가 이를 잘 그려 낸다. 원래 이 영화는 시대 배경을 멀찌감치 2050년으로 잡았다가 '황우석 사태'[63] 이후 부랴부랴 시나리오를 수정해 2019년으로 낮췄다. 지금이야 '인간배아 줄기세포 복제 성공'이라는 소식이 가짜뉴스였음을 다 알지만, 당시에는 우리나라를 넘어 지구촌 전체가 더러는 환호하며, 또 더

---

62) 윗글, p. 25, 양재섭·구미정, "물화(物化)된 죽음으로서의 자살," 『한국의료윤리학회지』 9권 1호 (2006), 29.
63) 이와 관련해서는 다음을 볼 것. 구미정, "에코페미니즘 시각에서 본 생명공학 : 배아줄기세포 연구를 중심으로," 『한국조직신학논총』 16집(2006)

러는 우려하며 극도로 흥분하지 않았었나?

생명공학이 고도로 발전하면, 인간이 과학기술을 통해 '영생'을 얻을 수 있을 것이다. 이스라엘 히브리대학 역사학과 교수인 유발 하라리가 『호모 데우스』에서 예언한 내용이 바로 그 점이다.[64] 미국 경제학자이자 문명비평가인 제레미 리프킨(Jeremy Rifkin)은 앤드류 킴브렐(Andrew Kim- brell)이 쓴 『휴먼 보디숍』을 추천하는 글에서, 복제 양 돌리(Dolly)의 출현 이래 인간복제 문제가 본격적인 대중 담론으로 자리 잡음에 따라 사람들 의 물음도 '어떻게 그런 일이?'에서 '언제쯤 그런 일이?'로 바뀌었다고 꼬 집은 바 있다.[65]

〈아일랜드〉는 인간이 생명복제기술을 탐하는 이유가 지독하리만치 실용적이라고 고발한다. 순전히 장기 이식용이나 대리모 출산용으로, 말 하자면 생명보험에 가입하듯이 복제인간을 '주문'한다는 것이다. 〈멀티플 리시티〉(1996)에서 주인공이 직장생활과 가정생활 모두를 완벽하게 잘 해 내고 싶은 소박한 욕구를 안고 생명공학자를 찾았던 것과는 확연히 다른 접근이다. 심지어 〈블레이드 러너〉(1993)에서 주로 전쟁 용병이나 외계 행성의 노동 기계로 부려먹기 위해 '리플리컨트(replicant)'를 만든다는 설 정과도 다르다. 〈아일랜드〉는 복제인간을 원하는 인간의 이기적인 본성 을 정확히 꼬집는다는 점에서 훨씬 설득력이 있다.

때는 2019년 7월 19일, 링컨-6-에코(이완 맥그리거 역)는 악몽을 꾸다가

---

64) 하라리에 따르면, 굶주림과 질병으로 인한 사망률을 줄이는 데 성공한 인류가 다음에 할 일은 노화와 죽음 그 자체를 극복하는 것, 곧 "인류를 신으로 업그레이드하고, '호모 사피엔스'를 '호모 데우스'로 바꾸는 것"인데, 이 목표가 달성된다는 건 다름 아니라 호모 사피엔스가 멸종을 맞이한다는 뜻이라고 예언한다. 하라리, 윗글, 특히 p. 39와 p. 541을 볼 것.

65) 앤드류 킴브렐/ 김동광·과학세대 역, 『휴먼 보디숍 : 생명의 엔지니어링과 마케팅』(김영사, 1995), 7.

잠에서 깨어난다. 천장에 부착된 컴퓨터 화면에서 '수면 장애'가 감지되었다는 메시지와 함께 치유센터에 가보라는 친절한 조언이 뜬다. 화장실에 가서 소변을 보는 동안에도 바로 눈높이에 부착된 컴퓨터 화면은 쉬지 않고 메시지를 전달한다. '나트륨 과다 검출', '영양분 조절 권장' 등 소변검사 결과를 알려 주는 것이다. 입었던 옷을 빨래통에 넣으니 세탁물의 오염도가 85%라는 음성 메시지가 흘러나온다. 옷을 갈아입으려고 옷장문을 열면 누군가 깨끗이 세탁해서 가져다 놓은 운동화와 유니폼이 보기 좋게 정리되어 있다. 이쯤 되면 특급호텔이 부럽지 않은 '풀 서비스'다.

사실인즉, 링컨-6-에코는 복제인간이다. 메릭 박사가 세운 메릭바이오테크사의 '차세대 과학'이 만든 '클론(clone) 제품' 중 하나다. 메릭 박사의 설명에 따르면, 인간은 복잡한 유기체로 30억 년간 진화를 거듭해 왔지만, 한 가지 결점만은 극복할 수 없었다. 모든 기계가 그렇듯이 인간의 몸도 닳기 때문에 많이 쓰면 '고장'(질병)이 나고 마침내 '폐기'(죽음)된다는 사실 말이다. 메릭 박사는 자기가 이 문제를 해결해 마침내 인류에게 영생을 선물해 주었다며 신이라도 된 듯이 거들먹거린다. 영화에서 그는 과학자라기보다는 그저 '하나님 콤플렉스'에 걸린 환자로 비친다.

복제 양 돌리의 경우에서 보듯이 현재의 생명복제기술에서는 복제된 생명체가 모두 신생아 단계를 거쳐야 한다. 여섯 살 된 암양을 복제했다고 해서 돌리가 탄생하자마자 여섯 살의 외양을 갖출 수는 없는 노릇이다. 물론 유전자만 놓고 보면, 둘은 일란성 쌍둥이가 틀림없다. 하지만 겉모습은 영락없이 모녀지간이다. 아무리 탄생 직후 돌리의 유전자 상태가 원본 양의 나이와 똑같이 어느새 성년기에 접어든 양상을 보였다고 해도, 여섯 살짜리 '어른 양'의 몸으로 태어나는 건 불가능한 것이 현실이다.(그래서 돌리는 태어난 지 겨우 여섯 해 만에 노화로 이른 죽음을 맞이해야 했다.)

그런데 장기 이식용으로 인간을 복제할 경우, 이 문제는 상용화에 심각한 제약이 된다. 복제인간이 다 자라기도 전에 노화로 죽을 가능성이 크기 때문이다. 메릭바이오테크사가 말하는 '차세대 과학'은 바로 이 점을 개선했단다. 클론을 처음부터 고객과 같은 나이로 배양해 열두 달이 지나면 즉시 '이용'할 수 있는 '상품'이 되게 한 것이다.

메릭 박사는 고객들이 자기와 똑같이 생긴 '제품'을 행여나 '인간'으로 오해할까 봐 한마디 덧붙이는 것을 잊지 않는다. 2015년에 개정된 우생 관련법에 따라 복제인간은 모두 식물인간 상태로 배양되기 때문에, 의식도 없고 생각도 못하며 고통이나 사랑, 증오 따위의 감정도 전혀 느끼지 못한다는 것이다. '그것'들은 어디까지나 제품이지, 인간이 아니라고 그는 힘주어 강조한다. 그러니까 고객은 어떠한 양심의 가책이나 죄의식 없이도 마음대로 '제품'을 구매해 이용하고 폐기해도 괜찮다는 것이다.

이렇게 안전장치를 내세웠지만, 사실 이 회사는 제품의 질을 높이기 위해 우생관련법을 어겼다. 생각과 감정을 제거한 식물인간 상태로는 장기가 제 기능을 발휘하지 못하는 등 부작용이 늘자, 클론들에게 이를테면 '우정' 같은 감정은 허용하되 섹스라든가 사랑 따위의 복잡한 감정은 완전히 제거해서 열다섯 살 정도의 의식 수준에 머물도록 조작한 것이다. 그래도 빈틈은 있기 마련이다. 그 빈틈에서 '불량품' 복제인간이 어떻게 진짜 인간이 되어 가는지가 이 영화의 관전 포인트다.

생명의 바벨탑은 무너지기 마련

주인공 링컨-6-에코는 자기가 복제인간이라는 걸 전혀 알지 못한다. 그도 동료들처럼 '생산' 공정에서 기억을 조작당해, 자기가 지구 종말이라는 거대한 재앙으로부터 운 좋게 살아남은 최후 생존자 중 하나라는 사실에 감사할 뿐이다. 행여 오염될 새라 일체의 바깥출입을 허용하지 않는다는 거짓말에 세뇌된 채 철저히 밀폐된 공간에서 개인 맞춤형 식이요법과 운동 처방에 따라 정해진 일과를 되풀이하는 복제인간들은 '아일랜드'라 불리는 지상낙원, 곧 지구에서 유일하게 오염되지 않은 섬으로 떠나는 것만이 축복이요 구원이라고 믿는다. 그들에게 아일랜드 여행 추첨은 천국행 티켓을 거머쥐는 것이나 다름없다.

또다시 악몽에 시달리다가 잠이 깬 링컨-6-에코는 우연히 다른 층에 마련된 수술실을 엿보게 된다. 수술대 위에는 지금쯤 아일랜드에 가 있어야 할 스타웨더-2-델타가 누워 있다. 그러니까 그는 유명한 미식축구 선수 스타웨더의 복제인간으로, 원본인간의 요구에 따라 간을 공급하기 위해 수술대에 오른 것이다. 수술 도중 개복 상태로 마취가 풀린 그는 몸에 수술 도구들을 주렁주렁 매단 채 수술실을 박차고 뛰쳐나간다.

살을 파고드는 작살 총에 맞아 질질 끌려가면서도 살고 싶다고, 살려달라고 애원하는 그의 절규가 어찌 보면 이 영화에서 가장 중요한 메시지일지도 모른다. 곧이어 링컨-6-에코는 낮에 동료들의 축하 속에 해산하러 들어갔던 리마-1-알파 역시 아기를 낳자마자 싸늘한 주검으로 버려지는 현장을 목격하게 된다. 그녀는 원본인간 리마의 임신과 출산을 대행하기 위해 생산된 대리모 복제인간이었다.

링컨-6-에코는 세상에서 가장 안전하다는 그곳이 사실은 안전하지 않다는 걸 깨닫는다. 모두가 고대하는 아일랜드는 순전히 사기에 불과했다. 진실에 눈을 뜬 이상, 게다가 자기와 각별한 우정을 나누던 조던-2-델타 (스칼렛 요한슨 역)가 아일랜드행 추첨에 뽑힌 이상, 주저할 틈이 없다. 결국 링컨-6-에코는 조던-2-델타와 함께 탈출을 감행한다. 그야말로 '출애굽'이 따로 없다. 이쯤에서 〈아일랜드〉는 인문학의 옷을 입는다. 유일한 '사람

친구' 맥코드를 찾아간 링컨-6-에코가 자신의 정체를 묻는 대목이다.

맥코드는 왜 하필이면 '내가 순진한 아이에게 산타클로스가 없다고 말해 주는 악역을 맡아야 하냐'고 투덜대더니 어렵게 입을 연다. "너희는 나와 똑같지 않아 … 인간이 아니란 말이지 … 아니, 그러니까, 내 말은 … 너희가 인간은 맞는데, 진짜는 아니라구 … 너희는 클론이야."

고민한 흔적이 역력한 그의 말에서 복제인간의 정체에 대한 현생인류의 고민이 묻어난다. 복제인간도 우리와 똑같은 인간일까? 만약 인간이라면 "모든 인간은 다른 인간을 수단이 아니라 목적으로 대우해야 한다"는 임마누엘 칸트(Immanuel Kant)의 고전적인 정언명령은 어찌 되는가? 맥코드는 복제인간을 하나의 '제품'으로 취급하는 메릭 박사의 관점을 공유하고 있지는 않은 것 같다.

그렇다고 복제인간이 원본인간과 똑같다고 말하지도 않는다. 복제인간은 보통 인간이 태어나는 것과 똑같은 방식으로 '출생'하지 않기 때문이다. 그들은 구매자의 요구에 맞추어 계획적으로 '제조'된 다음 '출하'된다고 말해야 옳다. 하지만 그런 이유로 그들을 물건처럼 취급하기도 애매하다. 존재하게 된 경로야 어떻든 간에, 그들 역시 고유한 생명체로서 나름의 살 권리를 지니고 있지 않을까?

맥코드를 통해 링컨-6-에코는 비로소 자기가 누구인지, 아니 무엇인지 알게 된다. 그는 간경화에 걸린 원본인간 톰 링컨이 간 이식을 위해 주문한 클론 제품이다. 그런가 하면 조던-2-델타의 원본인간 새라 조던은 유명한 톱모델로, 대리모 출산을 위해 클론을 만들어 둔 것이다. 이제 링컨-6-에코는 동료 클론들의 안위를 위해 메릭바이오테크사를 무너뜨리기로 결심한다. '생명의 바벨탑'에 대한 준엄한 도전이다.

영원히 산다는 것의 곤혹스러움

〈아일랜드〉는 과학이 인간의 오랜, 그러나 헛된 소망인 '영생불사'의 꿈을 실현해 줄 것이라는 기대에 찬물을 끼얹는다. 아니 설령 '기술적으로' 가능하더라도, 인간의 의식 수준이 향상되지 못하면, 기술이 재앙이 되는 건 시간문제라고 엄포를 놓는다. 그리하여 우리의 질문은 다시 원점으로 돌아간다. 도대체 인간은 왜 죽기를 거부하는가? 삶과 죽음은 정말 이항대립적 개념인가? 죽음만 사라져 준다면, 과연 행복한 삶이 보장되는가?

노벨문학상을 받은 포르투갈 작가 주제 사라마구(Jose Saramago)의 『죽음의 중지』[66]는 이 단순한 질문을 소설화했다.

> 다음 날, 아무도 죽지 않았다. 삶의 규칙과 절대적인 모순을 이루는 이 사실은 사람들의 마음속에 엄청난, 그리고 이런 상황이라면 충분히 이해해 줄 만한 불안을 일으켰다 … 아파서 죽거나, 높은 데서 떨어져 죽거나, 자살에 성공한 사람이 한 명도 없었다. 명절이면 흥청망청한 분위기에 마음도 해이해지고 술도 거나하게 취해 누가 먼저 죽음에 이르는지 내기라도 하듯이 도로에서 서로 먼저 자리를 차지하려고 싸우다가 일어나는 자동차 사고에서도 사망자는 나오지 않았다 … 새해가 시작된 이래로, 더 정확히 말하자면 일월 일일 영시 이래로 전국에서 사망자가 나오지 않았다.[67]

---

66) 주제 사라마구/ 정영목 역, 『죽음의 중지』(해냄, 2009)
67) 윗글, 11-14.

그 다음은 예상한 바다. 사람들은 저마다 환희의 송가를 불러 댔다. 신문과 방송도 '새해 새 생명' 어쩌고 하면서 온갖 감언이설을 늘어놓았다. 자기 나라에서 일어난 이 뜻밖의 '행운'을 축하하기 위해 누군가 창문에 국기를 내다 걸었더니 이내 전국 규모로 퍼져 나갔다. 온 나라가 잔치 분위기에 휩싸였다.

이 분위기 그대로 쭉 갈 수 있을까? 아니다. "첫 번째 공식 민원은 장의업계에서 나왔다. 사업 재료를 무자비하게 박탈당한 장의사들은 두 손으로 머리를 감싸는 고전적인 제스처를 취하며 슬픔에 잠겨 합창으로 울부짖었다."[68] 병원에서도, 요양원에서도 연달아 불만이 터져 나왔다. "콧물을 닦아 주고, 지친 괄약근을 돌봐 주고, 밤에 일어나 요강을 가져다줄 시간이나 인내심이 없는 가족의 마음의 평화를 위해 마련된 자선기관들도 곧 나서서 병원이나 장의사들이 그랬던 것처럼 통곡의 벽에 머리를 찧었다."[69] 보험협회도 가만히 있지 않았다. 종교계라고 예외가 아니었다. 죽음이 사라지니 여기저기서 당장 '밥줄'이 위태롭다고 아우성을 쳐 댔다.

'죽음의 중지'가 부른 파장은 실로 잔인했다. 태어난 지 몇 달밖에 되지 않은, 의사가 살 가망이 없다고 선고한 자식들을 품에 안고 부모들이 국경을 넘었다. 살날이 얼마 남지 않았으나 죽음이 자신의 업무를 중단했기 때문에 겨우 숨만 쉬고 있는 늙은 부모들을 수레에 싣고 자녀들이 국경을 넘었다. 거기서는 여전히 죽음이 기능을 하고 있다는 사실에 안도하면서 말이다.

---

68) 윗글, 30.
69) 윗글, 35.

이 대목에서 소설은 주제 의식을 드러낸다. 죽음이 죽이기를 그만둔 이유가 밝혀진다. 물론 이쯤 되면 독자들도 저절로 깨닫게 되지만 말이다. "그건 나를 그렇게 혐오하는 사람들에게 언제까지나 산다는 것, 영원히 산다는 것이 어떤 의미인지 맛을 좀 보게 해 주려는 것이었어요… 따라서 체념하고, 저항 없이 죽으세요. 저항해 보았자 아무 소용이 없을 테니까요. 하지만 한 가지만큼은 내가 틀렸다고 인정을 할 수밖에 없다고 생각해요. 그것은 내가 일을 할 때 사용하는 잔인하고 부당한 방법과 관련이 있는 거예요. 나는 몰래, 예고도 없이, 실례한다는 말조차 없이 사람들 목숨을 가져가잖아요. 나도 이것은 정말이지 잔인하다고 인정해요. 심지어 유언장을 작성할 시간조차 주지 않는 경우도 많잖아요. 사실 대부분의 경우에는 병을 보내 미리 길을 닦아 놓기는 하지만 말이에요. 하지만 묘하게도 인간은 늘 그 병을 떨쳐버리기를 바라더라고요…"[70]

지금 행복하기

여기 언급된 '체념'을 삶을 단념하는 의미로 받아들이면 오해다. 의학적으로 어떻게 더 해 볼 것이 없는 환자에게 어차피 죽을 테니 다 소용없다는 식의 '자포자기' 태도를 권하는 게 아니라는 말이다. 주제 사라마구가 죽음의 입을 빌려 강조한 체념은 죽음학의 권위자 엘리자베스 퀴블러 로스가 제안한 '수용' 개념에 가깝다.[71] 어느 때 죽음이 찾아오더라도 당황하거나 겁먹지 않고 평온하게 그리고 품위 있게 죽음을 맞이하는 태도

---

70) 윗글, 133-135.

를 가리킨다.

이러한 수용은 하이데거의 다소 어려운 개념인 '죽음에로의 선구 (Vorlaufen zum Tode)[72]와도 통한다. 삶의 끝에 버티고 있을 죽음을 자각적으로 미리 끌어당겨 지금 여기서 마주하는 현실로 끌어안는 것이다.[73] 그럴 때라야 삶은 비로소 '나의 삶', 곧 다른 누구의 삶으로도 대체될 수 없는 나만의 고유한 것이 된다.

우리 자신의 삶이 결국은 탄생에서 죽음에 이르는 유한한 시간이라면, 죽음에로의 선구는 우리가 자신에게 주어진 유한한 시간을 자기 자신만의 일회적인 시간으로 경험하게 되는 것을 의미한다.[74]

그래서 '죽음을 기억하라(Memento mori)'는 말은 '삶을 사랑하라(Amor fati)'는 말과 짝을 이룬다. 죽음과의 거리가 가까운 사람일수록 삶과의 거리도 가까운 법이다. 삶에서 가장 큰 상실을 죽음이라 부른다면 아직 죽음과의 거리를 좁히지 못한 사람이다. 정말 큰 상실은 '우리가 살아 있는 동안 우리 안에서 어떤 것이 죽어 버리는 것 … 아직 죽지 않은 사람으로 살아가는 것'이다.[75]

---

71) '호스피스' 운동을 최초로 시작한 의사이며 사상가인 엘리자베스 퀴블러 로스는 임종환자가 죽음을 맞이하는 과정을 연구해 다섯 단계로 정리했다. 부정과 고립 단계, 분노 단계, 타협 단계, 우울 단계, 수용(순응) 단계가 그것이다. 이때의 수용이란 공포와 절망을 초극한 실존 상태에서 평온과 품위를 가지고 최후를 받아들이는 태도를 말한다. 그녀의 관찰에 따르면, 이 다섯 단계가 순차적으로 진행되는 것은 결코 아니며, 모든 사람이 죽음을 수용하는 단계까지 나아가는 것도 아니다. 엘리자베스 퀴블러 로스/ 성염 역, 『인간의 죽음 : 죽음과 임종에 관하여』(분도출판사, 1979)

72) 박찬국, 윗글, 206.

73) 새삼 부연할 필요도 없이, 이는 자기의 죽음을 앞당겨 미리 경험하는 것, 곧 자살을 뜻하지 않는다.

74) 윗글, 208.

75) 엘리자베스 퀴블러 로스·데이비드 케슬러/ 류시화 역, 『인생수업』(이레, 2006), 10.

죽음의 가장 큰 교훈이 삶인 것을 아는 사람은 오직 한 번뿐인 삶, 다시 돌아오지 않을 '오늘'을 불평과 후회, 원망과 좌절로 일관하기보다는 차라리 반짝반짝 살아 내는 편을 택한다. 죽음은 육체의 소멸일 뿐, 관계의 단절이 아닌 까닭에, 어제 틀어졌던 사람과 오늘 화해하고, 어제 고마웠던 사람에게 오늘 감사의 말을 전할 줄 안다. 어제는 이미 지나간 시간이며, '내일'은 어쩌면 오지 않을지도 모를 시간이기에, '이제 여기' 나와 함께 있는 사람들과 더불어 신나게 사는 법을 익힌다.

종교가 말하는 '그 너머'의 복락이란 이런 사람들의 몫이다. '이제 여기'를 도외시한 채 그 너머만 부르짖는 종교는 사기에 지나지 않는다. 지금 행복할 것! 인간이 신으로부터 받아든 숙제는 이것밖에 없다. 미켈란젤로의 말로 마무리를 지을까 한다. "삶이 즐겁다면 죽음도 그래야 한다. 그것은 같은 주인의 손에서 나오기 때문이다."[76]

[참고문헌]

구미정. "에코페미니즘 시각에서 본 생명공학 : 배아줄기세포 연구를 중심으로." 『한국조직신학논총』 16집(2006), 189-220.

양재섭·구미정. "물화(物化)된 죽음으로서의 자살." 『한국의료윤리학회지』 9권 1호(2006), 28-43.

_____. "뇌사 담론에 내포된 생명관." 『한국의료윤리학회지』 9권 2호(2006), 234-245.

퀴블러 로스, 엘리자베스/ 성염 역, 『인간의 죽음 : 죽음과 임종에 관하여』 분도출판사, 1979.

퀴블러 로스, 엘리자베스·케슬러, 데이비드/ 류시화 역, 『인생수업』 이레, 2006.

유발 하라리/ 김명주 역, 『호모 데우스』 김영사, 2017.

정동호 외. 『철학, 죽음을 말하다』 산해, 2004.

정진홍. 『만남, 죽음과의 만남』 궁리출판, 2003.

주제 사라마구/ 정영목 역, 『죽음의 중지』 해냄, 2009.

킴브렐, 앤드류/ 김동광·과학세대 역, 『휴먼 보디숍 : 생명의 엔지니어링과 마케팅』 김영사, 1995.

---

76) 윗글, 258-259.

4

죽음은

삶에 대한 학습,
돌봄의 기록

상실＊애도＊용서
＊자살＊의례

16 강의 · 죽음의 신체적 증상과 돌봄 - 김문실

17 강의 · 상실과 애도상담 - 윤득형

18 강의 · 죽음 이후 용서와 회복 - 박순

19 강의 · 생명의 소중함과 자살예방 - 장진원

20 강의 · 누구를 향한 의례인가? · 장례와 추모 - 전병식

신체적 증상과 돌봄

죽음의

김문실 이화여자대학교 명예교수

살아 있을 때 죽음을 맞이한다

아이작 아시모브(Isaac Asimov)는 "삶은 유쾌하다. 죽음은 평화롭다. 다만 이 전환이 다루기 힘들 뿐이다"라고 말한다. 죽음은 삶의 한 과정에서 일어나는 가장 본질적이면서도 특이한 현상이다. 그러기에, 철학자나 신학자 혹은 법률가나 의사에게 있어서 죽음에 대한 정의는 자신의 전문 영역에서 겪은 경험이나 이론적인 견해만을 제시할 뿐 명확한 답을 줄 수 없는 것이 현실이다. 또한, 죽음의 정의는 세상을 보는 시각, 살아가는 방식, 종교 문화적 차이에 따라 달라질 수 있다.

죽음에 대한 사전적 의미는 '생명체의 삶이 끝나는 것'으로서 생의 종말을 의미한다. 한편, 세계보건기구(WHO)에서는 죽음을 '소생할 수 없는 삶의 영원한 종말'이라고 정의하여 다소 추상적이고 포괄적인 의미로 기술하고 있다.

100세 시대에 사는 현대인들도 20세까지 밖에 살지 못했던 인류 초기 인간들과 다름없이 공통적으로 숨 쉬고, 먹고, 배설하는 생리적 작용을 하다가 어느 순간 이 기능을 상실할 때 죽음을 맞이하게 된다.

2000년대에 들면서 우리는 호흡기전염성질병으로 일상생활 활동에 많은 제한을 받으면서 그동안 잊었던 삶과 관련된 환경요소들에 대해 감사함을 느낀다. 그중 하나가 숨 쉴 수 있어 살아 있음에 행복감을 느끼고, 또한 숨을 쉬지 못하는 순간을 생각하며 괴로움을 느끼기도 한다.

한국인의 죽음 원인은 암, 뇌혈관계질환, 순환기계질환, 자살, 당뇨병, 운수사고, 만성하기도 질환, 간질환, 폐렴, 고혈압성질환이라고 보고하고 있다. 또한, 죽음을 초래하는 현상으로는 질병을 포함하여 영양실조, 자살, 살인, 탈수, 상해 등을 들 수 있다. 이와 같이 대부분의 인간은 질병을 앓으면서 죽음을 맞이하게 되므로 두려움, 공포감, 불안, 슬픔, 우울 등의 감정이 동반하게 된다.

죽음 관련 문헌에서는 살아감과 죽어 감은 동전의 양면과 같아서 살아 있을 때 죽음을 생각하고, 가장 가까운 친구이자 동반자로 죽음을 받아들이는 것이 평안한 죽음을 맞이할 수 있는 방법이라 한다. 또한, 죽음은 자연스러운 현상이고 삶의 한 과정이라 하지만 "당신은 편안한 죽음을 맞을 수 있을까?"라는 질문에 "예" 라고 쉽게 말할 수 있는 사람은 많지 않다.

삶 속에 추구해 왔던 물질, 명예, 지식, 친구 등을 포기해야함은 물론 다양한 신체적 문제 해결이 동반되므로, 죽음을 맞이하는 전환과정에서 발생하는 여러 가지 증상들은 간과할 수 없다. 이와 같이 통증, 복수, 호흡곤란 등을 겪으면서 살아 있음에서 죽어감으로 전환하는 과정에서 생기는 환자의 괴로움을 도와줄 수 있는 방법도 유념해야 할 과제이다.

따라서 본 장에서는 생의 주기별 죽음에 대한 인식 정도를 확인하고 죽음과정에서 나타나는 신체적 증상의 종류와 그 완화방법을 제시하여 편안한 죽음을 맞이하는 데 도움을 주고자 한다.

의학적 측면에서 죽음의 의미

과학과 의학의 발달에 병행하여 죽음의 정의, 종류, 원인 등에 대한 연구가 계속 진행되고 있음에도 불고하고, 연구자의 관점과 철학 및 사회적 배경에 따라 죽음의 정의가 다양하게 기술되고 있다.

의학계에서 현재까지 알려진 죽음의 공식적인 정의는 '불가역적인 생명 현상의 상실로 인하여 생명체가 완전한 변화를 일으키는 상태'로 설명하고 있다. 의학적 측면의 죽음은 일반적으로 신체적인 죽음에 초점을 두고 있으며, 이 신체적 죽음은 임상적 죽음과 생물학적 죽음으로 구분하고 있다. 죽음의 판정기준은 죽음의 개념을 어느 측면에서 보느냐에 따라 심폐사, 뇌사로 설명되고 있으나 이 점에 대해서는 아직도 사회적 논란이 지속되고 있다.

임상적 죽음과 생물학적 죽음은 죽음과정에서 나타나는 신체적 증상에 초점을 두고 있어 그 내용을 살펴보면 다음과 같다.

생물학적 죽음

개체를 구성하는 모든 세포의 생명활동이 사멸하여 살아 있던 유기체를 지탱하던 모든 생물학적 기능이 전체적으로 또한 영구적으로 정지된 상태로 죽음의 최종점을 말한다. 이것은 세포, 조직, 장기의 부분적인 죽음이 반드시 개체의 죽음을 의미하는 것은 아니라는 뜻이다.

임상적 죽음

임상적으로 사망을 정의할 때 인간의 가장 중요한 장기인 심장과 폐의 기능이 정지되는 심폐사가 가장 폭넓게 사용된다. 이러한 과정에는 다양한 신체적 증상이 나타난다. 뇌사상태란 뇌간을 포함한 전체 뇌기능이 회복할 수 없는 비가역적 정지상태로 심장박동이나 호흡기능을 기계에 의존하는 상태를 말한다.

임상적으로 의사는 심장박동 기능이 없어 맥박과 혈압 측정이 불가능하고 자발적 호흡기능이 정지되고, 동공이 확대된 3대 징후가 15-30분간 지속되면 사망을 판정한다. 결국 이러한 상태가 한 시간이 지나면 심장, 폐, 신장에 괴사가 일어나고 두 시간 후에는 간의 괴사가 시작된다.

생의 주기에 따른 죽음의 의미

죽음의 문제는 곧 삶의 문제인 동시에 인간 본질에 관한 문제이므로 인간의 성장 발달 주기에 따라 죽음을 인식하는 내용이나 대처 방법도 다르다. 따라서 대상자의 죽음에 대한 이해를 돕기 위해 생의 주기별 죽음에 관한 의미를 살펴본다.

아동기

본고에서 편의상 초등학생과 유아기 어린이를 아동기에 포함하였다. 일반적으로 아동기에서는 죽음을 인정하지 못하여 특히 4-5세에서는 식물, 병아리, 꽃의 죽음으로 알게 되나 죽음을 일시적인 상태로 다시 살릴 수 있어서 영원한 죽음은 없다고 생각 한다. 6-7세가 되면 TV나 이웃 또는 조부모를 통해 죽음을 경험하게 되면서 죽은 사람은 다시 되돌리지 못한다는 것을 부분적으로 알게 된다. 9세 전후의 아동들은 죽음에 대한 의미를 거의 완벽하게 이해하게 된다. 따라서 불치병을 앓고 있는 아동들은 자신의 병이 죽음의 원인임을 알고 자신이 죽음에 임박했음을 인식하고 울며 괴로워하기도 한다.

청년기

일반적으로 청년기는 자아정체성과 자존감이 강한 세대로 직장을 갖고 꿈을 실현해 나가는 시기이다. 청년 초기에는 죽음에 대해 낭만적인 생각을 하여 죽는 것 자체를 두려워하지 않고 오히려 용감하고 명예로운 것으로 생각하여 생명을 위협하는 속도의 자동차나 오토바이 운전을 즐기거나 약물복용 심지어는 자살도 가능케 한다. 청년 후기에는 가족, 직장 등 자신의 사회적 환경을 고려하여 죽음을 현실적으로 인식하게 된다. 그러나 불치병을 앓는 청년들은 자신의 꿈을 이루지 못하는 현실을 부정하고 "왜 '나'이어야 하는가?"하는 생각에 좌절하고 분노하여 그 감정을 의료인, 친구, 사회로 분출하므로 주위 사람을 당황하게 하기도 한다.

중년기

중년기는 청년기만큼 신체적 활동이 왕성치는 않으나 비교적 건강한 편이다. 그러나 부모 또는 주위 사람의 사망을 경험하면서 죽음을 현실로 받아들여 살아온 삶보다 앞으로의 삶에 관심을 갖게 되어 배우자, 자녀, 동료들과 선한 관계를 맺으려고 노력한다. 때로는 죽음을 나의 문제로 인식하고 걱정하기도 한다. 중년기에 죽음을 맞게 되면 이루지 못한 자신의 꿈에 대해 분노하여 가족이나 주위 사람들에게 격한 감정적 투사를 하기도 하고 때로는 자신이 없는 가족들의 삶을 걱정하기도 한다.

노년기

일반적으로 중년보다 죽음에 대한 걱정이나 두려움이 적으나 과거 자신의 삶을 어떻게 인식하느냐에 따라 죽음에 대한 이해도 다르게 나타난다. 즉 지나온 자신의 삶이 보람되고 긍정적으로 생각되는 사람은 그렇지 않은 사람보다 죽음을 담담하고 쉽게 수용한다. 그러나 한국 노인들은 과거의 가난했던 삶에 비해 현재의 생활환경이 너무나 풍요롭고 편해짐에 따라 가능한 한 오래 살면서 이를 누리고자 하는 마음이 커 죽음을 피하려 하기도 한다.

죽음의 신체적 발현증상과 돌봄

　죽음은 개인이 살아온 가치와 문화 속에서 독특한 관계망을 형성하는 가운데 맞이하게 된다. 대부분의 환자는 서서히 오는 신체적 정신적 증상들을 경험하면서 임종을 인식하게 된다. 특히 우리나라도 산업화, 핵가족화, 여성의 사회진출 증가, 경제적 향상, 보건의료 기술의 발전으로 아직도 죽음을 자연스럽게 받아들이기를 거부하고 생명연장을 기계에 의존하게 되는 사례가 적지 않다.

　임종 시 나타나는 신체적 증상은 그 종류나 발현시기가 다양할 뿐 아니라 개인별 차이도 크다. 더욱이 죽음과정에 나타나는 신체적 증상의 발현시기에 대한 문헌은 적은 편이다. 따라서 임종 시 나타나는 발현시기는 『임종을 맞이하는 마지막 1주일』(허대석, 조현 공역, 2003)을 기본으로 하여 그 돌봄의 원칙과 방법에 관해 살펴보고자 한다.

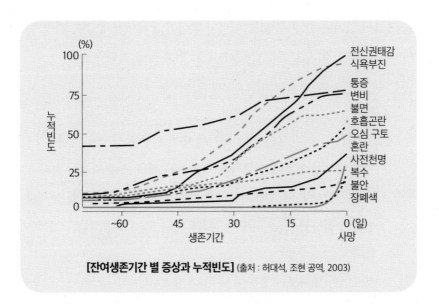

[잔여생존기간 별 증상과 누적빈도] (출처 : 허대석, 조현 공역, 2003)

일본의 한 호스피스 센터에서 죽음을 알리는 주요 신체적 증상이 나타난 이후 잔여 생존기간에 관한 연구에 의하면, 신체적 증상은 생존 잔여기간 60여일 전후로 나타나기 시작하는 것으로 설명하고 있다. 즉 60일 전후로는 통증, 45일 전후로는 변비, 식욕부진, 30일 전후에는 전신권태, 불면, 오심구토, 15일 전후부터는 호흡곤란, 복수, 7일 전후로는 혼란, 2일 전후로 하여 사전천명, 불안정이 나타나는데 사망이 가까워 올수록 모든 증상의 누적빈도가 최고치에 달하는 것으로 다음과 같이 보고하고 있다.

잔여생존기간 약 60일 전후의 증상과 돌봄

통증

국제통증학회에서는 통증을 실제적 또는 잠재적인 조직 손상과 관련하여 나타나는 괴로운 감각적, 감정적 경험이라 정의하고 있다. 일반적으로 기력이 없거나 반 혼수 또는 의식이 떨어진 상태에서 통증이 지속되면 이마나 미간의 찡그림, 긴장된 얼굴 표정, 빈맥 등을 보인다.

[돌보기]
• 돌봄자는 다음과 같은 통증 조절에 대한 잘못된 생각을 버린다.
  - 강한 마약성 진통제는 중독되므로 아플 때만 조금 먹어야 한다.
  - 통증은 환자를 영적으로 강하게 하므로 환자가 참아야 할 문제다.
  - 통증이 있다는 것은 질병이 악화되거나 또는 호전되는 것을 의미한다.
  - 의료팀이 환자보다 통증에 대해 더 잘 알고 있다.

- 환자가 통증의 위치(뼈, 피부, 근육, 장기) 그리고 통증의 성격(발작적, 칼로 베는 듯, 쑤시는 듯)을 표현하도록 돕는다.
- 환자에게 가장 적절한 통증완화 방법을 확인하여 수행한다. 즉 처방된 진통제 투여, 이완요법(마사지, 냉열찜질, 휴식), 전환요법(독서, 친구 방문, 원예, 음악치료, 취미생활, 종교생활)등의 보완요법을 활용한다.
- 통증을 악화시키는 요인 즉 자세, 기침, 움직임, 배뇨, 배변과의 관련 여부를 확인하고 가능한 한 그 요인을 제거하도록 한다.

잔여 생존기간 약 45일 전후의 증상과 돌봄

식욕 부진

식욕 부진이란 일반적으로 미각의 변화로 입맛이 떨어지거나 없는 상태로 배고픔을 느끼지 못하거나 섭취량이 감소하는 것을 말한다. 그러나 인간은 식욕 감소와 배고픔을 느끼지 못한다 하더라도 식욕은 본능이므로 자신의 식욕 부진에 대해 예민하게 반응한다.

[돌보기]
- 심리적 평안함을 유지하며 소화 가능한 고단백, 고열량 농축식품을 제공한다.
- 물론 식욕을 잃는 것이 일반적이나 돌봄자가 쉽게 포기한다는 느낌을 환자가 받지 않도록 최선을 다하여 돌본다.
- 식사 시간에 얽매이지 말고 식욕과 전신 상태가 양호한 시간에 기호식품을 천천히 소량 다회 제공한다.
- 가족이나 좋아하는 사람과 함께 식사하는 것을 권한다.

- 실내 환기를 자주하고 식사 전후 구강 청결을 유지한다.
- 효과 없는 비경구적 영양 방법은 중지하는 것도 환자를 배려하는 것이다.
- 식사 전후로 감정을 자극하는 일이 없도록 하고 휴식을 취하도록 한다.

변비

변비란 배변의 빈도가 줄어들고 배변하기 힘든 상태를 말한다. 그 원인은 음식과 수분섭취의 감소, 활동 감소, 약물 부작용, 부분적 장 폐색 등이다. 주로 환자는 불편감 호소, 심하면 가스와 대변 축적으로 장이 팽창되어 심한 복통, 구역구토, 섬망이 있고, 횡격막 압박으로 인한 호흡곤란, 분변 매복, 장폐색도 올 수 있다.

[돌보기]

- 환자의 배변 습관을 확인하고 정해진 시간에 배변을 유도한다.
- 수분과 섬유질이 많은 음식물을 잘게 하여 섭취하도록 돕는다.
- 식사제공 전 미지근한 수분 공급과 하복부 마사지로 장운동을 자극한다.
- 가능한 범위 내에서 신체활동이나 운동을 돕는다.
- 분변 매복이 있으면 배변을 돕는 약이나 관장을 한다.

잔여생존기간 약 30일 전후의 증상과 돌봄

30여 일 전부터는 기존 증상 악화와 더불어 전신 권태, 구역·구토가 나타난다.

전신권태감

초기에는 피로감으로 시작하나 일반적으로 휴식에 의해 완화되지 않으며 일상 활동의 장애를 주는 정도이나 점차적으로 침대에서 작은 움직임이나 머리를 가누는 것도 어렵게 된다.

[돌보기]

- 허약감으로 인한 문제 발생을 예방하는 차원의 돌봄이 필요하다.
- 피로감 치료는 비효과적이며 영양 공급, 수액요법의 효과도 확인한다.
- 개인의 휴식 패턴에 따라 합병증(관절강직, 욕창) 예방 차원의 돌봄을 제공한다.
- 매 1~2시간마다 수동적 관절 운동, 자세 변경, 뼈 돌출 압박 부위를 마사지 한다.
- 가족이 환자의 요구에 적극 협력하도록 관계 형성을 돕는다.

구역·구토

구토는 위 내용물을 입으로 방출하는 것이고 구역질(오심)은 구토할 것 같은 불쾌한 느낌의 주관적인 감각이다. 일반적으로 구역과 구토가 동반하나 때로는 구역 또는 구토만 호소하는 경우도 있다. 메스꺼움, 연하장애, 쓴 입맛을 호소하기도 한다.

[돌보기]

- 구역은 치료보다 예방이 좋은 방법이므로 원인을 확인한다.
- 구역·구토 시에는 구강 청결을 유지하고 금식한다.

- 소화가 잘 되고 환자가 선호하는 음식을 제공한다.
- 음식은 상온 이하로 하여 조금씩 자주 준다.
- 누워 있을 경우 토물이 흡인되지 않도록 옆으로 눕힌다.
- 환기를 자주하여 토물로 인한 불쾌한 냄새를 제거해 준다.

잔여생존기간 약 15일 전후 증상과 돌봄

15일 전후로 호흡곤란, 복수가 추가되면서 기존의 증상이 악화된다.

호흡곤란

호흡곤란은 숨쉴 때 불편감이나 고통을 느끼며 또는 호흡부족으로 숨이 찬 증상이다. 호흡곤란의 원인은 다양하여 폐, 심장의 기능이상이나 질병 또는 치료 시 동반하기도 한다.

[돌보기]

- 환자, 가족에게 위약 효과가 있는 산소 공급, 미풍의 찬 공기를 제공한다.
- 반좌위로 상체를 올려 주고 가능하면 복식호흡을 유도한다.
- 코로 들이쉬고 입으로 내쉬며 심호흡하도록 유도한다.
- 불필요한 활동량을 줄인다.
- 불안하지 않도록 야간에 소등하지 않고 옆에 있어 준다.

복수

복수는 복강에 고인 액체를 뜻하며 복강의 확장으로 통증이 있거나 횡경막을 눌러 호흡곤란, 하지부종 등이 유발될 수 있다.

[돌보기]

- 신축성 있는 잠옷 제공과 복부 둘레의 변화를 측정한다.
- 호흡곤란이 심하면 복수 천자를 시행하여 호흡의 완화를 돕는다.
- 반좌위로 상체를 올려 주어 호흡곤란을 감소시킨다.
- 가족과 돌봄자가 함께 지지해 준다.

잔여생존기간 약 7일 전후의 증상과 돌봄

7일 전후로 환자가 화장실 출입이 어렵고 수면기간이 길어지고 혼란이 오기도 한다.

혼란

의식감소로 시작되어 졸리는 듯하다가 점차 의식이 없는 혼수상태를 의미한다.

[돌보기]

- 의식이 감소되었음에도 불구하고 환자를 한 인격체로 대하고 죽음 준비를 위한 가족과의 대화 기회를 돕는다.
- 가능한 한 조용한 환경을 조성하여 가족이나 돌봄자가 서두르는 느낌을 받지 않도록 한다.
- 좋아하던 사람, 애완견, 물건, 음악 등 친숙한 환경을 유지한다.
- 항상 옆에서 함께함으로 혼자 있다는 불안감을 감소시킨다.

잔여 생존기간 2일 전후 증상과 돌봄

심한 통증, 둔한 반응, 약한 활력증상과 동시에 사전천명, 불안정/섬망이 나타난다.

죽음이 임박했을 때 상기도내 분비물이 증가하여 호흡 시 '꾸룩꾸룩'하는 천명이 동반되는 것으로 일명 '죽음의 소음'이라 한다. 이러한 소리는 환자가 질식하는 것으로 인식되어 보호자나 돌봄자를 당황하게도 한다.

[돌보기]

- 환자와 보호자가 불안해하므로 일단 진정시킬 처방된 약제를 주도록 돕는다.
- 침대 상단부를 올리고 고개를 옆으로 해 분비물이 배출되도록 한다.
- 미리 확인된 환자가 보고 싶은 사람, 선호하는 음악 등을 제공한다.
- 환자의 손을 잡고 같이 있어 주어 불안감을 최소화한다.

청색증, 사지체온저하

사지의 체온이 저하되면 말단부위 혈관이 수축되거나 혈액량이 부족하여 주위 조직의 혈액공급이 원활하지 못하여 피부색이 창백해지거나 파랗게 되는 것을 말한다.

[돌보기]

- 무게감이 적은 담요를 덮어 따듯하게 해 준다.
- 말단 부위를 가볍게 마사지 해 준다.
- 필요하면 온열요법도 제공한다.

불안정/섬망

말기 섬망은 신체기능 저하로 나타나므로 환자와 가족의 안정에 초점을 둔다. 사망이 임박하면 흥분된 섬망이 나타나 과격한 사지움직임, 근육경련, 소리지름, 신음소리, 또는 과거의 시점에서 헛소리를 한다. 죽음을 상징하는 언어, 즉 집에 간다, 여행간다, 기차나 버스 기다린다 등의 말을 허거나 환시 즉 이미 죽은 사람과 이야기하기도 한다.

[돌보기]
- 환자의 동작이나 말을 억제하지 않고 수용한다.
- 종교적 접근, 좋아하던 음악을 들려주어 정서적으로 지지한다.
- 어두움은 섬망을 악화시키므로 약간 밝은 간접 조명으로 자극을 줄인다.
- 약물보다 이완요법, 전환요법 등을 제공한다.

잔여생존기간 1일 전 증상과 돌봄

실금, 실변, 가래가 끌고 천천히 깊게 호흡한다. 맥박이 약해지고 혈압이 떨어진다. 의식이 점차 흐려져 혼수상태가 된다.

설사

설사는 하루 3회 이상 정상보다 묽거나 물 같은 변을 보는 것을 말한다. 장내 수분이나 전해질이 흡수되지 않고 배출되는 것으로 사망 전 생리현상으로 보기도 한다. 따라서 무력감, 불안, 탈수, 전해질 손실이 나타난다.

[돌보기]

- 항문 주위의 궤양 예방을 위해 청결과 건조 상태를 유지한다.
- 항문 주위 피부 손상 시 연고나 방습크림을 발라 준다.
- 탈수로 입술 주위가 건조하면 크림이나 윤활유를 발라 준다.

호흡의 변화

임종 시 삶의 마지막 시간 동안, 환자의 호흡 양상에 중요한 변화가 있을 수 있다. 환자가 임종에 직면하고 있다는 중요한 증후인 체인스토크 호흡(Cheyne-Stokes breathing), 또는 짧고 얕은 호흡이 빨라지고 신체가 필요로 하는 산소공급을 위해 맥박수가 증가한다. 결국 신체가 필요로 하는 산소가 충분히 공급되지 못하므로 주로 신체 말단 부위 청색증이 동반된다. 또한, 기관지 내에서 분비되는 점액을 제거하지 못하므로 가래가 차 있어 기침을 한다.

[돌보기]

- 심폐소생술 금지(DNR = Do Not Resuscitate)여부를 확인한다. 즉 심정지가 일어났을 때 승압제, 심장마사지, 기관 내 삽관, 인공호흡기 장착 등을 하지 않는 것을 의미한다.
- 침대 곁에 있는 모든 사람은 환자를 지지해 주는 데에 초점을 두도록 한다.
- 소량의 산소요법은 호흡증상을 완화시키지는 못하나 심리적 안정을 위해 제공한다.
- 환자 상체를 올려 주고 환기를 시켜 원활한 호흡 유지를 돕는다.
- 가쁜 호흡으로 불안해할 때 같이 있어 정서적 지지를 해 준다.

- 불필요한 활동량을 제한하여 신체가 필요로 하는 산소의 양을 줄여 준다.

수면이 길어짐

수면 시간이 길어지는 것은 이 시기에 신진대사의 변화로 생기는 임종의 정상적인 상태이나 의사소통이 어려워 자극에 반응하지 못한다.

[돌보기]
- 환자의 손을 잡아 준다
- 몸을 흔들거나 큰소리로 말하지 않는다.
- 조용하고 부드럽고 자연스럽게 이야기한다.
- 의식이 없어도 정상인과 이야기하듯 한다.

눈을 감는 능력의 상실

환자는 안와 뒤 지방층이 소실되어 안구가 뒤쪽으로 이동하므로 눈꺼풀이 뒤쪽으로 위축되어 결막까지 덮기에는 길이가 부족하여 눈이 감기지 않게 되는 것이다. 이로 인해 환자가 수면할 때도 눈을 완전히 감지 못하게 되고 결막이 노출된다. 이러한 기전을 이해하지 못하는 사람들은 환자의 모습에 놀라거나 힘들어 할 수도 있다. 결막이 지속적으로 노출되면 결막이 마르지 않도록 안과적인 윤활제, 인공누액, 생리식염수를 사용하여 수분을 공급해야 한다.

사망 시 나타나는 증상

사망이 판단되면 환자는 호흡맥박부재, 피부가 청색 또는 창백해짐,

체온저하, 근육 괄약근 이완으로 인한 실금, 눈을 뜨고 입을 벌린 상태가 된다. 사망 직후 즉각적인 돌봄으로는 일단 의사의 사망 선언을 확인하고 모든 의학적 장비와 공급 튜브 제거, 환자의 존엄성 유지를 위해 씻김과 환복, 분비물이 새어 나오는 곳의 드레싱, 실금을 위한 기저귀 착용 등 임종 처치를 한 후 가족과 함께 안치실로 보내드린다.

신체적 죽음기간과 돌봄의 원칙

돌봄자는 죽어 가는 환자를 대하기 전에 환자의 마음을 이해하고 배려하여 만족감을 주는 돌봄을 제공하는 것이 주요 목적이다. 이 목적을 달성하기 위해 다음의 돌봄 원칙을 준수해야 한다.

(1) 죽음이 임박했음을 알리는 증상에 유념한다. 죽음을 예견하는 증상은 잔여생존기간 60일 전후하여 서서히 나타나기 시작하여 죽음이 가까워질수록 복합적이고 강도 깊게 나타난다.

(2) 잔여 생존기간별 나타나는 증상은 개인차가 있음에 유념한다.

(3) 환자 자신이 죽음과정에서 타인으로부터 존중받고 있음을 느끼도록 한다.

죽음의 과정에서 나타나는 반응, 즉 죽음을 부정하거나 우울한 반응은 환자가 자신의 존재를 알리고자 하는 것임을 인식하고 대처해야 한다. 환자가 존중받는 느낌이 들기 위해서는 다음과 같은 돌봄의 방법을 활용해야 한다.

(1) 돌봄자가 불필요한 연명방법이나 반대로 죽음을 서두르는 느낌을

받지 않도록 자연스러운 죽음을 유지시켜 환자가 쉽게 수용하도록 한다.

(2) 환자의 존엄성 유지를 위해 치료가 아닌 편안함을 극대화하는 돌봄으로 불쾌한 신체증상을 완화시킨다.

(3) 사회적, 가족적, 심리적, 영적 문제가 증상의 원인이 되거나 때로는 결과로 나타나기도 한다. 따라서 돌봄자는 'doing'보다는 같이 함 'being'에 의미를 둔다.

결론

지금까지 죽음과정에서 나타나는 신체적 증상을 이해하는 데 필요한 용어 설명을 시작으로 죽어 가는 환자를 돌보는 사람의 자세와 원칙을 살펴보았다. 또한 생존 잔여기간별 나타나는 신체적 증상의 정의와 원인을 확인하고 그 완화 방법에 대해 설명하였다. 본 내용이 죽어 가는 환자를 돌보는 가이드가 되어 죽음준비교육 지도자들에게도 도움이 되길 바란다.

[참고문헌]

가톨릭대학교 호스피스교육연구소.『호스피스 완화간호』군자출판사, 2006.

감경윤·박정환 외.『알기쉬운 병리학』메디컬사이언스, 2019.

김문실. "죽음의 신체적 단계."「각당복지재단 강의 자료집」(2018)

김현숙 외.『호스피스완화간호 교육과정』서원미디어, 2010.

박명화 외.『노인간호학』학지사메디컬, 2017.

이병숙 외.『호스피스 완화간호』학지사메디컬, 2019.

정옥분.『성인발달과 노화』교육과학사, 2001.

최화숙·최수빈·정운광. "임종문화의 이해와 임종간호- 각 3편."「한국호스피스완화간호사회 하계학술대회 강의안」(2013)

한국호스피스협회 편집부.『호스피스총론』한국호스피스협회 출판부, 2010.

허대석·조현.『임종을 맞이하는 마지막 1주일』군자출판사, 2003.

애도상담

상실과

윤득형 각당복지재단 애도심리상담센터 소장, 숭실사이버대학교 겸임교수

들어가는 말

　사람들은 삶의 주기에 걸쳐서 여러 가지 상실을 경험한다. 모든 상실은 무언가 소중히 여기는 것과의 분리를 야기한다. 아이들은 자신이 기르던 애완동물의 죽음으로부터 첫 상실감을 경험할 수도 있고, 죽음으로 인해 조부모 혹은 부모와의 소중한 애착관계를 상실할 수도 있다. 어른들은 직업의 변화, 은퇴, 삶의 터전 이동, 역할, 신체의 기능 등의 상실을 경험한다. 모든 상실의 경험들이 다 슬픈 일이지만, 죽음으로 인해서 사랑하는 사람을 먼저 떠나보내는 것은 모든 상실 가운데 가장 슬픈 일이다.

　이렇게 죽음으로 인해서 겪게 되는 다양한 정서적, 심리적 반응을 슬픔/비탄(grief)이라고 말한다. 이러한 반응에는 충격, 죄책감, 분노, 절망, 슬픔, 고뇌, 혼란과 무감각 등이 있으며, 이로 인해 생각하는 방식과 행동에도 변화를 불러일으킨다. 갑작스러운 죽음이든, 예견된 죽음이던 간에 모든 죽음은 남겨진 사람들에게 이러한 감정적, 심리적, 신체적인 반응을 보이게 한다. 이는 누구나가 겪는 지극히 정상적인 반응이며, 이러한 애도의 과정을 겪으면서 점차 안정을 되찾게 된다.

　반면에, 복잡한 애도(Complicated grief)의 과정을 겪는 사람들도 있다. 이는 일반적인 반응과 다르게, 슬픔이 지연되거나(Delayed grief), 지나치게 오랜 기간 슬픔을 경험한다거나(Chronic grief), 과장되거나(Exaggerated grief), 또는 가장되는(Masked grief) 슬픔의 반응들을 말한다. 이러한 반응들로 인해 정상적인 삶을 유지하기 힘든 상태가 지속된다면 이를 복잡한 애도 반응이라고 진단할 수 있고, 전문적인 상담가의 개입이 필요하다. 사람마다 슬픔을 겪는 모습, 기간, 강도가 다르다. 이는 죽은 사람과의 관계성이나 죽기 전의 상황이 다르기 때문에도 그렇다.

트라우마를 남기는 죽음도 있다. 사고나 재해 등으로 인해서 갑작스럽게 누군가를 잃게 된다면 외상성 슬픔(Traumatic grief)을 경험하게 한다. 특별히, 이를 막을 수 있었다고 생각하거나, 죽음의 장면을 목격한 경우에는 트라우마가 더욱 커진다. 이뿐 아니라, 자살유가족의 경우에는 불명예나 수치심 때문에 드러내 놓고 슬픔을 표현하지 못하는 경우가 많다. 그러기에, 자살, AIDS, 유산과 같이 사회가 바라보는 시선 때문에 드러내지 못하는 슬픔을 사회적으로 용인되지 않은 슬픔(Disenfranchised grief)이라고 말한다.

이렇듯, 죽음으로 인한 상실은 남겨진 사람들에게 헤아릴 수 없는 슬픔을 안겨준다. 그저 시간이 지나면 회복이 된다고 생각하겠지만 그렇지 못한 경우가 더 많다. 언젠가 생각하지 못한 순간에 그 슬픔이 드러나 걷잡을 수 없는 상황을 만들기도 한다. 더욱이, 한국적인 정서에서는 슬픔을 표현하기보다는 참는 것이 덕이라고 생각한다. 울면 "울지 말라"고 한다. "이만하면 됐다"라고 말한다. "산 사람은 살아야지" 하면서 슬픔을 제대로 표현하게 하거나 애도의 과정을 겪을 수 있는 여건을 마련해 주지 않는다.

그렇다고 "울어라", "울어도 괜찮다"고 말을 해주는 것도 좋은 방법은 아니다. 특히, 상실 후 처음 며칠은 충격으로 인해 혼돈된 상태이기 때문에 울음이 나오지 않을 수도 있다. 감정의 흐름이 멈춰버린 무감각한 상태가 될 수도 있다. 어떤 경우에라도 자신의 감정을 표현할 수 있도록 이야기를 들어주고, 함께 있어주는 것이 더 중요하지, 슬퍼하는 사람들의 감정을 자신의 잣대로 좌지우지하려는 것은 좋지 않다.

이러한 경우들은 위로의 방법을 제대로 모르기 때문에 생기는 일이다. 그러기에 본 글은 '어떻게 위로하는 것이 좋은 방법'인지에 관심을 두고 전개한다. 이를 위해 먼저, 애도상담이 무엇이며 왜 필요한지에 대해 다룬다. 또한, 상실의 종류, 상실의 본질, 상실에 대한 반응에 대해 살펴본다. 다음으로, 미국 내 애도상담 이론 중 하나인 윌리엄 워든(William Worden)의 애도의 과업이론(Task Theory)을 소개한다. 나아가, 슬픔과 고통 가운데 있는 애도자들을 돌보고 상담하는 데에 필요한 '위로를 위한 상담의 기본원리'를 소개하면서 글을 마무리하려고 한다.[77]

애도상담

애도상담의 필요성

2018년 통계청의 자료에 따르면, 한국에서는 1년에 약 30만 명이 각종 질병과 사고로 생명을 잃었다. 이 중 90%는 암을 비롯한 각종 질병으로 인한 사망이고, 10%는 운수, 화재, 추락, 익사, 붕괴 등 사고와 자살로 인한 사망으로 나타났다. 이를 하루로 계산해 보면, 약 820명이 매일 죽는다는 사실이다. 이렇듯, 사랑하는 사람의 죽음을 맞이하는 가족들이 우리 주변에 많이 있다는 말이다. 그동안 한국에서는 애도상담이라는 전문적인 분야가 발전되지 못했었기에 슬픔을 겪는 사람들을 어떻게 위로하고 치유해야 하는지 제대로 알지 못하는 경우가 많았다. 특별히, 복잡한 애도의 반응을 겪는 사람들을 위한 치유적 상담이 필요함은 더 말할 여지가 없다.

---

77) 이 글에서 다루는 내용은 학술지 「신학과 실천」 58호(2016)에 쓴 필자의 글 "애도상담의 기본원리와 목회적 접근"에서 많은 부분을 활용하였음을 밝힌다.

죽음이 가르쳐 주는 진리 가운데 하나는 모든 사람은 반드시 죽는다는 사실이다. 이는 인간은 모두 언젠가 사랑하는 사람을 먼저 떠나보낼 수밖에 없다는 진실을 역으로 가르쳐 준다. 그러기에 사랑하는 사람을 잃었을 때 겪게 되는 비탄과 애도의 과정에 대해 배우는 것은 모든 사람의 삶에 있어서 꼭 필요한 일이다. 또한, 애도상담을 배우는 것은 상실의 아픔을 안고 살아가는 주변 사람들을 돌보고, 더 나아가 전문적인 상담을 통해 치유와 회복을 주는 데 큰 도움이 된다. 때로, 잘 알지 못하고 행하는 상담은 도움이 아니라 상처가 될 수도 있기에 애도상담의 기본적인 원리와 과정을 이해하는 것이 필요하다.

애도상담이란?

애도상담이란 상실로 인해 겪게 되는 슬픈 마음을 위로하고, 이로 인해서 생기게 될 수 있는 정서적, 심리적, 행동적, 신체적인 문제들을 해결하고 애도의 시간을 잘 겪어 내어 일상의 삶으로 회복할 수 있도록 돕는 상담의 과정이다. 애도상담은 영어로 표현하면 Grief counseling이다. 그런데, 과연 애도라고 하는 단어가 영어 단어의 'Grief'를 잘 표현해 줄 수 있는가? 사실, 영어의 Grief는 사전적 의미로 '상실로 인해서 겪는 큰 슬픔'을 말한다.

학자마다 조금은 다르지만, 대개 슬퍼하는 마음을 표현할 때는 Grieving이라고 한다. Mourning이라는 말도 있는데, 이는 Grieving과 같은 의미로 쓰일 때도 많지만, 주로 겉으로 표현하는 슬픔을 말할 때 쓰인다. 이러한 영어의 표현들이 상실(죽음)로 인해 겪는 슬픔을 표현할 때 쓰는 말이다. Sadness나 Sorrow의 표현은 슬픔이 죽음을 직접적인 원인으로 하지 않은 슬픔에 주로 쓰이는 표현이다. Lamentation이라는 단어도 있지만, 이는 슬픔과 서러움의 표현이라고 볼 수 있다.

　이러한 보편적인 개념을 따르지 않는 학자들도 있다. 대표적인 경우가 콜(Allan Hugh Cole) 박사인데, 그의 말에 많이 동감하게 된다. 콜 박사는 Grief를 "누군가 겪고 있는 상실에 대한 여러 가지 고통스럽고도 복잡한 심리적, 감정적, 육체적, 영적, 행동적 그리고 관계적인 반응들"이라고 말한다.[78] 이럴 때 Grief를 번역하면 '비탄'이라고 말하는 것이 더 어울린다. 콜은 상실 이후에 경험하는 과정을 비탄과 애도의 과정으로 나눈다. 비탄은 상실 초기 1~2주 사이에 겪게 되는 여러 가지 반응들을 포함하는 것이고, 애도(Mourning)는 그 이후에 삶을 겪어 나아가는 과정이라고 볼 수 있다.

　콜은 "애도(Mourning)는 비탄의 경험으로부터 시작된다."고 말한다.[79] 좀 더 명확하게는, 우리가 애도할 수 있기 위해서는 먼저는 슬픔을 표현하는 것이 필요하다. 여기서 애도라는 단어는 '상실을 경험한 사람이 새로운 관계들을 위한 감정적인 노력과 삶에 대한 다른 관점들이 형성될 수 있도록, 상실한 것과의 관계가 점차 변해가는 과정'이다. 즉, 애도는 지속적으로 상실을 극복해 나아가는 방식을 의미한다. 애도는 분명히 지속적인 슬픔을 포함하고 있지만, 애도의 과정은 또한 우리가 잃은 것으로 인해서 생긴 지속적인 공허감을 안은 채 어떻게 살아가야 하는지를 배우는 것도 포함된다.

---

78) 알렌 휴 콜 주니어, 『굿모닝: 알렌박사가 말하는 슬픔치유』(서울: 신앙과지성사, 2017), 23.
79) *Ibid.*

상실의 종류와 본질

상실의 종류

1983년에 출판된, 『All our Losses, All our Griefs(모든 상실과 모든 슬픔)』라는 책에서 미쉘과 앤더슨(Kenneth Mitchell and Herbert Anderson)은 인간이 겪는 모든 상실의 종류를 여섯 가지로 분류하였다.

(1) 물질적인 상실(Material Loss) : 눈에 보이는 소유물이나 수입 등.

(2) 관계적 상실(Relationship loss) : 이혼이나 이별로 인한 관계의 단절이나 친구 관계의 변화.

(3) 정신내적 상실(Intrapsychic loss) : 자신이 추구하고자 했던 중요한 이미지의 상실, 가능성의 상실, 미래를 위한 꿈의 상실 등.

(4) 기능적 상실(Functional Loss) : 신체 일부가 기능을 잃거나 말기 질병 등.

(5) 역할의 상실(Role Loss) : 가족관계에서의 역할과 직장에서의 역할을 잃는 것.

(6) 공동체 상실(Systemic Loss) : 이사나 이민 등으로 인해 자신이 속한 공동체를 떠나는 것.

이러한 모든 종류의 상실은 사람들에게 여러 가지 복잡한 감정을 갖게 한다. 애도상담은 바로 이러한 모든 상실로 인해서 겪게 되는 인간의 감정, 인지, 신체, 행동적인 문제들, 특히 감정의 영역을 치유하고 회복시키기 위한 상담이라고 볼 수 있다. 죽음을 직접적인 원인으로 한 상실뿐 아니라 이와 같은 모든 상실에는 애도의 과정이 필요하다.

상실의 본질

콜은 "모든 개인은 각자 독특한 방식으로 상실을 경험한다"라고 말한다.[80] 사람들이 경험하는 사별의 과정은 유사한 점들도 있지만, 사실 어떤 한 사람이 경험한 슬픔은 다른 사람의 것과 정확히 똑같은 방식으로 전개되지 않는다. 사람이 사랑을 경험하는 것과 마찬가지로, 상실 또한 자신만의 구별된 방식으로 맞이하게 된다. 나의 슬픔은 나만의 것이다. 개인이 경험하는 슬픔은 온전히 자기만의 것이다. 사람들은 자신만의 고유한 방법으로 슬픔을 맞이한다는 사실을 기억해야 한다. 그렇지 못할 때, 상실과 슬픔의 경험을 질로 따지거나 다른 사람의 것과 비교하고 싶은 유혹에 빠진다.

가령 장례식장에 가 보면, 어떤 사람들은 유가족들이 눈물을 보이지 않는다고 슬퍼하지 않는 것이라 여기기도 한다. 어떤 사람은 힘을 주는 말이라 생각하여, '그만 일어서라', '고인도 원하지 않을 것'이라고 말하기도 한다. 슬픔의 기간은 사람마다 다를 수 있다. 충분한 애도의 과정을 보내는 것이 중요하다. 또한, 어떤 사람은 하나의 상실과 또 다른 상실에 다른 방식으로 반응할 수도 있다. 예를 들어, 아버지가 돌아가실 때와 어머니가 돌아가실 때 다른 반응을 보일 수 있다. 여러 가지 요인이 사람들의 반응에 영향을 미친다. 즉 상실 대상, 상실이 일어난 상황, 상실의 대상과 관계성, 문화적 차이, 그리고 육체적, 감정적, 관계적, 경제적, 영적인 상태와 관련이 있다. 그러기에 이러한 사실을 명심해 둘 필요가 있다. 사람들은 각기 다른 방법으로 슬퍼한다. 또한, 같은 사람이라도 대상에 따라 다르게 슬퍼할 수 있다.

---

80) *Ibid*, 16

상실에 대한 반응

상실을 겪게 되면 그에 따른 반응이 일어난다. 상실은 모두가 다르게 경험하는 것이기에 사실 상실에 대한 반응과 그 기간도 사람마다 다르다. 미쉘과 엔더슨은 슬픔(grief)에 대해 묘사하면서, '특별한 시기에 특별한 관계와의 특별한 상실에 대한 특별한 반응'이라고 말했다.[81] 상실에 대한 반응에 대해서 지나치게 일반화하는 것은 정상적인 반응과 비정상적인 반응으로 나누어 적절한 범위 안에서만 자신의 사별 슬픔을 표현하도록 강제할 우려가 있는 것은 사실이다. 하지만, 사별 경험에는 감정적, 인지적, 행동적, 신체적인 차원에서 사람들이 일반적으로 겪는 공통점들이 있다. 이를 일반적 반응으로 분류하며, 기간이나 형태에 있어 지나칠 정도의 반응을 보이는 경우 복잡한 반응으로 구분한다.

일반적인 반응(Normal grief responses)

감정적

주요한 감정적(Emotional) 반응은 무감각, 공허감, 외로움, 고립감, 두려움, 죄책감, 수치심, 분노, 슬픔, 좌절, 절망 등이다. 초기 상실에 대한 소식을 듣게 됐을 때 무감각해지는 것은 큰 충격을 경감시키기 위한 일종의 자기방어기제이다. 분노는 많은 사람이 느끼는 감정이다. 분노의 대상은 죽은 사람이 되기도 하고, 의료진, 가족, 하나님을 향하게 된다. 죄책감을

---

81) Kenneth Mitchell and Herbert Anderson, *All Our Losses, All Our Griefs: Resources for Pastoral Care* (Philadelphia: Westminster Press, 1983), 82.

느끼는 경우는 오랜 병간호로 인해 불평하는 마음을 가지고 있었다거나, 가정의 문제로 다툼을 하고 난 후에 사고가 났거나, 자신의 잘못이라고 생각하는 경우이다.

인지적

가장 빈번하게 나타나는 초기의 인지적(Cognitive)인 반응은 불신(믿기지 않음)이다. 갑작스러운 죽음에 대한 소식을 들었을 때, 사람들은 '설마' 혹은 '아니야. 그럴 리 없어'하는 마음을 갖게 된다. 이들은 죽음에 대한 사실을 믿지 않으려 할 뿐 아니라, 정신적인 혼란을 겪는다. 일에 집중하지 못한다거나 기억력에 일시적 장애를 겪을 수 있다. 아니면 반대로 어떤 일에 몰두하게 되거나 강박적인 생각을 가지게 될 수 있다,

신체적

육체적(Physical)인 증상에 대해서 에릭 린데만(Erich Lindemann)이 지적하는 것은 목이 메임, 일시적인 호흡곤란, 한숨, 배 속에 느껴지는 공허감, 근력의 약화 등이다. 린데만은 이러한 몸이 느끼는 비통함은 대개 20-60분 정도 지속적으로 요동한다고 말한다. 그 외에 일반적인 육체적 증상은 두통, 불면, 식욕부진, 체중감소, 피 곤함, 빈혈, 소화불량 등이다. 상실 이후에 겪게 되는 이러한 육체적인 증상은 전혀 이상한 것이 아니다. 상실은 우리의 감정뿐 아니라 몸 전체가 슬퍼하기 때문이다.

행동적

행동적(Behavioral)인 반응 중 가장 빈번히 나타나는 것은 외출을 삼가게 되고 혼자 있고 싶어지는 것이다. 또한, 잠을 이루는 데 불편함을 느끼

고 식사를 거르는 일이 많아지기도 한다. 어떤 사람들은 죽은 사람을 떠올리게 될 만한 물건들을 치워 버리기도 하고, 어떤 사람들은 오히려 소중한 기억을 간직하기 위해서 그러한 물건들을 치우지 않거나 오래도록 유지하기도 한다. 그리움에 종종 눈물을 흘리거나 한숨을 쉬는 일도 빈번히 나타날 수 있다. 사랑하는 사람이 죽었던 장소나, 병원, 무덤을 찾는 일은 전혀 이상한 일이 아니다.

복잡한 애도 반응(Complicated grief responses)

만성형

만성형(Chronic) 슬픔은 과도하게 슬픔의 지속 시간이 늘어지거나 절대 만족하는 결론에 도달하지 않게 되는 것을 말한다. 이는 여러 해 동안 사별을 애도했음에도 불구하고, 사별자 스스로 자신이 겪고 있는 슬픔의 반응들을 끝내지 못하는 것이다. 사별 후 2년에서 5년 정도가 되었는데도 "나는 사는 것 같지 않아", "나에게는 아직 끝난 게 아니야", "다시 과거의 자신으로 돌아가기 위해 도움이 필요해" 등과 같은 말을 하는 경우이다. 하지만, 애도의 기간만으로 만성형이라고 판단할 수는 없다. 개인마다 차이가 있기 때문이다.

지연형

지연된(Delayed) 슬픔 반응은 때로 잠재되거나 억눌린, 혹은 연기된 슬픔 반응으로 불리기도 한다. 이 경우 사별자는 사별 당시 어느 정도의 정서 반응을 겪었지만, 사별에 맞는 충분한 정도는 아니었던 것이다. 이런 경우, 미래의 어느 날 어떤 계기를 만나게 되거나, 순간적으로 경험하게 되는 다른 상실로 인해 사별 슬픔의 극심한 증상과 마주하게 될 수 있다.

위장형

위장형(Masked) 반응에서 사별자는 자신을 힘들게 만드는 다양한 증상들을 경험하지만, 그것이 정작 상실과 연관된 증상이나 행동이라는 사실을 인정하려 하지 않는다. 위장되었거나 억압된 슬픔은 두 가지의 일반적인 형태로 드러난다. 첫째는 신체적 증상으로 위장되는 것이고, 둘째는 부적절하거나 부적응적 행동으로 위장되는 경우이다. 이는 죄책감이나 수치심 등 표현되지 못하고 억눌린 감정에 의해 신체나 행동으로 나타나는 경우가 많다.

과장형

과장형(Exaggerated)의 사별자는 압도당할 것 같은 느낌이나 부적응 행동을 자주 일으키게 된다. 이들은 자신이 겪고 있는 증상과 행동이 상실과 연관되어 있다는 것을 자각하고 있으며, 자신이 겪고 있는 경험들이 자신들을 과도하게 무능력하게 만든다는 사실을 자각하기 때문에 치료를 받으려 한다. 이는 상실로 인해 동반되는 우울증, 불안증, 공포증 등의 주요 정신 장애를 포함한다.

애도의 과업이론[82]

윌리엄 워든(William Worden)은 애도의 과업(Task theory)을 주창한 미국 내 애도상담계에서 유명한 학자이다. 그의 이론은 단계(Stage)이론이나 국면(Phase)이론과는 구별되며, 상실을 잘 겪어 나아가, 고인 없는 삶에 적응하여 살기 위해 사별자는 반드시 네 가지 과업을 완수해야 한다고 주장한다. 이는 단계적으로 거쳐야 할 과제는 아니지만, 적어도 첫 번째 과업은 가장 우선적인 과업이다.

첫 번째 과업은 상실의 현실을 받아들이는 것이다. 즉, '그는 죽었고, 다시는 돌아오지 못한다'는 사실을 완전히 직면하는 것이다. 상실의 현실을 수용하는 것의 반대는 현실을 '부인'하는 것이다. 믿지 않는 것을 말한다. 이는 일반적인 반응이며, 상실의 큰 충격을 완화하는 역할을 한다. 하지만, 과도하거나 오랜 시간 지속된다면 문제가 된다. 또 다른 현실 수용의 반대는 상실의 의미를 부정하거나 과소평가하는 것이다.

두 번째 과업은 사별 슬픔의 고통을 겪으며 애도 작업하기이다. 상실에 대해서 모든 사람이 동일한 고통이나 방법으로 애도를 하는 것은 아니다. 깊은 애착관계에 있었던 사람을 잃었을 때 느끼는 고통의 깊이는 다를 수도 있다. 사별로 인해서 발생하는 여러 가지 감정을 동반한 고통을 직면하는 것은 애도의 과정을 잘 겪을 수 있도록 돕는다. 감정을 회피하는 일은 오히려 애도의 과정을 지연시킬 수 있다. 이러한 사별 슬픔의 고통을 표현하는 것을 방해하는 것은 사회적인 시선이다. 슬픔을 억제하는 문화에서는 다양한 감정들, 특별히 분노, 죄책감, 수치심과 같은 감정들은 억눌리거나 표현되기 힘들기에 이를 돕는 전문적 상담이 필요하다.

세 번째 과업은 고인을 잃은 새로운 환경에 적응하는 것이다. 적응에는 외적, 내적, 영적 적응이 있다. 외적 적응은 역할에 대한 적응이다. 배

---

82) William Worden, *Grief Counseling and Grief Therapy: A Handbook for the Mental Health Practitioner*, 4th Edition. (New York: Springer Publishing, 2009), 39-53.

우자 상실의 경우, 남성과 여성이 평소 해오던 다른 역할들에 적응하는 일은 상실 초기에 힘든 과정이다. 내적 적응은 정체성에 대한 적응이라고 말할 수 있다. 일부 연구에서는 자신의 정체성을 타인들과의 관계성이나 타인들에 대한 돌봄을 통해서 정립하는 여성들에게 사별은 중요한 대상을 잃어버리는 것뿐 아니라, 자신을 상실하는 느낌을 받게 되는 것이라 말한다. 영적 적응은 사랑하는 사람의 죽음으로 인해서 도전받게 되는 세계관, 삶의 가치와 의미, 신과의 관계성에 대한 문제를 말한다.

네 번째 과업은 고인의 감정적 재배치와 더불어 삶을 살아나가는 일이다. 이는, 정서적인 삶을 살아나가는 데 고인을 위한 마땅한 공간을 배정하는 일이다. 예를 들어, 아이를 잃은 부모들을 위한 과업을 생각한다면, 부모들로 하여금 아이들과 연결되는 생각과 기억들이 지속되는 관계를 유지시켜야 한다. 이를 위해 효과적인 내적 혹은 외적인 공간을 발견할 수 있게 된다면, 다시금 자신의 인생을 위한 투자와 설계를 할 수 있다.

감정적 재배치에 효과적인 것은 의례이다. 콜은 워든의 이론을 수용하면서 자신만의 새로운 이론을 전개했는데, 좋은 애도를 위한 다섯 가지 관점을 제시한다. 상실을 받아들이기, 상실을 감내하기, 상실에 적응하기, 상실을 재배치하기, 상실과 함께 머물기(필요하다면)이다.[83] 즉, 콜은 워든이 제시한 마지막 과업의 감정적 재배치를, 감정적 재배치와 공간적 재배치라는 두 개의 과업으로 나눈다. 콜에게 있어서 상실을 재배치하는 것은 마음속 어느 한편에 고인을 기억하는 공간을 두는 것이다. 하지만 그러한 고인에 대한 생각이 결코 삶에 있어서 사별자의 감정을 압도하지 않도록 두면서, 언제라도 고인을 추억할 때 꺼내어 추억할 수 있는 공간

---

83) Cole, 48.

을 만드는 것이다.

콜이 제시하는 다섯 번째 과업은 상실과 함께 머물기(Sojourning)이다. '머물기'는 어딘가를 방문하고 시간을 보내는 것을 의미하며, 휴식과 회복을 내포하는 말이다. 이러한 이유 때문에, 상실한 대상과 함께 '머물기'는 좋은 애도를 돕는다. 이를 통해 상실한 대상과 나누었던 추억들을 불러일으키며, 이러한 추억을 떠올리는 다양한 작업을 통해 감정적, 공간적 재배치를 효과적으로 할 수 있다. 콜이 제시하는 것은 사랑했던 사람이 의미 있게 생각했던 장소 방문하기와 의미 있게 생각했던 활동에 동참하기가 있다. 또한 걷기, 조용한 장소에 앉아 있기, 시골길을 운전하는 것, 무덤을 방문하거나 함께 공유하였던 물건이나 사진들을 보는 것을 통해 머물기를 할 수 있다고 말한다.

애도상담의 기본원리

여기서 제시하는 애도상담의 기본 원리는 필자의 병원과 호스피스 목회임상돌봄(Clinical Pastoral Education)에서의 배움과 체험을 바탕으로 이론화한 것이다. 이는 사별상담을 위한 원리일 뿐 아니라, 상실을 경험하는 주변에 가까운 사람들을 돕기 위한 돌봄적 상황에서도 적용될 수 있다.

함께하기

미국 병원과 호스피스 채플린 경험으로 볼 때, 삶의 위기적 순간에 함께 있어 준다는 것은 참으로 중요한 일이다. 자신의 이야기를 들어주고, 지지해 주고, 기도해 줄 수 있는 사람이 주변에 가까이 있다는 것이 환자와 가족들에게 힘이 된다. 특별히 호스피스에서는 더욱 그러하다. 죽어가는 환자들과 대화하고, 성경을 읽어 주며, 기도해 줄 수 있는 영적인 누군가가 있다는 사실은 환자들의 마지막 여정에 있어서 큰 힘이 된다. 또한, 환자의 가족들은 예상되는 죽음(anticipatory death) 앞에서, 미리 사별애도(anticipatory grief)를 경험하게 된다. 너무 길어진 병수발로 몸과 마음이 지친 가족들의 고충을 들어주고 마음을 어루만져 주는 것도 중요한 일이다. 이렇듯 죽음과 슬픔의 현장에 함께 있어 주는 것(being there)은 가장 큰 위로의 방법이다.

애도상담의 권위자인 알렌 울펠트(Allan D. Wolfelt)는 상담을 치료(treatment) 과정이 아닌, 동반(companion)으로 이해한다.[84] 치료는 진단을 기반으로 문제를 해결하려는 것이라면, 동반은 아픔과 슬픔을 겪는 사람 곁에 전적으로 함께 있으면서 마음을 보듬어 주는 것이다.[85] 그의 동반하기를 위한 열한 가지 원리 중 하나는 '다른 사람의 고통에 동참하는 것'이고 '다른 사람의 영혼의 거친 상태에 그대로 들어가는 것'이다.[86] 즉 힘든 과정에 몸과 마음이 함께 있으면서 판단하거나 방향을 제시하지 않으면서 기다리며 함께하는 것을 말한다.

물어보기

'물어보는 것의 이유는 몇 가지가 있다. 첫째, 상황이나 배경에 대한 정확한 이해가 필요하다. 물음을 통해서 환자의 신체적인 상태, 가족적인

---

84) Alan D. Wolfelt, *The Handbook for Companioning the Mourner: Eleven Essential Principles* (Fort Collins, CO: Companion Press, 2009), 2.

85) *Ibid*, 2.

86) *Ibid*, 11.

배경에 대한 정확한 이해가 있어야 한다. 둘째, 어떤 마음 상태인지를 알기 위해 물어봐야 한다. 미국 병원 인턴십에서 환자의 방에 들어가서 꼭 물어보는 말이 있었다. "How's your feeling today?"이다. 이는 마음을 털어놓고 감정을 표현할 수 있도록 돕기 위한 물음이다. 셋째, 정확한 요구가 무엇인지 알기 위해 물어야 한다. 정확한 요구를 묻지 않은 채 자기 추측으로 돌봄을 지속할 수는 없다.

사람들은 대개 다른 사람들의 감정을 물어보거나 자신의 감정을 표현하는 일에 익숙하지 않다. 어떤 때는, 혹시 상처를 주는 일이 될까 염려하여 자세히 묻는 것을 피하고 싶은 마음이 생길 수도 있다. 또한 한국의 정서에서는 '뭘 그걸 굳이 물어' 하는 식의 사고가 있기 때문에 자세히 물어보는 것이 실례가 된다고 생각하기도 한다. 어떤 사람들은 감정을 드러내는 일이 아픔을 가중시키는 것이라 생각하기에 감정을 묻거나 듣는 일을 불편해 하기도 한다. 하지만, 확신을 가지고, 진실함과 돌봄의 마음으로 묻는 것이 좋다. 그럴 때 사별자도 마음을 열고 자신의 감정을 솔직히 표현할 기회를 얻게 된다.

공감하기

일단 물어봤다면 공감적인 경청의 태도가 필요하다. 상담에 있어 듣는 것은 가장 중요한 요소이며, 상담의 성패는 어떻게 들어주느냐에 달려 있다고도 볼 수 있다. 일상생활에서 관찰해 보면 어떤 사람들은 듣기는 들어도 진정성이 없는 사람이 있다. 어떤 사람은 물어봐 놓고서 막상 이야기를 시작하려고 하면 제대로 경청하지 않는 사람도 있다. 이런 사람들이 '어떻게 지내'냐고 묻는다면 그냥 건성으로 대답할 수밖에 없다. 어차피 제대로 들어주지 않을 것을 알기 때문이다. 공감적 경청은 사별자의 마음을 여는 열쇠이다. 듣는다는 것은 온전히 동참(fully attentive)하는 것이다. 즉, 경청은 우리의 귀와 온몸과 마음이 하는 일이다.

공감은 단순히 다른 사람의 의견이나 감정에 대해서 같은 느낌을 갖는 것이 아니다. 공감을 영어에서 찾아본다면, empathy가 적절한 말이다. 대부분의 사전에서 이를 '공감' 혹은 '감정이입'이라고 번역한다. 하지만 이는 단순히 감정을 이입하는 상태가 아니라, 상대방의 입장에서 벌어지고 있는 일들을 느끼고 반응하는 것이다. '나'의 입장에서 감정을 이입하게 되면, 동정(sympathy)이 된다. 나의 경험과 유사한 이야기라고 여겨져 자신의 경험이 더 강조된다면 투사(projection)가 된다. 그러기에 진정한 공감이란 '내담자의 내면세계에 집중하여 내담자의 마음과 인식의 구조속에서 내담자의 문제와 삶을 이해하려는 시도'이며, '독립적인 방향 감각을 유지하는 상태'이다.[87]

감정 인지하기

감정을 인지하는 것은 애도상담에 있어서 핵심이다. 애도의 과정에 있는 사별자들의 이야기를 공감적으로 들으면서 그들이 느끼고 있는 감정을 인식(recognize)하고 그것을 인정/인지(validating)하는 것은 참으로 중요하다. 누구나 자신의 감정이 어떤 상태인지 인지하는 것은 쉽지 않다. 공감적으로 경청을 하다 보면 사별자들이 겪고 있는 감정의 상태를 인지할 수 있다. 어떤 때에는 사별자가 자신의 감정을 인지하지 못한 채 자신의 이야기를 하게 될 수도 있다. 특별히 죄책감이나 수치심처럼 숨기고 싶은 감정, 표현되지 못하는 감정들이 있다. 이와 같은 감정들을 인지해

---

87) 이상억 외, 『목회상담 실천입문』 (서울: 학지사, 2009), 68-69.

줄 때 사별자들이 자신의 감정을 표현하며 정서적인 환기를 느낄 수 있게 된다.

애도상담을 가르치면서 느끼는 것 중 하나는 사람들이 자신이 경험한 여러 가지 상실들을 지금까지는 상실이라고 느끼지 못하고 있었다는 사실이다. 그러기 때문에 상실로부터 오는 자연스러운 감정들을 인지하지 못하고 그냥 지나친 경우가 많다. 상실로부터 오는 주요 감정들은 충격, 무감각, 슬픔, 외로움, 분노, 절망, 좌절, 죄책감, 불안, 초조, 두려움, 무력감 등이다. 이러한 구체적인 감정들을 인지해 주는 것은 그 감정에서 벗어나도록 돕는 것이다. 사별자들에게 이러한 감정들을 이해해 주고 표현할 수 있도록 도와주는 신뢰할 만한 사람이 있다면, 어려운 시기를 잘 겪어 나아갈 힘이 될 것이다.

답 안 주기

사별자와 상담을 할 때 중요한 것은 문제를 해결해 주려는 마음에서 벗어나는 것이다. 사별자들은 충격과 혼란의 감정 등으로 상담사에게 어떻게 해야 할지를 물을 수 있다. 이에 대해서, '이렇게 해 보라', '저렇게 해 보라'는 식의 답을 주는 말을 하게 된다면 더 이상 깊은 대화로 이어지기 힘들 것이다. 사별자들의 질문은 현재 자신이 겪고 있는 힘든 상황을 토로하고 이해해 달라는 하나의 방식인 것이지, 실제로 답을 달라거나 문제를 해결해 달라는 것이 아니기 때문이다. 그러기에 답을 주게 되면, 내담자의 마음 깊은 곳을 탐색하면서 그 마음을 표현하게 할 기회를 놓치는 것이다.

슬픔치유를 위한 돌봄과 상담은 방향을 제시해 주는 것이 아니라 함께 있어 주는 것이다. 울펠트는 사별 돌봄은 해결이나 회복이 목적이 되어서는 안 된다고 한다. 오히려 돌봄을 위한 안전한 공간을 지속적으로 제공해 주는 것으로 생각한다.[88] 또한, "이전의 '정상'적인 상태로 되돌려 놓고, 점차 사람들을 '내버려두고,' 임무를 '종결'하는 방식에 초점을 둔 외면적인 기술들은 유익보다 해악을 가져온다"라고 말한다.[89]

코끼리를 찾아라

영어 표현에는 '방 안에 있는 코끼리(Elephant in the room)를 찾으라'는 말이 있다. 이것은 방안을 무겁게 누르고 있는 어떤 이슈를 발견하라는 것인데, 그것은 표현되지 않고 있거나, 이야기되기 꺼려지는 주제를 말한다.[90] 상담에 있어서도 마찬가지이다. 내담자는 마음속에 있는 어떤 감정뿐 아니라, 자신이 처해 있던 어떤 환경적인 어려움에 대해서 직접적으로 이야기하지 않고, 머뭇거리며 주변만 맴도는 경우가 있다. 가족적인 이슈로는 자녀나 부모에 대한 이야기일 수 있고, 직업적인 일이나 신앙적 혹은 개인적인 고민일 수도 있다.

이러한 이슈를 찾기 위해서는 앞서 말한 물어보기, 경청하기, 공감하기 등의 방법을 통해 사별자가 현재 겪고 있는 다양한 정서적, 인지적, 신체적, 행동적인 반응과 변화들을 이야기할 수 있는 안전한 분위기를 조성해야 한다. 그럴 때, 표현하지 못하고 있는 이슈를 끌어낼 수 있다. 물론, 경험이 많은 상담가는 대화 속에서 그 주제를 끌어내어 사별자가 겪고 있는 마음의 깊은 고통이나 상처를 어루만져 줄 수 있을 것이다. 이것

---

88) Wolfelt, 6.
89) *Ibid.*
90) 윤득형, 『슬픔학개론』 (서울: 샘솟는기쁨), 125-126.

은 특별히, 사별애도 과정의 보편성과 특수성을 잘 이해하는 데에서 오는 것이다.

의례 활용하기

의례는 위로와 치유의 힘을 가지고 있다. 특별히 변화가 필요하고, 한 걸음 더 앞으로 나아갈 필요가 있을 때 더욱 그렇다.[91] 의례는 상실을 경험한 사람들이 죽음을 인지하고, 슬픔을 극복할 길을 제시해 주며, 죽은 대상과의 영적인 결속을 유지하도록 돕는다. 특별히, 장례식은 가족들을 비롯하여 공동체 일원들이 참여하는 가운데 죽음을 공인하고, 감정을 표현하고, 죽은 이의 삶의 가치를 인정하고, 다시 만날 희망을 얻으며, 위로를 받을 수 있는 중요한 장이다. 이러한 장례와 추모 의례가 치유와 변혁적인 힘을 갖기 위해서는 개인화(personalized) 되고, 특별화(specialized) 되어야 한다.

모든 죽음은 각기 다 다르다. 특별하다. 똑같은 삶을 사는 사람이 없는 것처럼 똑같은 죽음을 죽는 사람도 없다. 개인적 혹은 가족적 상황에 맞는 특별한 의례는 사별자들에게 위로와 감동을 주기에 충분할 것이다. 도카(Doka)의 말처럼, 모든 슬픔치유를 위한 의례는 죽은 사람과의 지속적인 결속을 강조하며 지난 삶을 기리는 역할을 한다.[92] 개인의 삶을 기리고 추억하며, 오늘의 삶 속에서 지속적인 결속으로 이어지기 위해서는

---

91) Tom Driver, Liberating Rites: *Understanding the Transformative Power of Ritual* (Boulder, CO: Westview Press, 2006), 16.
92) Kenneth J. Doka, "The Power of Ritual: A Gift for Children and Adolescents," *in Living with Grief: Children and Adolescents*, eds. Kenneth J. Doka and Amy S. Tucci (Washington, DC: Hospice Foundation of America. 2008), 292.

개인화와 특별화를 통한 창조적인 의례가 필요하다.

나가는 말

지금까지 상실과 애도에 대해 다루었다. 죽음이 인간에게 피할 수 없는 숙명인 것처럼 죽음 이후에 남겨진 자들에게 애도의 과정도 필수적이다. 애도는 자신만의 방식이 있으며, 다른 사람과 비교될 수 없는 독특한 것이다. 중요한 것은 애도의 과정을 보내면서 자신의 다양한 감정들을 표현할 수 있어야 한다.

이를 돕는 것이 애도상담이다. 숨기고, 감추고, 억누르는 것은 복잡한 애도를 겪게 할 수 있으며, 신체적, 행동적으로 나타난 애도 반응은 일상생활에 어려움을 주게 된다. 신뢰할 만한 누군가에게 자신의 마음을 털어놓을 수 있다면 좋은 애도의 과정을 보낼 수 있다. 애도 관련한 책을 읽는 것도 좋다. 일기를 쓰고, 삶에서 고인을 기리는 자신만의 의례를 디자인하는 것도 큰 도움이 된다.

최근 미국 내 애도상담 관련 이론에서는 초기 정신분석적인 이론보다는, 지속적인 결속이론(Continuing Bonds Theory), 의미-만들기 이론(Meaning-making Theory), 애도의 과업이론(Task Theory) 등이 더 주목받고 있다. 이러한 이론들이 강조하는 것은, 상실한 대상과의 감정적인 결속을 끊는다는 것은 거의 불가능하며, 오히려 기억하고 추모하는 활동을 통해서 애도의 과정을 잘 보낼 수 있으며, 이후의 삶을 의미 있게 살아가는 것을 돕는다는 것이다.

한국적인 문화에서는 아직도 고인에 대한 생각을 빨리 잊는 것이 앞으로의 삶을 살아가는 데에 도움이 된다고 믿는 경향이 크다. 하지만, 그렇게 '잊고', '서둘러 일어서려는 것' 때문에 애도의 과정에 어려움을 겪는 사람도 많다. 그러기에 본 글에서는 윌리엄 워든의 과업이론을 소개하고, 필자의 임상경험을 토대로 슬퍼하는 사람들을 위로하기 위한 애도상담의 기본 원리를 소개하였다. 이를 통해, 슬픔과 아픔을 겪고 있는 사람들을 위한 돌봄과 상담에 도움이 되었으면 한다.

[참고문헌]

윤득형. 『죽음의 품격』 서울: 늘봄, 2020.

_____. 『슬픔학개론』 서울: 샘솟는기쁨, 2015.

_____. "애도상담의 기본원리와 목회적 접근." 「신학과 실천」 58(2018), 417-446.

이상억 외. 『목회상담 실천입문』 서울: 학지사, 2009.

Cole, Alan Huge/윤득형 역. 『굿모닝: 알렌박사가 말하는 슬픔치유』 신앙과지성사, 2017.

Doka, Kenneth J. "The Power of Ritual: A Gift for Children and Adolescents," *in Living with Grief: Children and Adolescents*, Eds. Kenneth J. Doka and Amy S. Tucci. Washington, DC: Hospice Foundation of America, 2008.

Driver, Tom. *Liberating Rites: Understanding the Transformative Power of Ritual*. Boulder, CO: Westview Press, 2006.

Mitchell, Kenneth and Herbert Anderson, *All Our Losses, All Our Griefs: Resources for Pastoral Care*. Philadelphia: Westminster Press, 1983.

Worden, J. William. *Grief Counseling and Grief Therapy: A Handbook for the Mental Health Practitioner*, 4[th]ed. New York: Springer Publishing, 2009.

Wolfelt, Alan D. *The Handbook for Companioning the Mourner: Eleven Essential Principles*. Fort Collins, CO: Companion Press, 2009.

죽음 이후

용서와 회복

박순 다음상담코칭센터 원장

죽음 이후의 돌봄

인간은 수정의 순간부터 관계 속에 존재한다. 사후에도 여전히 생존자와의 인간관계 속에 존재한다. 인간의 삶이 자녀로서 출발하기에 부모와의 수많은 상호작용은 심리적인 역사를 만들어 간다. 심리학과 상담학이 연구하고 논하는 주제는 바로 이 상호작용의 질과 양에 관한 것이라고할 수 있다. 부모의 뜨락을 지나 사회생활로 나아가기 시작하면서 개인은방대한 관계망 속으로 들어간다.

어느 누구도 상처와 고통으로부터 자유롭지 않다. 용서를 논하기 위해서는 가벼운 잘못이나 실수에서부터 도저히 잊히거나 지워지지 않는깊은 상처나 뼈아픈 원한을 전제로 한다. 어떻게 값싼 거짓 용서로 상처에 흠집을 추가하지 않고 회복의 낙원으로 함께 들어갈 수 있을지가 우리모두의 과제다. 용서를 통한 회복으로 어떻게 죽음 이후의 돌봄과 애도가가능한지 이론적 접근과 함께 실제 사례를 통해 고찰하려고 한다.

용서

용서의 의미

사전적인 의미로 용서란 '지은 죄나 잘못에 대하여 꾸짖거나 벌을 주지 않고 너그럽게 보아 줌'[93]이다. 가해자에 대한 감정과 태도의 변화를통한 피해자의 의도적이며 자발적인 과정이다. 다시 말해서 대상에 대해

---

93) 위키 백과

쌓여 가는 공격적인 마음이나 복수와 같은 부정적인 정서를 버리게 되는 것이다.

필자가 박사과정에서 만난 위대한 실천신학자인 제임스 뉴튼 폴링 (James Newton Poling) 교수는 2008년 한국기독교상담심리학회 춘계 학술 대회에서 '용서를 가르치기 전에 먼저'라는 제목으로 강연을 하였다.[94] 원 고를 필자가 한국어로 번역하는 과정에서 큰 배움이 일어났고 용서에 대 해서 체계적으로 이해하는 기회가 되었다. 폴링 교수는 폭력의 생존자[95] 에 대한 장기적인 동행 경험으로 용서의 문제를 깊이 생각하게 되었다고 한다. 용서는 기독신앙의 핵심적 교의이며 또한 일반적인 대인관계에서 매우 높은 가치를 지니는 인간행위이다. 폴링 교수는 가정 폭력 생존자 캐서린 후트(Catherine Foote)의 저술 『생존자의 기도』에 나오는 '상처는 상 처이다'라는 시가 대표적이라고 소개한다.[96]

상처는 상처이다. 사라지지 않는다.

부러진 뼈가 바로 잡아질 수 있지만, 그러나 그 과정에

상처의 흔적이 남는다.

뚜렷이 남는다.

나는 학대를 당했고, 상처를 받았다. 그리고 상처는 상처이다.

---

94) James N. Poling, "Before We Teach Forgiveness : 우리가 용서를 가르치기 전에," 「한국기독교상담심리학회 춘계학술대회 주제 강연」(2008)

95) 폴링 교수는 폭력 피해자에 대해서 피해자(victim) 단계, 생존자(survisor) 단계, 전사 및 투사(fighter) 단계의 3단계로 그 회복과정을 구별하고 있다.

96) Catherine J. Foote, "A Scar is a Scar", *Survivor Prayers : Talking with God about Childhood Sexual Abuse*(Louisville : Westminster John Knox Press, 1994), 71.

주위 사람들은 "용서하라."고 내게 말한다,

부서뜨려짐과 치유에 대해 아무 것도 모르는 사람들이

"어서 전진하라."고 내게 말한다.

고통 속에 두려워하는 이들은 "뒤돌아보지 말라"고 내게 말한다,

나는 이 고통을 인정해 줄 것을 주장한다.

나는 상처 자국을 인식해 줄 것을 주장한다.

나는 거기에 왜 삐뚜름한 가느다란 선이 있는지

기억해 줄 것을 주장한다.

나는 여기 나와 함께 있어, 나를 붙잡고, "그것은 잘못된 일이었다."고

말해 줄 것을 주장한다.

예수님, 당신께서 당신의 고통을 기억하심을 나는 알고 있습니다.

당신은 도마가 의심하면서 만진 그 상처를 여전히 갖고 계십니다.

당신께서 상처를 입었을 때 값진 대가를 치르셨다고

당신은 주장하십니다.

이곳에 나와 함께 계셔서 기억하여 주시옵소서.

내가 밝혀 나갈 때에 나와 함께 하여 주시옵소서.

진짜 상처는 참 고통을 의미합니다.

이러한 진실 가운데 나와 함께 하소서 상처는 상처입니다.

아멘.

이 시에서 캐서린 후트는 용서하라고 부담을 주는 크리스천 친구들의 압박에 대해 저항한다. 그들을 향해 "부서뜨려짐과 치유에 대해 아무 것도 모른다"고 야속한 마음을 드러낸다. 자신이 경험한 것을 기억하고 치

유의 여정을 지속하는 데 필요한 회복력을 얻기 위해 자신의 상처를 드러낼 것을 주장한다. 정의가 실현되기 위해서 고난에 대해 모두가 증인이 되어 줄 것을 요청한다. 폴링은 극복자들이 기록한 글을 보면서 용서에 대한 크리스천들의 이해에 대해 세 가지 관점에서 문제를 제기한다.

(1) 용서가 정의에 대한 대안으로 거론되어 폭력을 피해자와 가해자 사이의 개인적인 일로 만들어 버리면 안 된다는 것이다. 폭력은 공동체 규범과 법을 어긴 사건이기에 법과 정의를 통한 공적이고 정치적인 대응이 필요하다는 것이다. 두 당사자 외에 다른 모두가 국외자가 되게 해서는 안 되며 생존자에게 발생했던 힘의 오남용을 함께 경험하고 공동체의 삶의 구조를 수정해 나가는데 필요한 정의를 추구하도록 다수 국외자들의 개입이 필요하다고 하였다.

(2) 생존자들에게는 상처를 치유해 가는 힘든 과업 이외에도 용서하라는 빈번한 가르침이 부담이 된다는 것을 지적하였다. 생존자들이 여전히 학대적인 관계에 갇혀 있는 상황인데도, 마치 용서하면 폭력이 멈추기라도 할 것처럼 학대자를 용서하라고 종용하는 이야기들이 반복되는 현실에 대해 문제를 제기하였다.

(3) 용서에 관한 어떤 이론들은 용서가 없이는 치유가 불가능하다는 입장을 주장한다. 폴링은 가해자들과 화해하지 않는 한 치유에 관한 통로가 막혀 있다고 믿기 때문에 죄의식으로 고통 받는 생존자들과 이야기를 나누었다고 한다. 어떤 생존자들은 종종 자신들에 대한 또 다른 폭력의 위험을 무릅쓰고 용서하려고 애를 쓴다. 생존자들이 용서하지 못하는 것을 그대로 용인하는 그러한 이론들조차도 용서하지 못하는 것은 약한 증거라는 암시를 주는 것이 커다란 문제임을 지적하였다.

묶어 말하면, 기독교회가 강력하게 강조해 온 용서의 교리는 안전과 생존에 대한 방해가 될 수도 있고, 피해자를 생명과 건강에 위협이 되는 위험한 상황에 묶어 둘 수도 있다고 폴링은 말한다. 또한 우리는 이 용서의 교리가 가해자에게 도움이 되는 것인가도 물어보아야 하는데 우리나라 영화감독 이창동이 일찍이 그의 작품 〈밀양〉에서 제기하였듯이 상호관계적 과정이 배제된 일방적인 '용서받음'은 기독교 교리에 대한 커다란 오해와 또 다른 폭력이기도 하다.[97]

마리 훠츈(Marie Fortune)은 치료사의 요청에 의해서 아동 성추행자 그룹을 방문했던 때의 경험을 말한다. 그녀가 목사에게 가서 무슨 조언을 드려야 하는가 물었을 때, 그들은 "목사님에게 우리를 그렇게 쉽게 용서하지 말라고 이야기하십시오."라고 말했다고 한다.[98] 가해자들이 변화를 위한 길고 험난한 길을 가려고 할 때에 그들에게 필요한 것은 더 이상의 부인이 아니라 진실을 토로하게 하고, 책임을 지도록 하며, 지지해 주는 것이다.

폴링의 문제 제기는 여성주의 목회상담에서 제기하는 여성주의 목회 신학자 크리스티 코자드 뉴거(Christe Cozad Neuger)의 주장과 일맥상통한다. 뉴거는 이야기심리학적 이야기 재구성의 5단계를 5R를 이용하여 다음과 같이 제시한다.

(1) 기억하기(Remembering)

---

97) 이청준의 단편 「벌레 이야기」를 원전으로 제작된 이 영화 〈밀양〉은 기독교의 용서를 오해한 행위에 대해 실질적인 사례로 보여 주며, 한편 보이지 않는 햇볕처럼 신애(하나님 사랑)와 동행하는 원작에 없는 종찬이라는 인물을 통해 함께 함의 은덕, 즉 하나님의 속성을 은근하게 보여 주고 있다.

98) 마리 훠츈(Marie Fortune)은 미국 워싱턴 DC의 시애틀에 있는 Faith Trust Institute를 설립한 기관장이다. 이 기관은 성폭력과 가정 폭력의 종교적인 문제에 관해 초교파적으로 종교 상호간의 연구를 수행하는 선도적인 연구소이며 동시에 교육기관이다. www.faithtrustinstitute.org.

(2) 재구조화(Reframing)

(3) 번복(Reversing)

(4) 재상상(Re-imagination)

(5) 다시 이야기하기(Restorying)

지속적이고 지지적인 5R 과정을 통해 여성이 자신의 이야기를 재구성한다고 설명하였다. [99] 강요된 용서보다는 새로운 이야기의 재구성이 선행되어야 한다.

용서의 차원 – 제임스 폴링

폴링은 '용서의 방법이 있는가?'라는 물음은 '생존자와 가해자가 치유받고 변화하도록 도울 수 있는 교리가 있는가?'로 바꾸어 말할 수도 있다고 하였다. 그는 용서에는 일상의 용서, 2-3일 걸리는 용서, 교회에 말하는 용서, 분리하는 용서, 하나님께 맡기는 용서의 5단계의 차원이 있다고 제안하였다.

일상의 용서

"네게 이르노니 일곱 번뿐 아니라 일곱 번을 일흔 번까지라도 할지니라"(마 18:22)에 해당하는 즉시 잊게 되는 가벼운 실수에 관한 것이다.

---

99) 크리스티 코자드 뉴거/ 정석환 역, 『여성들을 위한 목회상담 : 이야기심리학적 접근』
   (한들출판사, 2002), 221-228.

2-3일 걸리는 용서

어떤 일은 노력해도 금방 용서가 안 된다. 어떤 때는 관계를 회복하는 데 여러 날이 걸리고 거듭 사과해야 한다. 완전하게 매듭짓기 전에 우리의 행위에 대한 무의식적인 동기를 숙고해 보고, 보다 심층적인 변화가 이루어지도록 생각할 시간이 필요하다. 즉각적으로 용서받는 것이 항상 좋은 것은 아니다. 용서와 화해에 대해 준비되기 위해서는 일련의 과정이 필요하다.

교회에서 말하는 용서(Take It to the Church Forgiveness)

"네 형제가 죄를 범하거든 가서 너와 그 사람과만 상대하여 권고하라 만일 들으면 네가 네 형제를 얻은 것이요 만일 듣지 않거든 한두 사람을 데리고 가서 두세 증인의 입으로 말마다 확증하게 하라 만일 그들의 말도 듣지 않거든 교회에 말하고 교회의 말도 듣지 않거든 이방인과 세리와 같이 여기라"(마 18:15-17)

어떤 경우에라도 교회나 다른 공동체로부터 상담을 받고자 하는 결정은 바로 용서를 위한 방법의 한 가지라고 할 수 있다. 갈등의 해결, 화해 혹은 이혼에 의한 긴장의 해소 그 무엇이든 간에 용서가 이루어지면 평화가 찾아온다. 애정 관계에서 고조되는 갈등은 만일 당사자들이 지역사회로부터 유능한 상담자를 찾는다면 폭력으로 비화되지는 않는다.

분리하는 용서

예수님은 마태복음 18장 17절에서 그 다음 단계를 말씀하신다. "만일 그들의 말도 듣지 않거든 교회에 말하고 교회의 말도 듣지 않거든 이방인과 세리와 같이 여기라."

어떤 가해자들은 완악하고 어떤 방법으로도 그들에게 다가갈 수 없다는 성경 말씀은 현실을 잘 나타내 준다. 이러한 경우에 그들에 대한 책임에 한계가 있으며 성서는 이러한 경우에 용서를 언급하지 않는다. 생존자가 용서와 화해에 대해 협의하기 위해서 가해자를 찾는 일이 위험한 경우가 많다. 정의를 이루고자 하는 노력이나 회개의 증거가 없이는 분리가 피해자와 가해자 사이의 최상의 해결책일 수 있다.

하나님으로 하여금 용서하게 하라는 용서(Forgiveness that let God forgive him)

십자가상의 예수는, "아버지 저희들을 사하여 주옵소서 자기들이 하는 것을 알지 못함이니이다"라고 말씀하였다. 또 다른 물음은 가해자에 대해 관심을 기울이지 않고 이런 방식으로 내버려 두는 것이 옳은가 하는 것이다. 어떤 크리스천들은 하나님은 누가 무슨 짓을 행했든 간에 한 영혼도 포기하지 않으시며, 크리스천들은 그와 같이 해야 한다고 말한다. 만일 인간의 죄악이 하나님으로부터 용서받을 수 없다면 우리 중 아무에게도 희망이 없다. 이 본문은 종종 생존자들에게 불리하게 사용된다. "만일 예수께서 자신을 괴롭히고 십자가에 못 박은 인간들을 용서하실 수 있다면, 당신도 오래 전에 일어난 일에 대해서 아버지를 용서할 수 있을 것이다." 이런 말은 여러 가지 차원에서 아주 옳지 않은 목회적 조언이라고 폴링은 생각하였다.

첫째, 예수님처럼 용서하라는 이러한 목회적 조언은 하나님과 인간의 차이를 무시하는 것이다. 인간에게 불가능한 것이 하나님께는 가능할 수 있다. 예수님이 자신을 박해한 사람들을 용서할 수 있었다는 사실을 우리 사회의 가장 취약한 사람들에게 적용하기 전에 주의 깊게 비판적으로 생각해 볼 필요가 있다.

둘째, 폴링은 예수님의 말씀을 조심스럽게 바라보기를 제안한다. 예수님은, "나는 당신을 용서한다."라고 말씀하지 않았다. 오히려 그는, "아버지여, 저들을 용서하여 주옵소서."라고 말씀하셨다. 이 본문에서는 인간적 사랑의 한계 한 가지를 목격할 수도 있다. 가해자는 지역사회에 대해 책임을 지고 의무를 감당하도록 요청받는다. 정의의 문제는 가해자가 지역사회에서 그의 지도력이 인정되든 안 되든 간에 참여자로서 신뢰를 받을 수 있는가 하는 것이다. 이 문제는 희생자/극복자가 결정할 책임을 지지 않고 지역사회에게 그 책임이 있다.

생존자가 "하나님, 저들을 용서하여 주시옵소서. 우리는 어찌할 바를 모르겠습니다."라고 기도하는 것으로 충분하다. 그러한 기도는 폭력에 대한 복수의 순환 고리를 중지시킬 수 있으면서도 생존자로 하여금 가해자에 대한 생각으로 사로잡히게 하는 부담을 지우지는 않는다. 모두에게는 손상되고 복구되지 않은 대인관계가 있으며 그에 대해 생각하는 것은 종종 고통스러운 일이 된다.

그런데 우리가 용서해야 한다는 책임감으로부터 자유로워지는 단계에 이를 때도 있다. 그리고 인간적으로 용서할 수 없는 일도 있다. 필자는 폴링의 5단계 용서에 다음과 같은 친근한 이름을 붙여서 용서하기가 보다 현실적이 되기를 시도한다.

1단계 : 커피 한 잔 같은 용서

2단계 : 가정식 백반 같은 용서

3단계 : 외부화(externalization) 하는 용서

4단계 : 각방, 졸혼, 이혼 같은 어려운 용서

5단계 : 연의 실을(풍선을) 놓아 버리는 용서

다섯 가지 사과의 언어

용서의 과정에 전제되는 것이 가해자의 진정한 사과이다. 저명한 기독교 상담가이자 결혼생활 세미나 인도자로 25년 이상 부부를 위한 상담 사역을 한 게리 채프먼은 실질적인 지혜의 실천으로써 『5가지 사과의 언어』를 저술하였다.[100] 그의 다섯 가지 사과의 언어는 폴링 교수가 말한 다섯 가지 용서의 단계처럼 차원을 갖고 있고, 실질적인 용서를 만들어 가는 과정에 필요불가결한 도구라고 생각한다. 그는 '사과 없이 용서할 수 있을까?'라고 질문함으로써 수많은 사람이 기다리고 있는 사과의 언어를 가슴 속에서 꺼내어 보여 주었다. 다시 말해서 이런 사과의 말을 들으면 용서할 수 있게 된다는 이야기다. 다시 한번 강조한다면 성서는 우리가 죄를 자백하면 하나님이 우리 죄를 용서하실 거라고 한다(엡 4:32, 요일 1:9). 인간과 하나님의 관계에서도 고백과 회개가 선행되어야 용서가 있고, 인간과 인간관계에서도 단계적인 사과의 언어와 행위가 수반될 때 마음의 얼음이 녹기 시작하고 한이 풀리기 시작한다. 채프먼은 아래 5단계의 사과의 언어를 구체화하였다.

단계	속성	실질적인 말
1단계	유감 표명	"미안합니다"
2단계	책임 인정	"내가 잘못했습니다"
3단계	보상 및 배상	"어떻게 해 드리면 좋을까요?"
4단계	진실한 뉘우침	"다시는 그러지 않을게요"
5단계	용서 요청	"이런 나를 혹시 용서해 주실 수 있으세요?"

---

100) 게리 채프먼/ 김태곤 역, 『5가지 사과의 언어』(생명의 말씀사, 2007) 게리 채프먼은 『5가지 사랑의 언어』, 『자녀를 위한 5가지 사랑의 언어』, 『십대를 위한 5가지 사랑의 언어』, 『싱글을 위한 5가지 사랑의 언어』 등 현대인을 위한 실질적인 의사소통 수단의 언어를 제시하고 있다.

필자는 사회생활 및 가정생활 체험 안에서 하나의 잣대를 만들었다. 사람을 두 부류로 분류하는데, '미안하다고 말할 수 있는 솔직하고 용감하고 성숙한 사람'과 결코 '미안하다고 말하지 못하는 진실하지 못하고 내면적으로 나약하며 미성숙한 사람'이다. 우리는 누구나 다 실수한다. 의도적이건 비의도적이건 남에게 불편과 해를 끼치는 존재이다. 상대에게 어려움을 초래했을 때 바로 "어머, 미안합니다." 하고 상대방의 표정을 읽으면서 한 걸음 더 나아가 "제가 잘못했습니다."라고 하면 우리 말 속담에서 말하는 '천 냥의 빚'이 감해진다. 폴링 교수가 말하는 1, 2 단계의 용서가 어렵지 않게 이루어지게 하는 요소이기도 하다. 용서를 말하는 사람의 입에 붙은 말은 '미안합니다'이다. 우리말에 미고사 운동(미안합니다. 고맙습니다. 사랑합니다)은 영어권의 TSL 운동(Thank you, Sorry, Love you)과 마찬가지로 가장 효율적인 언어이다. 우리나라 사람은 과거의 관습상 영어권의 사람들처럼 미안하다는 말이 쉽게 입술 밖으로 나오지 않는다. 오히려 미안해서 말을 못하는 경우가 더 많다. 그러나 세상이 바뀌었으니 말이 바뀌어야 한다.

유감 표명과 책임 인정 다음 3단계는 현실적인 보상 혹은 배상의 절차이다. 말로만 해서는 안 되는 경우가 많으며 여기에는 대화와 협상이 필요하다. 원칙은 피해자가 만족할 만한 수준의 보상이나 배상이어야 하는데, 이런 일이 개인 간과 기관 사이, 혹은 국가 간에 서로의 이해가 상충하기에 법적인 보상절차를 밟는 경우도 발생한다. 배상을 했다고 해서 피해의 경험이 사라지는 것일까? 여기에 대해서 후트는 흔적이 남는다고 하였다. 뇌리에 남고 몸에 남는 흔적은 세월 가는 줄 모르고 따라온다. 만약에 그러한 가해가 다시 반복되면 이번에는 상처가 더 크게 다치고 덧난다.

그러기에 배상 이후의 4단계가 매우 중요하다. 이는 마치 기독교의 회개와 같은 개념이다. 다시 그러지 않겠다는 고백이며 실제로 그렇게 하지 않는 회개와 같은 행위이다. 다시 그 길로 가지 않는 메타노이아(Metanoia)이다.

채프먼은 마지막 5단계에 이르러서도 조심스럽게 "이러한 나를 용서해 줄 수 있는 권한은 오직 상대방에게 있습니다" 하는 겸허한 자세를 요청한다. 용서해 달라는 요청이나 명령이 아니고, 구걸도 아니고, 용서의 권한이 오직 당신에게 있는데, 관계 회복을 위해서 용서를 받고 싶은 마음을 내비칠 수 있다는 것이다. 5단계 사과의 언어는 일사천리로 진행되는 과정이 아니다. 반복하여 다시 말하고, 진정성이 대상에게 용납되었을 때에 겨우 용서의 실오라기 한 줄이 풀릴 수 있다. 회복을 위한 용서의 과정은 마치 풀코스 궁중요리처럼 어렵고 정교한 과정이다.

회복 : 장기간 동행을 통한 영적 성장

'원래의 좋은 상태로 되돌리거나 원래의 상태를 되찾음'이라는 회복(Recovery)의 사전적인 의미를 현실에서 창조하고 구현하기는 매우 어렵다. 회복 과정에 대한 심층적 예시를 폴링의 '장기간 동행을 통한 영적 성장' 모델에서 찾을 수 있다. 목회신학자 폴링은, 타인의 필요에 응하는 모든 사람에게 필요한 변형의 과정을 기술하는 그의 저술 『Render Unto God』(Poling, 2002)에서 9단계의 영적성장이론을 개발하였다. [101]

---

101) James. N. Poling, *Render Unto God : Economic Vulnerability, Family Violence, and Pastoral Theology*(St. Louis: Chalice Press, 2002)

그는 이 책에서 경제적 취약성, 가족 폭력, 목회 신학, 그리고 상호 문화적 돌봄에 대한 그의 '실천-이론적 재성찰-실천'의 목회신학을 펼치면서 우리가 사랑으로 다른 사람에게 반응할 때, 그들의 영이 우리를 변화시키고, 이로써 도움을 필요로 하는 사람과 돌봄의 제공자 모두에게 영적인 성장의 새로운 세계가 열린다고 말한다. 그 결과로 얻어지는 영적인 순례는 출발한 곳으로부터 아주 멀리 데리고 가며, 여행을 하면서 점점 더 하나님의 사랑과 정의의 속성을 배울 수 있게 된다고 설명한다.

필자는 폴링의 영적 성장 9단계 이론을 가지고 연구자의 목회상담적 현장 실천을 이론적으로 재성찰하면서 연구자의 새로운 순환적 모형을 제시하였다. [102] 장기적 동행의 3단계는 인식의 변화, 과감한 실천, 확장하기이다. 이 단계는 순차적으로 이루어지는 단선적 과정은 아니다. 세 단계가 순환되는 가운데 목회적 돌봄 제공자는 성찰의 순간들을 가진다. 성찰을 통하여 인식과 실천, 확장은 보다 풍성해지고, 하나님의 사랑과 정의를 향해 방향을 잡아 나갈 수 있게 된다. 이는 비단 용서와 회복에 대한 모형만이 아니고 심리적, 영적 치유와 성장에 모두 적용될 수 있는 모델이다.

용서를 통한 회복

폴링의 영적 성장 9단계 이론과 순환적 모형이 나타내는 3단계가 학대 받은 존속살해 무기수 김○○과 연구자의 장기적인 동행 관계와 변화

---

102) 박순, "학대받은 존속살해 무기수의 이야기 심리학적 심리전기," 「신학논단」 제54집(2008)

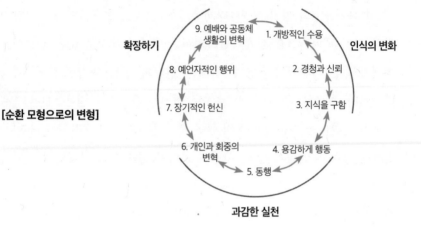

[James Poling의
9단계 영적성장이론 모형]

9. 예배와 공동체 생활의 변혁
8. 예언자적인 행위
7. 장기적인 헌신
6. 개인과 회중의 변혁
5. 동행
4. 용감하게 행동
3. 지식을 구함
2. 경청과 신뢰
1. 개방적인 수용

[순환 모형으로의 변형]

확장하기

9. 예배와 공동체 생활의 변혁
8. 예언자적인 행위
7. 장기적인 헌신
6. 개인과 회중의 변혁

인식의 변화

1. 개방적인 수용
2. 경청과 신뢰
3. 지식을 구함
4. 용감하게 행동
5. 동행

과감한 실천

단계	영적이론 모형	순환적 모형
1단계	개방적인 수용	
2단계	경청과 신뢰	→ 인식의 변화 →
3단계	지식을 구함	
4단계	용감하게 행동	
5단계	동행	→ 과감한 실천 →
6단계	개인과 회중의 변혁	
7단계	장기석인 헌신	
8단계	예언자적인 행위	→ 확장하기 →
9단계	예배와 공동체 생활의 변혁	

를 이해하는 틀로써 유용하므로 살펴보고자 한다. 2000년부터 2019년까지, 필자와 김○○의 20년 여정에서 관찰되는 현상을 비판적으로 성찰하고자 한다. 이어서 필자의 출생 이전부터 현재에 이르는 부친과의 심리적 관계에 대한 간략한 분석을 사례로 제시한다.

용서와 회복의 사례연구 1(바오로)[103]

인식의 변화 : 개방적인 수용-경청과 신뢰-지식을 구함

연구자가 바오로를 만난 과정은 지금 돌이켜 보아도 엊그제 일처럼 모두 생생하다. 어떻게 그런 만남을 가질 수 있었는지 회상해 보면, 거룩한 개입이 있지 않고서는 이루어질 수 없는 예사롭지 않은 만남이라고 생각하게 된다. 그의 이야기와 편지에 귀를 기울이면서 존속살해와 심리전기에 대한 지식을 탐구하게 되었다.

과감한 실천 : 용감하게 행동-동행-개인과 회중의 변혁

신문과 TV 보도를 통해서 연구 참여자가 과천경찰서에 구속되어 있다는 것을 알았을 때, 과감하게 담당 형사에게 전화를 걸어 가족이 아닌 일반인의 면회가 가능한지를 문의하였다. 문의가 면회와 접견으로 이어진 20년의 동행 속에 개인과 회중의 변형이 이어지고 있었다.

---

103) 김○○이 바오로로 바뀌게 되는 데는 그 만한 사연과 기도가 있다. 바오로는 그의 세례명이다. 영세를 준비하던 중에 사건을 저질렀고, ○○교도소 수형기간 중에 영세명으로 바오로를 받았다. 본인이 다른 이름을 원했지만 그렇게 되었다고 편지로 알려왔다. 필자는 학위논문을 책으로 발간하면서 그의 이름을 '바오로'로 하였고, 여기에는 깊은 기도가 들어있다. 참조. 박순, 『심리전기와 상담 : 존속살해 무기수의 이야기심리학적 심리전기』(시그마프레스, 2009)

확장하기 : 장기적 헌신-예언적 행위-예배와 공동체 생활의 변혁

연구자는 예정에 없이 그를 학위논문 연구 참여자로 연구하게 되었고, 이후 상담가의 삶에서 인간 본성 이해의 화두를 제공받아 분투하고 있다. 삶의 변화에 대한 그의 기도와 예측이 잇따르고 있고, 그의 이야기와 그에 관한 책을 읽은 사람들 사이에 변화가 이어졌다.

손운산(2005)은 애도가 상실을 되찾게 해 주지는 않지만, 애도는 상실의 아픔과 상처를 다시 경험함으로, 그것을 돌이킬 수 없다는 것을 현실로 받아들이게 하는 역할을 한다고 말한다.[104] 바오로는 자신과 부모를 있는 그대로 용납하는 엄중한 과제를 안고 있다. 그와 그의 부모는 모두가 피해자인 동시에 가해자이다. 그는 증오에 찬 목소리로 아직 부모에 대한 한이 안 풀리고, 그들에게서 받은 상처가 잊히지 않는다고 한다.

그럼에도 불구하고 그가 자신의 이야기를 풀어 내고 있는 것은 살아남기 위한 거룩한 몸부림이며 치유와 회복을 위한 긍정적인 출발이라고 생각한다. 인간에 대한 기본적인 신뢰감이 구축되고, 자기 삶의 자율성, 주도성, 정체성, 그리고 다른 이와의 지속적인 유대를 통한 친밀감이 형성되는 과정을 통하여서 비록 오랜 세월이 소요된다 하더라도 그는 자신 및 부모에 대한 대화를 간단없이 반복할 것이기 때문이다.

용서와 회복의 사례연구 2(필자)

회복 중인 사례로서 필자의 사례를 용감하게 제시하고자 한다. 상담 현장에서 만나는 수많은 내담자와 부모 간의 해묵은 갈등을 생각하면서

---

104) 손운산, "부부 사이에서의 용서와 화해," 「이혼상담전문가 교육자료집」(2005), 19-34.

간략하게나마 필자가 경험한 부모-자녀 갈등을 내어놓는다. 초등학교 1학년 때 아버지께서 소속하고 있던 대학에 사표를 던지고 나온 후, 필자는 지속적으로 "나는 이렇게 살 사람이 아닌데, 이렇게 산다…"는 표현하지 못한 억울한 마음을 품고 살아왔다.

이러한 핵심감정 발견은 석사 과정에서도 바로 직시하지 못했고, 예순의 나이를 넘어서 박사학위를 받으면서 비로소 발견하게 되었다. 부연하면, 바오로의 삶을 깊이 연구하고 나서 비로소 스스로를 더욱 깊이 성찰하게 되었고 그러한 깨달음이 따라왔다.

그러면 부친에 대한 원망과 비판은 어떻게 표현되고 해소되었을까? 60세가 넘어서야 아버지의 음덕을 새롭게 자각하면서 아버지가 부르시던 찬송가와 가곡에 의미를 두고 부르게 되었다. 아직도 아버지에 대한 용서가 다 이루어졌다고는 할 수 없다. 죽음 이후의 돌봄과 애도로써 이 작업을 지속하고 있다.

이는 바오로의 사례에서도 마찬가지이다. 자신의 부모와 자신을 용서하고 회복하는 길을 바오로가 가고 있고, 필자는 동행자라고 생각한다. 필자는 어떻게 바오로에게 다가가게 되었을까? 바로 심연의 무의식에 쌓여 있던 아버지에 대한 원망과 회환이 바오로를 이해하고 수용하게 되는 원천은 아니었을까?

나가는 말

회복을 이루는 용서 행위는 또 다른 출생을 모태로 한다. 이 출생은 신체적 출생, 영적 출생을 넘어서 제3의 성화의 구현을 이루는 탄생이기에 쉽게 주어지지 않는다. 첫 출생이 본인의 의사와 관계없이 무작위로 주어지는 실존이라면, 두 번째 탄생인 중생은 비교적 쉽게 값없이 주어진다. 이 두 번째의 탄생이 선물과 은혜로 주어지기에 신앙생활 전반에 착각이 뒤따른다. 제2의 탄생과 전혀 다르게 제3의 탄생은 매우 선택적이고 고난도의 출산 외상이 일어나기도 한다. 이 과정에서 이 출산을 이루는 산모는 하나님 혼자가 아니다. 결국 출산을 이루지 못하는 산고도 허다하다. 인간의 적극적 개입과 헌신, 피눈물 나는 분투의 과정 속에서 한 송이의 고산식물이 아주 작은 꽃을 피울 수 있으리라. 마치 히말라야 고산지대에 핀 귀한 한 송이처럼.

필자는 이 글을 작성하면서도 용서를 제대로 배우고 가르칠 수 있을까 하는 의구심을 버리지 못하고 있다. 신앙이 겉옷이라면 인격을 속옷에 비유할 수 있다. 일생 속옷을 정갈하게 입는 노력은 남모르는 수고를 필요로 한다. 회복의 긴 여정에서 누가 누구를 용서할 수 있으랴! 덜 아프려면 이런 방법이 있다. 사랑은 받는 것이 아니라 주는 것이다. 용서는 받는 것이 아니라 하는 것이다. 용서는 오랜 학습으로 체화되어야 하는 과정이다. [105] 누구도 용서를 강요할 수 없다. 강요된 용서는 피해자들에 대한 또 다른 폭력이 될 수 있다. 용서는 의무가 아니라 선물이어야 한다. 용서는 치유와 회복을 향해 가는 긴 여정에서 선물로 주어진다. [106] 그것은 아마도 은총으로 주어지는 선물일 것이다.

---

105) Jones, L. G., *Embodying Forgiveness: A Theological Analysis*(Michigan: William B. Eerdmans Publishing Company, 1995)
106) 손운산, "치료, 용서 그리고 화해,"「한국기독교신학논총」35권(2004), 241-283.

[참고문헌]

박순. "학대받은 존속살해 무기수의 이야기 심리학적 심리전기." 『신학논단』 제54집.
　　　연세대학교신과대학(연합신학대학원), 2008.

＿＿＿. 『심리전기와 상담 : 존속살해 무기수의 이야기심리학적 심리전기』. 시그마프레스, 2009.

손운산. "치료, 용서 그리고 화해." 「한국기독교신학논총」 35권(2004), 241-283.

＿＿＿＿＿. "부부 사이에서의 용서와 화해." 「이혼상담전문가 교육자료집」(2005), 19-34.

코자드 뉴거, 크리스티/ 정석환 역, 『여성들을 위한 목회상담 : 이야기심리학적 접근』. 한들출판사,
2002.

Catherine J. Foote, "A Scar is a Scar", *Survivor Prayers : Talking with God about Childhood Sexual
　　　Abuse*. Louisville : Westminster John Knox Press, 1994.

Jones, L. G. (1995). Embodying Forgiveness : *A Theological Analysis*. Michigan: William B.
　　　Eerdmans Publishing Company.

Poling, James N. "Before We Teach Forgiveness : 우리가 용서를 가르치기 전에."
　　　「한국기독교상담심리학회 춘계학술대회 주제 강연」(2008)

＿＿＿＿＿＿＿＿＿＿＿. *Render Unto God : Economic Vulnerability, Family Violence, and Pastoral
　　　Theology*. St. Louis: Chalice Press, 2002.

자살예방

생명의 소중함과

장진원 라이프호프기독교자살예방센터

생명은 소중하다. 하지만 생명만큼 무시되고 폄하되는 것도 없다. 그 이유는 나의 생명과 남의 생명을 분리하기 때문이다. '나만 잘 살면 된다! 나만 건강하면 된다!'라는 생각은 남의 삶과 생명에는 별로 관심을 갖지 않게 된다. 하지만, 생명은 연결되어 있고 상호관계에 있음을 알 수 있다. 바이러스와 질병을 생각해 보자.

나 혼자 조심한다고 해서 피할 수 있거나 회피할 수 있는 문제가 아니다. 모두가 조심해야 하고 나아가서는 인류의 생태계가 건강해야 된다. 건강한 생명은 건강한 마음과 관계 속에서 나온다. 건강한 생명은 건강한 부모와 가정과 사회 속에서 서로 함께 자라난다.

이러한 의미에서 생명의 소중함과 함께 죽음의 숭고함도 존재한다. 소중한 생명을 마감하는 죽음은 그 어떤 것도 정죄되거나 판단될 수 없다. 누구의 죽음 앞에는 슬픔과 위로가, 누구의 죽음 앞에는 조롱과 야유가 있다면, 그 사회는 이미 생명경시 문화가 만연된 모두에게 고통의 사회로 환원될 뿐이다.

지금 우리 사회와 문화는 어디로 흘러가고 있는가? 이러한 고민과 물음 속에서 우리 시대의 생명의 끝에서 생겨나고 아파하고 있는 스스로 생을 마감하는 '자살(Suicide)'의 문제를 통해 생명의 가치를 회복하는 차원에서 '자살유가족의 이해와 돌봄'의 역할을 생각해 보고자 한다.

여기에서는 자살에 대한 구체적인 현상 연구나 교리적인 판단을 접어 두고자 한다. 생명의 소중함의 차원에서 자살은 막아야 하며, 일어나서는 안 될 일이다. 그렇다고 당연히 정죄하거나 교리적으로 판단해서는 안 될 것이다. 우리가 자살에 이르는 모든 과정과 상황을 완전히 알기는 불가능하며, 또한 남은 유가족들이 겪는 고통과 애도의 마음을 생각해야 하기 때문이다.

또 한 가지는, 자살예방에 대한 구분과 이해가 필요하다. 자살을 막는 모든 일이 예방(prevention)이지만, 예방주사는 건강할 때 접종하는 것처럼, 일반적으로 우리가 받는 자살예방교육(GateKeeper)은 건강할 때 국민 모두가 받는 것이다. 자살을 생각하거나 시도할 정도로 심각한 상황이라면, 자살예방의 차원이 아니라, 위기의 개입과 치료의 과정이 필요한 것이다. 이 글에서는 개론적인 의미로의 예방적 차원과, 자살 유가족들의 회복을 위한 개입과 치료의 과정을 짧게나마 소개하게 될 것이다.

앞으로 한국 사회의 자살문제와 연구가 더욱 심화되고 진지해지기를 소망해 본다. 자살의 문제는 한 가지의 원인이 아닌, 사회와 경제, 문화와 정치, 정신건강, 복지와 종교 등 다양한 부분과 연결되어 있기 때문이다. 이를 회복하기 위한 방법도 다양한 분야가 함께 고민하고 협력해야 한다. 여전히 생명은 가장 중요한 가치이며 모두에게 소중하기 때문이다.

한국 사회 생명의 폴트라인

폴트라인[107]은 지진단층선, 큰 지진이 일어나기 전에 잘 보이지는 않지만 미세하게 퍼져나가는 '보이지 않는 균열'이다. 모든 위기 상황에는 이미 징조라는 것이 있으며, 이것을 무시하고 지나쳤을 때 닥쳐오는 수많은 쓰나미를 우리 인류는 경험하고 있다. 한국의 자살은 단순히 일시적인

---

107) 라구람 라잔/ 김민주·송희령 역, 『폴트 라인 - 보이지 않는 균열이 어떻게 세계 경제를 위협하는가』(에코리브르, 2011)

현상이나 문제가 아니라, 한국 사회의 위험을 알리는 신호이며, 위기 징후이다.

한국은 자살공화국, 자살천국이라는 오명을 15년 이상을 가지고 있다. 2018년 기준, 한 해 사망자(고의적 자해) 13,670명이며, 자살률(인구 10만 명당 기준) 26.6명이다. 하루 38여 명씩 사망하고 있으며, 전체 사망원인 5위이며, 10-30대 사망원인 1위가 자살이다[108] 단순히 숫자뿐만 아니라, 이로 인한 사회적 비용 및 경제적 영향은 점점 증가하고 있다. [109] 1998년 IMF 이후 급증한 자살은 2020년 현재까지 지속되고 있으며, 최근 10년의 자살 현황(2009-2018)을 보면 조금씩 감소하고 있지만, 여러 가지 사회적 현상과 맞물려 그 위기 징후들이 계속되어 있음을 알 수 있다. [110]

일반적으로 특별한 사회적 문제들, 경제위기, 전쟁, 정치 문제 등과 함께 자살이 급증하게 되지만, 곧 안정을 찾게 되는 경향이 대부분이다. 하지만 한국 사회의 경우는 급증 이후에 3-4년이 지나도록 반복적인 증가가 계속되고 있다. 1998년부터 2003년까지, 2008년 세계경제위기 이후 2012년까지 증가세가 지속되고 있다.

이러한 문제가 지속되는 많은 이유 중에서, 우선은 자살문제에 대한 사회 정책적인 부재와 함께, 자살 이후에 남아 있는 가족들, 즉 자녀들, 배우자, 부모 등에 대한 관리와 접근이 전무했음을 알 수 있다. 1명의 자

---

108) 보건복지부, 중앙자살예방센터, 『2020 자살예방백서』, 중앙자살예방센터, 2020.

109) 이원영, "1. 거시적측면 : 정책, 제도, 예산 등," 「우리나라 자살예방대응 무엇이 문제인가?」 (2016년 자살예방종합학술대회, 2016), 41-55, 2016. 9. 최근 자살로 인한 사회적 비용에 대한 발표로, 직접예산과 간접예산을 정부 각 부서별로 분석했으며, 다른 질환에 따른 자살예방예산을 비교분석하였다.

110) 한국자살현황은 중앙자살예방센터[데이터자료실]을 통해 확인할 수 있으며, [중앙심리부검센터]를 통해서 유가족 및 고위험군 현황 등을 확인할 수 있다.

살은 가깝게는 가족과 친구와 이웃에게까지 심각한 정신적 심리적 영향을 끼친다. 심각한 자살시도자나 고위험군을 생각해 보면, 자살과 관련된 자살 고위험군은 300만 명 이상으로 추정하고 있다. 결국 자살의 문제는 한 개인의 문제를 넘어선 사회 모든 분야와 연결된 문제이며, 개인뿐만 아니라 국가와 사회가 정책적 지원과 함께 전 국민적인 예방과 실천을 통해서 해결해야 할 문제이다.

나는 자살유가족입니다

"나는 자살유가족입니다."라는 첫마디를 듣는 순간, 고백 후 대부분의 내담자는 눈을 감고 고개를 떨구고 계신다. 잠시 침묵이 흐른 후, 그분들 스스로가 용기를 가지고 있다는 사실에 감사와 위로의 마음을 전한 후 대화를 시작한다. 자살로 인해 사랑하고 의미 있는 사람을 상실한 경험을 가진 사람들을 생존자(survivor)라고 한다. 그만큼 자살의 고통을 함께 느끼고 있다는 절박한 상황을 뜻하고 있다. 이 중 자살사망자와 혈연관계나 긴밀한 정서적 유대를 유지하면서 동거, 상호교류를 지속하여 기능적으로 가족과 유사한 관계성을 가진 사람들을 유가족이라 하는데, 유가족은 가족원의 자살사망 이후 사망원인을 확인하기 위한 경찰 조사, 장례절차와 사망신고, 그 이후에도 사망자를 대신하여 다양한 법적, 사회적 역할을 수행하게 된다. 자살유가족의 범위에 대해서는 아직 공식적인 범주는 없다.

자살자 유족, 자살유가족, 자살사별가족 등으로 사용되기도 하며, 유가족의 범위에 있어서도 친족을 잃은 경우, 가까운 친척을 잃은 경우, 사랑하는 친구를 잃은 경우 등 대상과 감정의 깊이에 따라 슬픔과 아픔의 깊이도 다양하다.

하지만 대부분 이 과정에서 유가족은 자살로 인한 사랑하는 이의 죽음을 직면하고 이들에게 필요한 애도의 기회를 상실하는 경우가 많고, 더욱이 친족의 경우에는 죽음의 원인이 자살이라는 이유로 친인척, 주변 사람들로부터 유가족으로서 경험하는 충격과 슬픔, 죄책감으로 공감과 위로를 제대로 받지 못한다. 결과적으로 자살유가족은 사회적 지지관계나 정서적 연대에서 쉽게 소외되고 고립되는 경향이 있다.

자살은 개인의 죽음에서 끝이 나는 것이 아니라, 유가족에게 많은 영향을 미치게 된다. 한 사람이 자살로 사망했을 때 이로 인해 정서적으로 영향을 받는 사람은 최소한 6-8명 정도에 이르는 것으로 보고되는데 (Crosby & Sacks, 2002), 이들 유가족은 심리적으로 매우 높은 정도의 우울, 불안, 그리고 트라우마를 경험하기도 하고(Mcmenamy et al., 2008; Mitchell et. al., 2009) 경우에 따라 그 혼란감과 비탄감을 해소하지 못해 위험한 수준의 자살사고를 지속하기도 한다(Latham and Prigerson, 2004; 박지영, 2010: 204 재인용).[111]

그럼에도 불구하고 교통사고나 말기 질환으로 인한 사망과 달리 자살로 인한 사망의 경우 유가족들이 자신의 경험이나 정서 상태를 주변 사람들에게 드러내고 도움을 요청하는 것에 소극적인 경우가 많고 자신의 경험 상태가 타인으로부터 공감될 것이라는 확신이 적기 때문에 오히려 도

---

111) 박지영·서청희·백민정·김미숙, "자살유가족의 자조모임 참여경험에 관한 연구"(수원시자살예방 센터 연구보고서, 2016), 9-10.

움을 요청하기보다는 자살로 인한 가족상실의 경험이나 자신의 감정 상태를 부정(denial)하거나 숨기고 경우가 많다. 박지영(2010)의 유가족에 대한 질적 연구에서도 이러한 유가족의 경향을 볼 수 있는데, 자살사건 이후 유가족원들은 가족생활에서나 자신의 개별적인 생활에서 '동굴' 속으로 들어가는 것으로 은유되고 있다.

즉 이들이 다른 사람에게 자살로 인한 가족상실 경험을 이야기하거나 자신의 심리적 고통을 드러내고 도움을 요청하는 것 대신 오히려 다른 가족원들이 자신을 염려하는 심리적 부담을 갖지 않도록 '아무렇지 않은 척' 행동하고, 대신 자신과 동일한 고통을 경험하고 있을 가족원을 위해 가족원 모두가 서로에게 '엄마' 역할, '보호자'의 역할을 자처하고 있었으며, 자신의 감정에 대해서는 '스스로 삭히는' 대처를 유지하는 것으로 나타났다. 결국 유가족들은 가정적으로나 사회적으로 돌봄을 받지 못하고 있는 현실이다.

유가족의 애도와 삶의 과정

모든 죽음은 이후의 감정적인 충격과 변화의 과정을 겪게 된다. 애도 과정이란 대상을 죽음으로 상실한 후에 나타나는 슬픔과 회복의 과정을 말한다.

몇 가지의 이론들을 소개해 보면[112] 이중과정모델(Stroebe&Schut)은 사별은 극복이라기보다는 혼란과 슬픔 그리고 직면과 회복 사이에서 적응

---

112) 장창민 외, 『자살유가족메뉴얼-생명의 친구들 편』(학지사, 2017), 21-32. 인용.

해 가는 과정으로 본다. 사별과 같은 슬픔을 만나게 되면 스트레스와 상실반응뿐만 아니라, 회복하려는 복구 중심의 역동적인 과정을 통해서 애도의 과정이 이루어진다는 것이다. 대부분의 슬픔에 대해서 의도적으로 잊게 하거나, 잠시의 통증을 참는 것이 중요한 것이 아니라, 슬픔에 직면하면서 새로운 긍정과 의미를 찾아가는 것이 효과적이라는 것이다. 특히 일상생활 속에서 상실 중심의 애도, 슬픔, 거부와 회피와 함께 상호적으로 슬픔에 대한 이해와 대처, 새로운 일과 활력, 새로운 역할과 관계성을 이중과정으로 형성해 나가는 것이다. 여기에 네 가지의 슬픔 과제를 제시한다.

- 상실감의 실제를 받아들이기
- 슬픔의 고통을 경험하기
- 고인이 없는 환경에 외적/내적으로 적응하기
- 자신의 삶을 복구하여 새로운 역할, 자기정체성, 관계를 다시 만들어 자신의 삶을 발전시키며, 정서적으로 고인에 대한 입장도 재배치하기

슬픔이론(Wolfelt, 1988)은 슬픔의 차원을 충격차원, 직면차원, 조정차원의 세 차원으로 제시하고 있다. 충격의 차원은 죽음을 수용하는 과정에서 죽음의 현실을 인정하는 것으로 과정이다. 직면차원은 절망감, 그리움 및 낙심하는 마음이 있음을 인정하고 경험하며 슬픔의 고통을 치러 내는 것이다. 동지에 삶에 대한 에너지를 다시 얻고 삶이 의욕을 느낀다. 조정차원은 고인이 없는 삶에 적응하는 것이다. 새로운 활동이나 관계수립으로 나아간다.

이 슬픔의 차원은 수레바퀴의 과정(Spangler & Demi, 1988)으로 이해해

본다면, 첫 번째는 충격단계로서, 상실로부터 자신을 보호하기 위하여 상실 그 자체를 부정하는 현상이 나타난다. 울음이나 우울과 연합된 식욕상실과 수면 장애와 같은 증상들이 나타난다. 이 단계의 주요 증상은 무감각, 부정, 혼란, 격한 감정, 수면 장애 등이다.

두 번째는 저항 단계로서, 죄책감이나 공포와 같은 우울증상들이 나타나는 동시에 자신을 홀로 남기고 떠나간 이에게 분노를 느낀다. 상실이 고통을 경험하는 것을 자신에게 허용할 때, 적응이나 회복의 가능성이 커진다. 이 단계의 주요 증상은 분노, 두려움, 슬픔, 과민함, 죄책감, 타협 혼란 등이다.

세 번째는 혼란 단계로서, 슬픔이 극도에 이르면서 슬퍼할 수 최고 한 계점에 도달하게 된다. 사랑하는 사람과의 이별을 인정하거나 아니면 계속 혼란상태에 머물러 있게 된다. 이 단계에서 개인은 떠나간 사람의 물건이나 흔적을 보존함으로써 상실한 대상을 회복시키려고 노력한다. 무기력, 혼란, 우울, 위축, 무의미함, 외로움, 고독, 강한 번민, 무감각-무목적감, 사고 과정의 지연, 느린 행동 등의 증상이 나타난다.

네 번째는 재정의 단계로서, 상실을 현실적으로 수용하고 삶을 재형성하는 작업을 시작한다. 떠나간 사람을 포함하지 않는 생활과 타협하기 위해서 상실의 고통을 충분히 경험하고 내성할 시간을 필요로 한다. 이 단계의 초기에는 타인과의 정서적 관계를 단절하나 점차 현실과 타협하고 타인과의 관계회복을 시작한다. 이제 개인적 우선순위와 목표를 재평가하고 재정의 한다.

박지영 교수는 자조모임을 통한 자살유가족 '고통 이겨 냄' 과정인 'SPACE' 모델[113]을 제시한다. 진공기(Spaceinvacuum), 접촉기(Probing), 적응기(Acclimation), 안정-시도기(Composure), 극복-생존기(Endurance)로 구분되는데, 그 내용은 다음과 같다.

- 진공기는 가족을 잃은 직후 충격과 당혹, 혼란을 경험함과 동시에 그동안 자신에게 중요했던 가족 안에서의 역할 의미를 상실하고 자신의 존재가 사라진 것 같은 '어두운 공간에 둥둥 떠 있는 것 같은 진공'에서의 막막함을 느끼는 단계로서, 외로움, 슬픔, 고립, 주변 편견으로 인한 죄인 같은 느낌 등을 경험한다.

- 접촉기는 자살로 인한 충격과 상실의 고통에서 '탈피'하고자 유가족에게 도움이 되는 정보를 '탐색'하는 등 다양한 타협(bargain)을 시도하는 단계로써, 자신의 고통을 이야기하고 싶어지기도 하고, 자신과 유사한 경험을 가진 사람들의 경험에 대한 궁금함, 치유의 방법 들을 찾아보고, 자조모임을 통해 서서히 '남은 자의 삶 의미'를 고민하는 시기이다.

- 적응기는 참여자들이 살아 내야 할 '현실'로 회귀하고 가족의 생존을 위해 '타인들과 다시 연결하기'를 시작하는 단계. 참여자들에게서 진술된 '타인과의 연결'은 자조모임에서 만난 동료들과의 공감, 배움, 치유를 경험하면서 '현재의 나'에 대한 긍정의 힘을 발견하는 과정이다.

- 안정-시도기는 '자조모임, 내 생활의 일부', '용서, 화해, 수용', '일상이 즐거움에 대한 자유로워짐', '애도의 시작 : 고인을, 내 가족의 죽음을 이해'하기를 시작하는 단계로 참여자들 스스로에게는 일상에서의 자유로움을, 고인과는 용서, 화해, 애도를 시작하는 중요한 과정이며, 자조모임이 참여자들의 삶의 중요한 한 부분으로 정착하는 과정이다.

---

113) 박지영, "자살로 가족을 잃은 유가족의 생존경험에 관한 해석학적 현상학 사례연구," 「정신보건과 사회사업」 36권(2010), 203-231.

• 극복-생존기는 자조모임 안에서 직접적으로 해결하기 어려운 현실적인 문제, 즉 경제적 문제, 남은 가족 간 갈등 등 개인의 매일매일 생활에서 나타나는 문제들을 해결해 나가면서 동시에 다른 유가족들을 도움으로써, 자신에게 남아 있는 긍정적인 영향력을 발휘하는 단계이다. 이와 같이 참여자들의 경험을 통해 이해한 자조모임은 유가족에게 수치와 고통, 고립을 극복하고, 이해와 공감, 동병상련의 지속적인 지지경험을 통해 이들이 자신에게는 극복과 성장을, 고인과는 애도를, 남은 가족원들에게는 이해와 공존을 가능케 하는 힘(empowerment)을 생성하는 공간이자 관계성 형성의 장이 된다.

많은 이론과 연구들은 슬픔을 겪는 유가족들뿐만 아니라, 상실의 아픔을 이해하는 주요한 원리들로 제시되고 있다. 하지만 더욱 중요한 것은 지식이 아니라, 수많은 슬픔과 아픔 속에서도 생명의 가치를 품고 함께 울어 왔던 '나와 너', '진정한 우리'가 아닐까.

유가족을 만나다

자살로 사랑하는 이를 상실한 가족들은 어떤 삶을 살아가고 있을까?

자살이라는 죽음은 장애나 진단명이 아닌 행동이다. 그리고 모든 행동은 다차원적이며 여러 요인에 의해 결정된다.(Silverman et al, 2007) 즉 자살이란, 죽음의 한 가지 동인(動因)에서만 판단할 수 있는 문제가 아니라 개인적인 관계, 정신병리적인 원인, 사회-정치적인 상황 등 다양한 원인과 연결되어 있다. 그러기에 남은 이들 또한 이러한 다양한 원인과 연결되어 있다는 가정 속에서 조심스럽게 그분들의 마음과 상태를 우선 점검하는 것이 중요하다.

자살의 위험성을 증가시키는 요인들에는 정신질환(우울증, 조현병), 자살시도의 경험, 발달적 외상, 신체적 질병, 경제위기나 사회적인 요인 등을 들 수 있다. 이러한 위험요소가 유가족들에게 어떤 영향을 주고 있는지, 어떤 원인과 동기가 되었는지를 조심스럽게 들어보면서 그에게 필요한 요인들을 점검해 보아야 한다. 반대로 자살의 위험성을 줄이고 극복할 수 있는 능력을 키울 수 있는 보호요인들이 있다. 공동체적 지지, 가족과 친구, 동료들을 통한 안전한 지지기반이 중요하다. 삶의 의미를 찾을 수 있는 종교적 믿음, 건강한 신념, 직업과 운동 등도 효과적이다. 이러한 보호요인을 유가족의 삶의 부분 속에서 발견해 내고 안전한 네트워크를 연결하는 것이 필요하다.

만약 갑작스럽게 유가족을 알게 되고 만나게 되었다면 어떻게 대하고 안내해 줄 수 있을까? 대부분은 당황스러움과 함께 부담과 회피를 하려고 할 것이다. 그럼에도 무엇인가 도와주고 싶은 공감과 안타까움의 마음이 들기도 할 것이다. 여기서 우리가 중요하게 생각해야 할 것은, 우리는 전문상담가나 정신과 의사도 아니며, 그분들도 전문상담가나 정신과 의사의 처방을 원하는 것이 아니라는 것이다. 자신의 고통이 너무나 무겁고 힘들어서 자신의 이야기를 들어줄 친구가 필요한 것이다. 그러기에 우선, 놀라거나 두려움이 아니라 안정과 평안의 마음을 가지는 것이 가장 중요하다. 이와 함께, 몇 가지의 안전한 대화를 위한 원리와 기술을 조금 익힌다면 누구나가 그들을 도울 수 있다.

안전한 환경

상실감이 깊은 내담자나, 깊은 우울감과 같은 정신관련 상담의 경우에는 안전한 환경이 우선되어야 한다. 현재 내가 감당할 수 있는 상황과 대상인지를 판단한다. 술에 취해 있거나, 약물 중독이 의심되는 경우에는 상담이 불가능하다는 것을 공지하여야 하며, 개방된 공간에서, CCTV와 같은 안전장치가 있는 공간이어야 한다. 개인의 동의에 따라서는 녹취 및 상담기록을 남겨야 한다. 하지만 이미 관계가 있는 내담자의 경우에는 일상적인 대화는 상관이 없지만, 일상적인 만남이라도 '갑작스러운 상황변화'에 따른 상담은 원칙을 따르는 것이 중요하다. 안전한 환경과 약속된 시간과 원칙은 내담자에게도 안정감을 주는 주요한 요소이다.

공감과 경청

가장 중요한 대화의 자세이다. 먼저 들어주고 이해해 주려는 노력이다. 상담에서는 신뢰감을 통한 인격적 관계로 나아가게 한다. 무엇을 들어주어야 하는가? 먼저는 내담자의 마음이다. 하고 싶은 이야기, 마음의 이야기, 자신의 이야기를 할 수 있어야 한다. 듣다 보면, 자신의 이야기가 아닌, 남의 이야기, 상대방의 이야기를 할 때가 있다. 자신의 문제가 아닌, 다른 사람의 이야기를 통해서 자신의 불안함과 합리화를 표현하는 경우도 있다. 이럴 경우, "당신의 마음에 대해 알고 싶군요?", "당신의 아픔에 대해 이야기해 주실 수 있나요?" 방향을 잡아 줄 수도 있다. 또한 대화의 주제가 없거나, 중심이 없이 횡설수설 하는 경우가 있다. 이럴 경우에는 상담의 상황과 시간 등을 상기시키면서, 안전한 질문부터 다시 시작하는 것이 필요하다. 하지만 먼저는 아무 조건없이 무조건 들어주는 마음과 자세를 가지는 것이 중요하다.

구별과 판단하기

유가족들은 처음부터 전문상담이나 정신과를 찾는 경우는 매우 드물다. 깊은 상실과 슬픔을 스스로 이겨내는 것은 시간과 노력이 필요하기 때문이다. 가까운 가족이나 지인, 종교와 같은 일상적인 관계에서 만나고 대화하는 것이 중요하다. 문제는 내담자의 상태를 파악할 수 있는 도구가 없다는 것이다. 상담이나 정신과에서처럼 우울증 검사지나 치료검사지 등을 우리는 가지고 있지 않다.

그렇지만 우리는 신뢰 관계와 편안함이라는 장점이 있다는 것을 기억하자. 이것을 토대로 몇 가지의 사전 점검을 통해 내담자의 상태를 확인할 필요가 있다. '상담이나 정신과 치료 유무'는 내담자의 치료책임과 한계를 정하는 것이다. 담당 상담가나 정신과 의사의 영역과 구별과 사전동의가 필요한 경우도 있다. '일상생활에 대한 점검'은 스트레스와 우울증을 구별하는 가장 핵심이라고 할 수 있다. 식사는 잘 하는지, 잠은 잘 자는지, 일상생활은 어떤지와 같은 자연스러운 질문을 통해서 도저히 일상생활이 3주 이상 되지 않을 때는 전문가에게 의뢰하는 것이 안전하다. '지금 무엇이 가장 힘든가?' 내담자가 힘들어하고 있는 부분을 물어보고 공감하며 들어준다. 만약 듣는 순간 자신도 감당할 수 없다면, 솔직하게 힘든 부분을 표현하면서 조절할 필요가 있다.

'어떠한 도움이 필요한가요?' 내담자에게 필요한 도움이 무엇인지를 파악하고 사전에 도울 수 있는 기관과 정보를 제공해 줄 수 있다. 내담자의 마음과 아픔을 구별하고 판단하는 것은 쉬운 일은 아니고 정답이 있는 것도 아니다. 때론 실력 있는 상담가나 의사보다, 따뜻한 친구와 이웃의 말 한마디가 더 큰 치유와 회복이 된다는 것을 매일매일 느끼고 있다.

질문과 안전네트워크

자살과 같은 고위험군 상담기법들이 있지만, 일반적으로 만나는 상담이나 돌봄의 역할은, 힘든 그 순간을 함께 하면서, 전문가나 전문기관으로 연결시켜 주는 역할을 말한다. 자살 상담기법으로 사용되는 순서는 '문제정의하기 - 안전확보하기 - 대안탐색하기 - 계획세우기 - 참여유도하기' 교육과 실습을 통해서 배우는 것이 필요하다.

하지만 생활 속에서도 몇 가지의 질문을 통해서, 내담자의 위기를 넘기는 데 필요한 질문들을 준비해 놓아야 한다. '자살(죽음)을 생각하고 있습니까?' 직접적으로 물어보는 것이다. 놀라기도 하고 당황할 수도 있지만, 대부분의 경우는 의지할 힘과 다시 한번 죽음을 생각하게 된다. '언제, 어떻게 죽을지도 계획하고 있습니까?' 만약 자살에 대해서 생각하고 고백했다면, 구체적인 질문이 필요하다.

만약 기간과 계획을 가지고 있다면, 우선 고위험군임을 기억하고 전문가와 연결할 계획을 세워야 한다. 자살도구의 경우에는 안전을 확보한 상태에서 제거하거나 보관해 두어야 하는데 훈련이 필요한 부분이다. '이 사실을 누가 알고 있습니까?' 이때부터는 내담자의 안전을 확보하는 것이 우선순위이다. 필요한 경우, 가까운 가족, 도움을 줄 수 있는 친구를 확보하고, 위험상황시, 119, 112로 신고할 준비를 해야 한다. '함께 해결해 보면 어떨까요?' 어느 정도 관계가 있는 내담자라면, 고민을 충분히 들어주고 함께 해결책을 찾아볼 수 있다.

해결책이란 문제에 대한 해답이나, 회피가 아니라, 함께 시간을 두고 취미생활을 하는 등, 관계 형성을 통해 마음의 상태를 안정적으로 잡아주는 것이다. 이 과정 속에서 상담이나, 전문적인 치료로 연결되는 것이 가장 안전하다.

사후관리

아픔을 누군가에게 드러낸다는 것이 쉬운 것은 아니다. 더욱 사회적인 터부와 부정적 인식, 죄책감과 상실이 클수록 그 아픔은 깊어지고 다양한 질환으로 연결될 가능성이 높다. 많은 사람들이 "과거는 잊고 이제는 일어나라"고 말한다. 마음의 아픔과 비밀을 가지고 혼자 이겨내는 경우도 있다.

하지만 언젠가 그 상처는 터지고 곪게 되어 있다. 그러기에 먼저는 예방이 중요하며, 위기 개입과 함께 사후 관리를 통해서 건강한 생활과 마음을 가질 수 있도록 돕는 것이 필요하다. 예방주사는 건강할 때 맞아야 효과가 있는 것처럼, 자살예방은 건강한 모두가 교육을 통해 정기적으로 받아야 한다.

위기 개입은 이러한 교육을 바탕으로 삶의 주위에서 도울 수 있는 게이트키퍼(gatekeeper)를 양성해야 한다. 사후관리는 남은 유가족들과 상실한 마음들이 안전하고 지속적으로 돌봄을 받을 수 있도록 다양한 사회적 자본의 역할이 중요하다. 개인적으로는 지역사회의 건강한 회복공동체가 가장 바람직하다고 생각한다. 복지관, 교회, 사찰, 성당, 취미 단체 들을 통해서 건강한 생활 네트워크가 안전하다. 또한 자조모임과 같은 생활 치료모델이 필요하다. 아직 우리나라는 자조모임 문화가 초기라고 생각된다. 하지만 다양한 노력과 시도를 통해서 건강한 자조모임을 통한 사후관리가 필요하다.

회복과 치유의 길

자살예방을 위해 헌신하는 많은 분들이 계신다. 국가적인 관심과 정책 이전부터, 생명을 살리기 위해 헌신한 많은 선각자 분들의 헌신과 희생을 통해서 지금의 한국 사회의 자살예방정책이 점점 체계화되고 있지만, 아직은 과도기적 상황이라고 판단된다. 그럼에도 아직 한국 사회는 자살의 문제는 심각한 위기의 상황임은 틀림없다. 치유와 회복의 길은 결코 쉽지 않은 과정이다. 자살예방사역을 현장에서 부딪치면서 느끼는 가장 큰 어려움은, 고통의 끝, 언젠가 다시 이전의 삶의 자리로 돌아올 수 있는가? 라는 한계와 끝이 보이지 않는 절망이다.

결국은 우리가 좀 더 깊게 삶과 죽음의 성찰을 통해 공동체가 온전히 회복하여 삶의 지지기반을 건강하게 세우는 것이 필요할 것이다.

이에, 몇 가지의 자료들을 소개하면서, 자살예방과 유가족을 통한 생명의 이야기를 마치려고 한다.

자살예방교육(Gatekeeper)

한국형자살예방교육으로 중앙자살예방센터 '보고듣고말하기' 프로그램이 운영 중에 있다. 이와 함께 자살예방을 위한 인증교육으로 많은 교육들이 제공되고 있다. 라이프호프에서는 '생명보듬이교육-무지개'를 통해서 청소년을 대상으로 하는 중·고등학교 생명존중교육을 진행하고 있다. 목회지도자의 경우는 자살예방사역을 시작하면서 본 교육의 강사과정을 통해 자살예방분야에 함께 할 수 있다. 이 외에도, 해외 교육 과정으로, LivingWorks 의 SafeTalk, ASIST 교육과정 있다. 유가족 사역을 위한 '자유함', '로뎀나무' 교육프로그램이 제공되고 있다. (자살유가족메뉴얼, 생명

의 친구들, 학지사, 2017)

자살예방활동(생명지킴이)

교육을 통해 학교 강사나, 지역사회 생명지킴이로 활동할 수 있다. 서울시자살예방센터를 통해 서울의 각 지역에 생명지킴이 자원봉사활동을 참여할 수 있으며, 각 지자체별로 자살예방을 위한 다양한 세미나와 캠페인등이 진행되고 있다. 라이프호프는 한국개신교를 대신하여 '생명보듬주일', '라이프워킹 캠페인', '유가족 행사' 등을 진행하고 있다.

유가족 자조모임 및 치유사역

유가족들이 서로의 어려움을 나누며 회복하는 자조모임으로는, 다음 카페 '미고사', 서울시 '자작나무', 크리스천 자조모임 공동체 '로뎀나무' 등이 운영되고 있다. 최근에는 중앙심리부검센터를 통해서 유가족 교육 프로그램들이 진행되고 있다.

마지막으로, 자살예방을 위해서는 생명문화와 함께 건강한 종교적 역할이 매우 중요하다. 어렵고 힘들 때일 뿐만 아니라, 건강한 마음과 지속적인 돌봄으로, 지역사회와 직접적으로 도울 수 있기 때문이다. 그러기 위해서는 종교지도자들이 생명의 가치를 회복하고, 자살예방과 정신건강에 대한 기본적인 교육이 선행되어야 한다. 우리의 가족, 우리가 사는 동네, 우리의 이웃들을 한 명씩만 살릴 수만 있다면 이 땅의 자살은 분명히 줄어들 수 있을 것이다.

〈자살유가족 권리장전〉
(미안하다 고맙다 사랑한다 자살사별자들의 모임)

• 나는 죄책감으로부터 자유로워질 권리가 있다.
• 나는 자살로 인한 죽음에 대해 책임을 느끼지 않을 권리가 있다.
• 나는 다른 사람의 권리를 침해하지 않는 한, 그들에게 받아들여지지 않는다 해도 나의 느낌과 감정을 표현할 권리가 있다.
• 나는 나의 가족과 기관을 통해 나의 질문에 대한 정직한 답을 가질 권리가 있다.
• 나는 다른 사람의 감정에 영향을 받지 않고 깊이 슬퍼할 권리가 있다.
• 나는 행복하고 즐거울 권리가 있다.
• 나는 나의 사생활을 보호하고 평화와 존엄성을 가질 권리가 있다.
• 나는 자살이나 자살 이전의 사건에 상관없이 자살로 인해 떠난 이에 대해 긍정적인 감정을 가질 권리가 있다.
• 나는 나의 개별성을 지킬 권리가 있으며 자살로 인해 판단을 받지 않을 권리가 있다.
• 나는 나의 감정을 정직하게 탐색하며 수용의 과정으로 나갈 수 있도록 상담과 지지그룹의 도움을 찾을 권리가 있다.
• 나는 수용에 도달할 권리가 있다.
• 나는 희망을 가지고 새로운 시작을 할 수 있는 권리가 있으며 나 자신으로 존재할 권리가 있다.

〈The Suicide Survivor's Bill of Rights -JoAnn C. Mecca〉를 일부 수정함.

[로뎀나무 심리검사 나눔지]

※ 본 나눔은 본인의 동의하에 전문가와 함께 진행됩니다.
힘드신 부분은 지나가셔도 되며, 감정적으로 어려울 경우 도움을 요청하시길 바랍니다.

[척도/5(100%)]	① ② ③ ④ ⑤	
① 지금의 '나'는 예전의 '나'가 아니다	☐☐☐☐☐	나는 여전히 '나'이다
② 나의 일상은 엉망진창이다	☐☐☐☐☐	나의 일상은 매우 질서가 있다
③ 나의 마음은 매우 우울하다	☐☐☐☐☐	나의 마음은 우울하지 않다
④ 나는 인생의 목표가 전혀 없다	☐☐☐☐☐	나는 뚜렷한 인생의 목표를 가지고 있다
⑤ 나는 죽음에 대해 생각하고 계획한다	☐☐☐☐☐	나는 죽음에 대해 전혀 생각하지 않는다
• 나에게 말해 주고 싶은 이야기 :		
⑥ 아무도 나의 마음을 이해해 줄 수 없다	☐☐☐☐☐	마음을 이해해 주고 나눌 수 있다
⑦ 떠난 이에 대해 기억하고 말하고 싶지 않다	☐☐☐☐☐	떠난 이에 대해 기억하고 말해 줄 수 있다
⑧ 떠난 이를 이해할 수 없다	☐☐☐☐☐	떠난 이를 이해할 수 있다
⑨ 상실감이 점점 커지고 있다	☐☐☐☐☐	상실감이 점점 줄어들고 있다
⑩ 떠난 이를 위해 아무것도 할 수 없다	☐☐☐☐☐	떠난 이를 위해 무엇인가 해야 한다

• 떠난 이에게 말해 주고 싶은 이야기 :			
⑪ 신과 세상이 원망스럽다	☐☐☐☐☐	원망스럽지 않다	
⑫ 나 혼자 해결할 수 있다	☐☐☐☐☐	나 혼자는 해결할 수 없다	
⑬ 나와 남은 이들이 걱정되지 않는다	☐☐☐☐☐	나와 남은 이들이 걱정된다	
⑭ 나와 남은 이에 대한 앞으로의 계획은 없다	☐☐☐☐☐	앞으로의 계획이 있다	
⑮ 변화가 두렵다	☐☐☐☐☐	변화가 두렵지 않다	
• 남은 이에게 말해 주고 싶은 이야기 :			

[나의 마음 그래프]

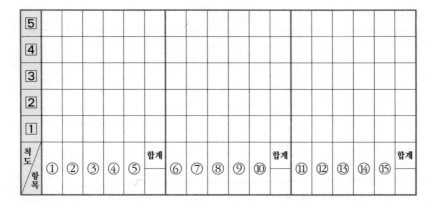

[참고문헌]

라잔, 라구람/ 김민주·송희령 역, 『폴트 라인 - 보이지 않는 균열이 어떻게 세계 경제를 위협하는가』,
　　에코리브르, 2011.

박지영. "자살로 가족을 잃은 유가족의 생존경험에 관한 해석학적 현상학 사례연구." 「정신보건과
　　사회사업」 36권(2010), 203-231.

박지영·서청희·백민정·김미숙, "자살유가족의 자조모임 참여경험에 관한 연구." 「수원시자살예방
　　센터 연구보고서」(2016), 9-10.

보건복지부·중앙자살예방센터. 『2020 자살예방백서』 2020.

이원영. "1. 거시적측면 : 정책, 제도, 예산 등." 「우리나라 자살예방대응 무엇이 문제인가?」(2016
　　자살예방종합학술대회, 2016), 41-55.

장창민 외. 『자살유가족메뉴얼-생명의 친구들 편』 학지사, 2017.

누구를 향한 의례인가?

장례와 추모

전병식 배화여자대학교 교수 / 교목실장, 한국기독교의례연구소 소장

장례와 추모 의례 의의와 용어

윤득형 교수는 사람은 그 인식 여부와 상관없이 "인생의 전 과정을 의례(Ritual)와 더불어 살고 있다."고 말한다.[114] 그는 톰 드라이버(Tom Driver)의 말을 인용하면서 비록 의례에 대한 인식이 부족할지라도 "개인의 삶 속에서 어떤 변화와 성장, 위로와 치유가 필요한 순간을 맞이하게 될 때, 의례는 사람들의 삶 속에 깊숙이 연관되어 있다"고 밝히고 있다.[115] 삶의 위기의 순간에서 일상의 삶을 계속할 수 있도록 지탱해 줄 뿐만 아니라 '어두운 순간에 길을 찾도록 안내해 주는 역할'을 하는 것이 의례의 기능이라는 것이다.[116] 이런 점에서 장례와 추모의례는 '치유의 의례'로서 그 기능과 역할을 담당하는 것이라 하겠다.

조선(朝鮮)이 '전형적인 유교적 전통 사회'였다고 인정할 수 있는 것은 '유교적 신념(belief)을 기본 세계관으로 수용할 뿐만 아니라 예(禮)를 중심으로 문화전통과 사회질서가 구성'되었다는 점에서 그렇다고 할 수 있다.[117] 예가 내면적으로는 유교적 신념을 바탕으로 한 윤리와 정치 등이 사회질서의 규범이 되는 한편, 외면화하여 의식(儀式)이라는 형식과 절차를 갖춘 형태를 갖게 되면 이른바 의례(儀禮)가 된다.[118] 이 의례는 유교 사회에서 기본적으로 크게 국가의례와 민간의례로 구분되어 지는데, 민간의례는 다시 관례(冠禮) 혼례(婚禮), 상례(喪禮), 제례(祭禮) 등의 통과의례로 나뉜다.[119]

---

114) 윤득형, 『슬픔학개론』(샘솟는기쁨, 2015), 210.
115) 앞의 곳.
116) 앞의 책, 212.
117) 박종천, 『다산 정약용의 의례이론』(신구문화사, 2008), 17.
118) 앞의 책, 18.

조선 시대 유교의례와 함께 일정 부분 무속과 불교의 통과의례가 그 명맥(命脈)을 이어 왔고, 기독교 전래 이후에는 기독교가 민간의례의 또 다른 한 축을 형성함으로써, 한국의 민간의례는 사실상 그 안에 유교적 신념을 바탕으로 하면서 동시에 자신이 선택한 종교적 절차와 형식 그리고 개념이 습합(褶合)된 형태로 발전되어 왔다고 할 수 있다. 그중에서도 특히 장례와 추모의례는 상당한 갈등을 겪으면서 변화해 왔다. 따라서 장례와 추모의례를 어느 한쪽만의 시각으로 살펴본다는 것은 상당히 위험한 일이다. 이와 같은 상황을 염두에 두고 한국, 한국인의 장례와 추모의례를 살펴보고자 한다.

'장례는 인생의 마지막에 치러지는 통과의례(Passage Rite)'[120] 로서의 의미가 크다. 아리스토텔레스는 '인간은 장례의식을 행하는 동물'이라 표현했다고 한다.[121] 추모 행위 또한 인간이 가지고 있는 독특한 의식이다. 인간이 짐승과 다름을 구별하는 가장 큰 가늠자 중의 하나가 바로 죽은 자에 대한 예의를 예식을 통하여 표현하는 것이리라. 특히 한국의 전통 문화와 의식 속에는 장례와 추모(제사) 의식이 상당히 큰 비중을 차지하고 있으며, 넓은 의미로 보아 추모예식을 상례에 포함시키면 상례의 규모가 가장 크다.[122] 장례와 추모에 관한 의례를 살펴보는 것은 과거 전통으로서 우리 민족의 문화와 생활 의식을 살피는 것인 동시에 '한국인다움과 인간됨'으로서의 우리의 현재와 미래의 삶을 살펴보는 창문이기도 하다.

장례에 관한 용어를 정리하자면, '죽음을 다루는 의례'를 통틀어 '상례

---

119) 이은봉 외, 『한국 의례문화의 구조와 역사』(덕성여자대학교 인문과학연구소, 1998), 10.
120) 김정명, "삶만큼 다양한 세계의 장례문화," 『세계의 장례문화』(한국외국어대학교 출판부, 2006), 3.
121) 앞의 곳.
122) 임재해, 『전통상례』(대원사, 2009), 8.

(喪禮)'라고 하며, '장례(葬禮)'는 대개 '임종 직후부터 장례식(또는 발인)을 치루고 매장하는 하관과 비석을 세우고 무덤을 돌보는 삼우(三虞)와 해상(解喪)하는 탈상(脫喪)까지'를 일컫는다. [123] 이에 대한 혼동을 막기 위해 장사(葬事, 죽은 사람을 땅에 묻거나 화장하는 일)를 포함하여 상중(喪中, 상제로 있는 동안)에 하는 모든 예식을 '상장례'라 지칭하고, 상례는 '상중에 지키는 모든 예절'로, 장례는 '발인을 시작으로 해서 장사를 지내는 예식'으로 국한하여 설명하는 것이 일반적이다. [124]

제사의식 즉 제례(祭禮)로서의 추모예식 또한 넓은 의미에서 상례에 포함되지만, 조선 시대 이래로 발달한 의례의 개념과 의식의 실행 때문에 제사 또는 제례를 따로 추모예식의 범주로 간주하여 그 의식의 절차와 행위 등을 살펴보는 것이 당연하리라 생각한다.

한국의 장례 의례와 의식(실행)에 대한 이해

우리의 옛 장례 풍속과 문화의 변천과 역사

전통적으로 우리 조상들의 장례의식에 가장 큰 영향을 준 사상적 개념과 의미에는, 사람이 죽은 후에도 현실의 생활(이승, 今生)과 같이 살아갈

---

123) 정종수, 『사람의 한평생』(학고재, 2008), 205.
124) "상례의 사전적인 뜻은 '상제로 있는 동안에 행하는 모든 의례'이며, 장례의 뜻은 '시체를 묻거나 화장'하거나 하는 의례"라고 풀이한다면, 장례는 단지 매장의 의식만을 뜻하게 된다. 장례를 흔히 '발인에서 매장까지'로 생각하는 경향이 있기도 하다. 그러나 상례는 '하나의 통과의례'로서 "사람이 죽은 순간부터 시체를 매장하고 일정기간동안 상복을 입은 후 평상으로 돌아오기까지 행하는 모든 의례 절차"를 뜻하며, 장례는 주로 '임종으로부터 발인하여 매장한 후에 무덤을 완성해서 위령제를 드리는 순서까지'를 뜻하게 된다. 참조 : 김용덕, 『한국의 풍속사 I』(밀알, 1994), 267.

수 있는 어떤 세상(저승, 명부(冥府))이 있다는, 즉 '사후의 삶이 곧 현세에서의 삶의 연장'이라는 ① 계세사상(繼世思想)과 그에 따른 ② 영혼불멸의 개념, 그리고 ③ 시신을 중히 여기는 관념과, 억울한 죽음을 당한 망자의 한(恨)을 풀어 주어야 한다는 한풀이의 ④ 천도(薦度)개념 등이 있다. 이는 우리 조상들의 전통적인 죽음관(또는 생사관)과 토착종교(민간신앙 또는 무속 신앙)와 전래되어진 후 전통화(토착화)된 외래종교(유·불·선 등)의 사상 등이 혼합되어 습합되어진 결과이다.

장례, 특히 장사는 죽은 이 또는 영혼에 대한 두려움을 피하고자 '시신을 덮는데서 시작'되었다는 것이 일반적인 의론이다.[125] 그런데 세월이 흐르면서 장례에 의미를 부여하기 시작했고, 하나의 문화로 발전하게 되었다. 박태호는 우리 장례 역사를 선사 시대의 '동굴장'에 그 기원을 두면서 소위 장법(葬法, 장사를 지내는 예법)의 변천과 발전을 선사 시대-원삼국과 삼국 시대-통일신라와 발해 시대-고려 시대-조선 시대-일제 시대-현대로 분류하고 다음과 같이 설명하고 있다.[126] 이하의 내용에서 출처를 밝히지 않은 인용은 박태호『장례의 역사』42쪽 이하에서 빌려온 것이다.

삼국 시대 이전

삼국 시대 이전은 신석기-청동기 문화의 발전에 따라 다양한 장례의식이 혼재하다가 삼국 시대 이후와 통일신라에 이르러 불교가 융성해지면서 윤회사상으로 인해 순장과 같은 후장(厚葬)이 점차 사라지고 간소화된 형태의 화장(火葬)과 같은 박장(薄葬)이 대세를 이루게 된다. 이때 계세

---

125) 박태호,『장례의 역사』(서해문집, 2006), 17.
126) 앞의 책, pp.8-11.

사상은 "중생은 끊임없이 삼계육도(三界六道)를 돌고 돌며 생사를 거듭한다"고 하는 윤회사상으로 전환하게 된다. 따라서 죽은 자의 환생이 살아생전에 쌓은 공덕에 좌우되며, 인생은 공수래공수거(空手來空手去)라는 불교의 가르침에 따라 간소한 형태의 장례인 박장(薄葬)이 성행하였다. 또한 불교에 귀의한 왕과 귀족들이 화장을 주도하였다. 한편, 이때 들어온 유교의 영향으로는 '상복제도와 중국식 무덤의 전형인 봉토분(封土墳 : 흙으로 봉분을 만드는 무덤)'이 유행되었다.

삼국통일 전까지

삼국통일 전까지 우리의 장례 풍속은 선사 시대의 전통적인 자연신앙과 무속신앙을 바탕으로 한 것이었으나, 삼국통일 이후에는 전통신앙 위에 불교와 유교적인 중국의 풍속이 서로 교차하면서 자리를 잡기 위해 모색하는 시기였다고 할 수 있다.

고려 시대

불교를 숭상한 고려 시대에는 불교식 장례가 대세를 이루면서 천도재(薦度齋)와 같은 후한 장례식과 무속의 영향 아래 씻김굿 등이 성행하게 되었다. 사십구재와 백일재가 성행하고, 장례를 치른 절 근처에서 화장을 하고 묘를 쓰는 경우도 상당했으며(절이 곧 장례식장), 이 시기에 풍수지리가 무덤을 쓰는 데 결정적 역할을 하게 되었다.

고려 말

고려 말의 미신타파운동과 중국에서 전래된 『주자가례(朱子家禮)』의 영향으로 유교식 상례가 정착되기 시작하고, 조선조 초의 유교식 개혁정치가 강화됨에 따라 유교식 상례가 우리 민족의 주된 장례의식으로 자리 잡게 된다.

조선조

조선조(초기) 시대에 와서는 그 초기부터 "가족제도에 관한 국가적 과제는 가례(家禮)의 시행은 한결같이 『주자가례』에 의거하는 것이었으므로 유교식의 상(喪), 제(祭)가 아닌 것에 대한 억제나 금지에 관한 논의가 활발하게 전개되었다."[127] 특히 "장법(葬法)에 있어서 조선 초기에는 아직도 불교의 영향으로 대체로 불교식의 화장법과 매장법 등 여러 양식이 존재하고 있었"[128]는 바, 제도적으로 불교식 장례를 전조(前朝)인 고려 왕조의 폐단이나 '음란한 제사' 또는 '귀신에 아첨하고 섬기는 것' 등으로 규정하여 이를 금하고 주자가례에 따른 유교식 장례절차를 따르도록 강요하였다.

조선 중기에서 후기

하지만 실제에 있어서는 『주자가례』에 따른 유교식 장례는 15세기까지 그 뿌리를 내리지 못하다가 조선 중기를 지나 후기로 가면서 점차 유교식의 장례와 제사 절차가 무속과 불교의 의식들에 앞서 그 지위를 획득하게 되었다.[129]

---

127) 최재석, "가족제도," 『한국사 25 : 조선초기의 사회와 신분구조』(국사편찬위원회, 1994), 274.
128) 앞의 글.
129) 조선조에 있어 주자학이 국가의 통치 이념으로 확립되고, 주가가례의 준행이 강요되어 민간에 보편적인 규범으로 자리 잡기에는 사실상 많은 세월이 걸렸다. 생활예절인 관혼상제가 "국가시책으로 강요되다보니 지나치게 교조적으로 치우치는 폐단이 발생"[권광욱, 『육례이야기 제 1권 천(天)』(해돋이, 1996), 22.]했고, 가례라는 것이 사실상 중국의 송나라 풍토에 따라 이루어진 것이므로 이를 그대로 따르라는 것이 애초에 무리였던 것이다. (최재석, "가족제도," 275.)

이로써 『주자가례』에 의거하여 유교식 상제를 확립하고자 노력한 지도층의 의도는 결국 조선의 가례를 유교식으로 규범화하는데 성공했다고 할 수 있게 되었다. 애초부터 중앙집권적인 왕조의 기틀 확립과 백성을 다스리는 통치이념 즉 정치적 이념으로부터 출발한 예론과 가례의 위력은 엄청나서 가례의 시행에 있어 '이를 거부하는 자는 절대 권력자인 임금이라도 성치 못했던 사안'이었던 바, 백성들에게는 선택의 여지가 없는 일이 되었다. [130] 이 시기에 우리의 전통적인 무덤 문화가 완결되었다고 할 수 있다.

수천 년 동안에 걸쳐 이루어졌던 민속종교와 민간신앙 그리고 그 재래신앙에 알맞게 습속화되어 토착화한 불교문화와 의식 등은 배척되고 억압되었으며, 뿐만 아니라 재래신앙으로 일컫는 무속신앙은 '미신'이라는 명목 하에 더욱 심한 배척을 받게 되었다. [131] 따라서 사대부가(士大夫家)가 아닌 일반 서민 대중들의 상례 속에서는 공식적이고 형식적인 절차는 유교적 규범을 따르면서도 비형식적인 의례 속에서는 불교의 예법(이를테면 사십구재와 100일 탈상과 같은)과 무속의례가 혼합된 의식을 따르는 일이 비일비재했다. 이런 민간의 어려움을 돕고자 숙종 때의 대제학 도암 이재가 『주자가례』를 기본으로 삼고, 신의경과 김장생의 「상례비요」를 참작하여 『사례편람』을 저술하였는데 이는 관혼상제의 사례를 자세히 다루면서도 이전 유학자들의 의견을 종합한 것으로서 조선조 가례서의 대표적인 것이 되었다. [132]

---

130) 권광욱, 『육례이야기 제1권 천(天)』(해돋이, 1994), 23.

131) 앞의 책, 24.

132) 앞의 책, 28. 이후 고종 때에 황필수의 『증보사례편람』이 발간되어 일반 서민들에게 널리 배포되었다.

이러한 변천의 과정을 거친 우리의 장사(葬事)로서의 전통 상장례는 현대에 이르러 다음과 같은 모습을 띠게 되었다.

(1) 예식과 예법에 있어서는 가례서 또는 가문의 전통에 따른(시신의 효과적인 처리와 존경과 효도라는 도덕적 당위성을 근간으로 한) 유교의 의례를 바탕으로 하고

(2) 망자의 넋이나 유족 등의 한(恨) 또는 망자나 망자의 혼령에 대한 두려움을 달래는 (사회심리학적)방편으로서는 재래의 민간신앙이나 무속의식적인 절차의 혼합이 이루어져 실행되고 있으며

(3) 실제 장례 의식의 실행에 있어서는 일제 강점기 시대와 개발 성장 시대를 거치면서 간소화와 표준화라는 제도적 간섭 아래 상장례의 의미가 유린되고 변형되는 과정을 거치게 되었고, 따라서 가문과 가족의 의례로 지켜지던 장례는 한동안 나라 법을 지켜 가면서 편의상 동네 장의사의 도움을 받아 치르는 형태가 되었다.

(4) 1994년 7월 7일 '장례식장의 시설기준'으로 '의료기관의 부대시설로서 설치하는 장례식장'의 영업이 활성화 되었고, 1990년대 정부의 '전문장례식장 육성 방침'에 따라 중소도시에 장례식장이 건립되면서 장례사업이 본격화되기 시작했다.

(5) 오늘날에 와서 대개 장례는 유교식 장제에 무속이나 불교 의식이 혼합된 형태가 주(主)를 이루고, 종교를 가진 사람은 각 종교의 상장례 의식을 따르고 있으며, 또 하나의 새로운 장례문화는 병원이나 장례식장에 고용된 직업 자격을 갖춘 장례지도사가 안내하는 대로 장례예식을 따르는 경우가 하나의 경향이 되었다.

(6) 한편, 묘제에 있어서는 전문인 또는 민간풍수의 영향 하에 묘지를

쓰는 것을 이상적으로 여기는 풍토가 남아 있지만, 공동묘지의 사업화와 공원화, 환경의 문제와 의식개선 운동에 힘입어 전통적인 토지장에서 벗어나 화장 후 납골당에 봉안하거나 수목장 또는 산골(散骨)을 택하는 경우가 늘어나는 추세이다.

통과의례로서의 전통(유교식) 상례의 구조

유교식 상례의 기본 구조를 살펴보면 다음과 같다.

(1) 상(喪), 사라진 것 때문에 우는 즉 '사랑하는 것을 잃고 슬프게 울며' 같은 계열로서 악(愕 : 놀랄 악)의 의미가 포함됨으로써 '잃어버림에 대한 경악' 즉 놀라며 우는 것으로 시작되어,

(2) 장(葬), 장사지내고 즉 묻어 주고,

(3) 탈상(脫喪 : 상복을 벗는다) 즉 벗어나고,

(4) 담제(禫祭 : 대상을 치른 뒤 한 달이지나 두 달에 접어 들어서 지내는 제사)로 편안해지고,

(5) 길제(吉祭 : 27개월 쯤에 지내는 제사)로 다시 길하게 되는 구조를 갖고 있다.

결국은 편안해지는 것이다. 이를 상세히 밝혀 보면 다음과 같다.

유교식 상례의 상세 구조

유교식 상례((喪禮)의 구조는 산 자와 죽은 자의 이별의식으로서의 장례(葬禮)와 죽은 자와 이별한 후 죽은 자에 대한 기념과 회상으로서의 제례(祭禮)로 이루어진다. 유교식 장제를 다시 구분하자면 다음의 세 가지로 볼 수 있다.

(1) 살아 있는 사람을 중심으로 '심리적이며 인격적'인 면을 고려하여

이해하는 측면

(2) 죽은 사람을 중심으로 해서 '사자처리(死者處理)'라는 기준으로 구
    분하는 구조

(3) 또한 반 겐넵(Arnold van Gennep)의 이해처럼 산 자로서의 유족(특
    히 상주)과 죽은 자가 함께 통과 의례로써의 장례를 치르게 되는
    구조를 생각할 수도 있다. 반 겐넵의 이 구조는 분리의례(rites of
    separation) → 전이의례(transition rites) → 통합의례(또는 재통합, rites of
    incorporation)의 시기로 나누어진다. [133] 이를 표로 정리하면 아래와
    같다.

그러나 반 게넵의 이 같은 이해는, 「사례편람」의 예에 따라 그 예식들
을 절차에 따라 다 지키고 상주가 무덤 곁에서 부모의 묘소를 지켜가며 3
년 상(실제로는 2년)을 지킬 때의 이야기이지, 현대와 같이 상례의 절차가
빨리 진행되고 상주들이 장례를 치른 후 쉽게 다시 사회생활로 돌아와 이
전의 생활로 빨리 돌아가야만 하는 현대에 있어서 그리고 소상, 대상, 탈
상과 같은 의례의 의미가 모호하게 된 지금에 있어서는 큰 공감을 주지
못하고 있다. 이 구조를 다시 세분하자면 다음과 같다.

	분리기	전이기	통합(재통합)
사자(死者)	임종, 고복, 사자상	→ 탈상	저승세계
유족(遺族)	성복	→ 탈상	사회(이승세계)

---

133) Arnold van Gennep, *The Rites of Passage*, tr. by Monika B. Visedom and Gabrielle L. Caffee.
    (The University of Chicago Press, 1960), 11.

(1) 살아남은 유족, 즉 사별당한 사람의 심정을 헤아려 상례를 구분하는 방식은
- 초종의식(임종에서 대렴까지)
- 장송의식(성복에서 안장까지)
- 상제의식(우제에서 길제까지)[134]로 나뉘고

(2) 사자처리라는 기준으로 본 상례의 구조는
- 초종에서부터 시체를 수습하는 수시(收屍)까지 사자(死者)의 단계
- 전(奠)에서부터 매장을 하고 반혼하여 반곡하는 때를 혼백(魂魄)의 단계
- 다음 우제로부터 신주(神主)로 모셔 조상신으로 승격하는 단계로 나뉜다.

(3) 위와 같은 심리적인 구조나 사자처리의식의 구조 외에, 『사례편람』에 기록된 것처럼 날짜별 절차에 의해 상례가 진행되는 날짜에 따른 구조가 있는데 사실상 현대의 유교식 상례에는 이 날짜에 따른 절차가 더욱 보편화되어 시행되고 있다.[135] 이를 더 세분하자면 다음과 같다.
- 운명한 첫째 날 : 초종에서 습과 습의까지
- 운명한 그 다음 날(둘째 날) : 소렴에서 전까지
- 셋째 날 : 대렴에서 입관까지
- 넷째 날 : 성복(成服)에서 문상까지

---

134) 최기복, "유교의 상례에 대한 연구,"(성균관대학교 석사학위논문, 1979), 37.
135) 따라서 현대 한국의 유교식 장례는 주로 그 장례가 치러지는 일수에 따라 3일장, 5일장, 7일장 등으로 장례를 구분하는 것이 보편화되어 있다.

- 다섯째 날 또는 죽은 후 30일부터 100일 사이 : 치장(治裝), 천구 (遷柩), 발인(發靷), 급묘(及墓) 하관(下棺), 반곡(反哭)으로 일단의 장 례의 절차가 끝난다. 그 다음 날에는 묘지를 살펴보고 신주를 위 안시키는 제사인 우제(虞祭)를 지내고 졸곡(卒哭), 부제(祔祭)를 지 내고 1년이 지난 뒤의 소상(小祥)과, 2년 째의 대상(大祥), 담제(禫 祭 = 脫喪), 이어서 길제(吉祭)의 순서로 상례의 모든 절차가 끝이 나게 된다.

유교식 전통상례 구조와 절차 개요

이 모든 유교식 전통 상례의 구조와 절차들을 크게 나누어 보면 결국 에는 다음과 같다.

(1) 준비과정

(2) 시신처리 방법

(3) 죽은 이에 대한 산 자의 예의

(4) 유족에 대한 예의

(5) 가족 간, 그리고(죽은 이와 유족이 소속되어 있는 집단인) 사회 공동체 간 의 연대감 형성 등

위와 같이 유교식 상례를 살펴본 바에 따라 유교의 통과의례를 한마 디로 정의하자면 '생애 의례로 관계의 질서를 추구'하는 것이라 하겠다.

전통(유교식) 장제를 중심으로 한 현대의 바람직한 통과의례로서의 장례 의식

장철수 교수는 예서에 나타난 상례구조와 절차를 크게 '준비과정, 시신처리의 방법, 사자에 대한 생자의 행동' 등으로 구분하고 있다. [136)

(1) 초종은 상례를 위한 준비의 절차로,

(2) 습, 소렴, 대렴은 시신처리의 방법으로,

(3) 성복, 조상, 문상은 죽은 자에 대한 산 자의 의무와 행동,

(4) 그리고 다시 치장, 천구, 발인, 급묘는 시신처리의 방법으로

(5) 반곡, 우제, 졸곡, 부제, 소상, 대상, 담제, 길제는 죽은 자에 대한 산 자의 행동에 관한 규정과 절차로 나누어진다는 것이다.

장철수 교수는 위와 같은 세 구조의 의미로 보아서 '유사한 성격을 가진 절차들의 통합과 흡수가 오늘날 상례의 절차들을 간소화시키는데 일조했으며, 실제 시행과정에서 실제의 상황에 적용하기' 위한 간소화가 이루어졌다고 주장한다. [137) 의미론에 있어서 뿐 아니라 실제 시행에 있어 이러한 간소화 과정과 함께, 1969년 제정된 가정의례준칙에 의해 더욱 간소화 과정을 거치게 된 현대의 한국의 전통식 상례는 대체로 다음과 같은 절차를 갖게 되었다.

---

136) 장철수, 『한국의 관혼상제』(집문당, 1995), 164.

137) 앞의 곳. 장철수 교수는 또한 여러 "의례절차에 부여되었던 의미가 시대의 변천에 따라 약화 또는 소멸"된 까닭과 "의례절차에 대한 부족한 지식" 때문에도 상례의 절차가 간소화되었다고 주장한다.

천거정침, 임종(종신), 속광(속광, 촉광), 고복(초혼), 사자상, 수시, 발상,

장례물품의 준비, 부고, 묘터 결정, 산역 준비, 습염, 입관, 영좌, 성복,

문상, 빈상여 놀이, 발인제, 묘터 잡기, 산역(산신제), 문상, (상여 운구),

하관, 실토, 평토제, 성분(무덤다지기: 봉분 쌓기), 반혼, 반곡, 삼우제, (졸

곡제: 백일 탈상) 소상, 대상(탈상).

특히 이와 같은 상례의 절차들을 '임종부터 매장까지'로 나누어 흔히 '장례' 또는 '장례를 치름'으로 표현하는데, 특별한 경우가 없는 한 이 장례는 3일 안에 치러지게 된다.

(1) 준비과정 : 죽음에 대한 준비와 죽음의 확인

　　a. 수의의 준비

　　b. 천거정침(遷居正寢) : 정침(正寢)으로 거처를 옮긴다.

　　c. 임종(臨終) : 속광, 애곡벽용(哀哭擗踊), 고복(皋復)

　　d. 사자상

(2) 시신의 처리 I : 산 자가 주검을 다루는 의례

　　e. 수시

　　f. 발상(發喪), 상주(喪主), 주부(主婦) 선택, 장례물품의 준비, 호상(護喪), 부고(訃告)

　　g. 습, 습의, 반함, 염(소렴과 대렴), 입관

(3) 사자(死者)에 대한 생자(生者)의 예의와 의무 I : 상주가 감당하는 의례들

　　h. 영좌(靈座) : 빈소(殯所)

　　i. 성복

(4) 살아남은 자들의 예의 : 공동체적인 의례

j. 조문(弔問): 조상(弔喪)과 문상(問喪)

k. 빈상여 놀이

l. 발인제(장례식)

m. 운상: 장례행렬(상행)과 상여소리

(5) 시신에 대한 처리Ⅱ: 매장을 위한 준비와 매장

n. 치장과 급묘, 하관과 성분

사자에 대한 생자의 예우와 의무Ⅱ: 생전에 못 다한 효도의 표현과 또 다른 삶에의 희구

o. 반혼과 반곡

p. 우제, 졸곡제

q. 소상, 대상, 탈상

탈상을 계기로 해서 죽은 이의 영혼에 대한 의례는 일단 끝이 나고 유족들은 상주의 제약에서 벗어나게 된다.[138] 결국 탈상으로 해서 상례의 의례를 마침과 동시에 망자는 저승에 통합하게 되고 산 자들은 본디 생활로 돌아와 현실 사회에 재통합하게 된다.

한국의 추모 의례와 의식(실행)에 대한 이해

조상을 추모하는 의례로서의 제사는 계세사상과 아울러 죽음 이후에도 사자(死者)와 생자(生者)가 계속적으로 관계를 갖고 교제를 나눈다는 믿음에서 삼국 시대 이전부터도 중요한 의례로 여겨져 왔다.[139] 그러나 조

---

138) 임재해, 102.

선조에 들어서서 제사가 왕권체제를 확립하고 수호하는 지배 이데올로기의 방편으로 이용되어졌음은 부인할 수 없는 사실이다. [140] 지배 이념으로서 유가(儒家)의 충(忠)과 효(孝)를 강조한 조선조는 추모의례로서의 제사를 거의 신앙의 반열에 올려놓았고, 특히 풍수 사상에 영향을 받은 동기감응론(同氣感應論)은 제사를 보본(報本)과 보은(報恩)의 예(禮)를 넘어 가족과 가문의 영화와 영달을 위한 최고 보상의 의례로 자리 잡게 하였다. 이러한 의식(意識)은 1990년대까지 이어져 왔다. 특히 조선조 말기에 이르러 반상(班常) 제도가 무너지고 양반직이나 족보의 매매가 성행하면서 양반 가문임을 과시하기 위해 정3품 이상의 관료 가문이나 할 수 있었던 사대봉사(四代奉祀)를 너도나도 하게 되면서 제사는 장사(葬事)와 더불어 허례허식의 대명사가 되었다.

오세종 목사는 유교의 관혼상제례 특히 상제례에 나타나 있는 인간 불평등의 요소를 다음과 같이 정리하고 있다.

(1) 신분에 차별을 둔 계급주의

(2) 처첩(妻妾)의 차별

(3) 적서(嫡庶)의 차별

(4) 남존여비(男尊女卑)

(5) 관존민비(官尊民卑),

(6) 중국 중심의 사대(事大)모화(慕華)사상 등[141]

그러나 요즈음 제사에 있어서 이 같은 요소는 거의 사라지고 대신 추

---

139) 류순하, 『기독교 예배와 유교 제사』(숭실대학교 출판부, 1996), 59.

140) 오세종, 『의례신학』(삼필문화사, 2004), 234.

141) 앞의 책, 301.

모의례를 어떤 형식으로 드릴 것인가에 대한 갈등이 사회적인 이슈로 떠오르게 되었다. 기독교 특히 천주교가 전교된 1784년경 이후로 조상 제사에 대한 갈등이 시작되어 100년 후인 1884년 개신교가 전래된 후에 그 갈등이 더욱 심화되다가, 개신교의 성장세가 폭발적이던 1970-1980년대의 상제례로 인한 가족, 가문, 사회 공동체간의 갈등은 상당히 높은 수위로까지 올라섰다.

그러나 작금에는 이러한 종교적인 갈등보다 세대와 문화의 차이로 인한 갈등이 더욱 사회적 문제로 떠오르게 되었다. 사대봉사를 견지하고 제사의 형식과 내용을 예전과 같은 방식으로 예(禮)를 다하여 치르고자 하는 어른 세대와 의례와 의식의 복잡함과 번거로움에서 벗어나고 싶은 젊은 세대와의 갈등이 점차 수면 위로 올라서고 있다.

젊은 세대의 새로운 의식은 통과의례 특히 '추모의례에 있어서 종교적 또는 신앙적 배경이 중요하기는 하나 그것이 신앙은 아니다'라는 관점을 보여 주고 있다. 이런 점에서 사회·종교 지도자들은 추모의례에 대한 새로운 개념을 정립하고, 추모예식의 실행에 있어 사회 통합적인 의론과 합의된 형식과 내용을 젊은 세대에게 제공해야 할 것이다.

이를테면 '추도예배'인지 '추도식'인지 또는 '추모제'인지 용어에 있어서의 합의와, 당대를 향한 기제사(忌祭祀)와 추석과 설 명절에 드리는 차례의 내용은 어떻게 할지, 그리고 시제(時祭)와 같이 문중과 종중이 드리는 추모의례는 그 내용과 형식이 어떠해야 할 것인지에 대한 논의와 합의를 이뤄 일정한 의례양식을 제공해 주는 것이 바람직하리라 여긴다.

나가는 말 : 누구를 위한 의례인가?

맹자(孟子)는 "산 사람을 봉양하고 죽은 사람을 장사 지내는 데 유감이 없게 하는 것이 왕도정치의 시작(養生喪死無憾, 王道之始也, 양혜왕 상)"이라고 말한다. 이것은 예나 지금이나 마찬가지다. '잘 살고 잘 죽는 것' 이것이 바로 백성이 원하는 행복이며 바른 정치의 결과일 것이다. 그러나 조선조 이래로 우리 민족의 양생상사(養生喪死)는 오히려 정치의 담보물이 되어 왔던 것이 아닌가 하는 의구심이 든다. 조선조 5백 년을 통하여 정치 이념으로 채택되었던 충·효를 강조하는 유교사상과 그에 따른 의례가 군신(君臣)과 반상(班常)의 계급과 남녀, 신분의 차별을 나누는 기준과 방책으로 사용되어져 왔다는 데 별반 이의가 없을 것이다.

'풍수 사상에 근거를 둔 미신을 타파하고 분묘의 위생적인 관리와 경관보호 등'을 구실로 일제 강점기 시대 조선총독부에 의해 이루어진 우리 민족의 전통 상례에 대한 간섭과 통제는 우리의 장례 문화에 대전환을 가져온 계기가 되었다. [142] '장례 날짜가 단축되고, 상례 절차가 간소화되며, 상례 용어에 변화가 생기는 등'의 영향을 미쳤으며, 우리의 전통상례가 갖고 있는 '공동체 구성원의 죽음의 위기 극복' 과정으로서의 의례의 의미를 잃어버리고 '엄숙과 애도'를 강조하면서 단지 '시신을 처리하는 절차만 이행하는 수준'으로 전락하게 되었다. [143]

해방 이후에 전통적인 장례의 모습이 부활하는 듯하다가 한국 전쟁을 거치면서 주춤해졌고 이어 군사정부에 들어서는 1969년의 〈가정의례준

---

142) 박태호, 『장례의 역사』(서해문집, 2006), 183.
143) 앞의 책, 189.

칙에 관한 법률〉, 1973년의 〈가정의례에 관한 법률〉 등으로 가족의례가 실정법에 의해 관에 의해 통제되고, 허례허식의 금지라는 명분 아래 관혼상제라는 일생의례이자 통과의례를 국가에서 좌지우지하게 되었다.[144]

작금에 이르러 우리의 상제례 풍속은 ① 종교의식에 따르거나, ② 간소화된 가가례(家家禮) 또는 문중화(門中化)한 유교식 절차에 무속과 풍수설이 합한 의식을 따르거나, ③ 아니면 장례지도사의 안내 또는 가문의 법식(法式)이나 보편화된 관례에 따르는 것으로 일반화되었다. 심각한 것은 그저 아무런 의심이나 의미 없이 우리들의 장사(葬事)가 현실과 가격에 맞춘 사업상의 거래로 전락했다는 점이다. 천박한 상업주의 속에 모든 것을 맡겨버리고 있거[145]나 제임스 화이트의 말마따나 죽은 사람들의 처분이 세속의 장의사업자들에게 맡겨지게 되었다.[146]

어떤 예식과 예법과 절차를 따르든 중요한 것은 장례와 추모의례를 치르는 의미를 바로 알고, 고인에 대한 예의를 지키며, 상례(常例)와 상식(常式)을 지켜가는 상장(喪葬)예식이 되도록 애써야 할 것이다. 한국의 상제례는 기본적으로 '보본(報本)의 예절'이다. '낳아서 키워 준 근본을 잊지 않고 부모의 은혜를 갚는다'는 뜻이다. 즉 효도를 행하는 한 방편이다. 이를 잊지 말아야 한다. '개똥밭에 굴러도 이승이 좋다'는 속담처럼 한국인에게 있어서 죽음은 '두렵고 부정한 것'으로 여겨지나, 상례와 추모의례(제례)는 이를 승화시키는 의례로서 '산 자와 죽은 자의 이합(離合)의식'으로 위로와 치유의 의례가 되어야 할 것이다.[147] 죽은 자를 위한 것이기도

---

144) 나경수, "한국의 전통적인 일생의례," 『동아시아인의 통과의례와 생사의식』(전남대학교 출판부, 2010), 33.
145) 앞의 책, 202.
146) James F. White/ 정장복 역, 『예배의 역사』(쿰란출판사, 1997), 234.

하지만 결국 산자를 위한 의례가 아니던가?

"죽는 거 무서워들 말어, 잘 사는 게 더 어렵고 힘들어."(연극, 염쟁이 유

氏)

[참고문헌]
권광욱. 『육례이야기 제1권 천(天)』. 해돋이, 1994.
김용덕. 『한국의 풍속사 I』. 밀알, 1994.
김정명. "삶만큼 다양한 세계의 장례문화." 『세계의 장례문화』. 한국외국어대학교 출판부, 2006.
나경수. "한국의 전통적인 일생의례." 『동아시아인의 통과의례와 생사의식』. 전남대학교 출판
        부, 2010.
류순하. 『기독교 예배와 유교 제사』. 숭실대학교 출판부, 1996.
박종천. 『다산 정약용의 의례이론』. 신구문화사, 2008.
박태호. 『장례의 역사』. 서해문집, 2006.
양승이. 『喪禮: 한국의 상례』. 한길사, 2010.
오세종. 『의례신학』. 삼필문화사, 2004.
윤득형. 『슬픔학개론』. 샘솟는기쁨, 2015.
이은봉 외. 『한국 의례문화의 구조와 역사』. 덕성여자대학교 인문과학연구소, 1998.
임재해. 『전통상례』. 대원사, 2009.
장철수. 『한국의 관혼상제』. 집문당, 1995.
정종수. 『사람의 한평생』. 학고재, 2008.
최기복. "유교의 상례에 대한 연구." 성균관대학교 석사학위논문, 1979.
최재석. "가족제도." 『한국사 25 : 조선초기의 사회와 신분구조』. 국사편찬위원회, 1994.
한국학중앙연구원. 『한국민족문화백과대사전』 11권. 한국정신문화연구원, 1991.
White, James F. / 정장복 역, 『예배의 역사』. 쿰란출판사, 1997.
孟子, 『맹자』
Van Gennep, Arnold. (1960). The Rites of Passage, tr. by Monika B. Visedom and Gabrielle L.
        Caffee. The University of Chicago Press, 1960.

---

147) 양승이, 『喪禮 : 한국의 상례』(한길사, 2010), 53, 59.